ちくま新書

消費税増税と社会保障改革

伊藤周平
Ito Shuhei

1501

消費税増税と社会保障改革【目次】

序章　消費税10%と新型コロナの衝撃　013
まるでクイズのように複雑／介護現場からの悲鳴！／歴代政権を揺るがしてきた消費税／消費税を選挙利用した安倍政権／ちぐはぐな増税の見返り／増税タイミングとして最悪／消費税増税と新型コロナのダブルパンチで大不況へ／メッキがはがれた増税理由／子どもの貧困は放置／貧弱な教育予算、ローン化する奨学金／社会保障の問題は争点化されにくい／財政危機論は本当か？／過剰な家族主義と自己責任論が覆い隠す重大事／悲痛な叫び／改竄と隠蔽の情実政権／現実化した医療・介護崩壊、そして新型コロナ不況へ／本書の目的と構成

第一章　消費税のいびつな仕組み　047
1　消費税の構造　047
消費者が負担する間接税／納税額の計算方法／非課税と免税
2　富める者がますます富む消費税　051
強い逆進性／赤字でも徴収／滞納のわけ——預り金か、物価の一部か？／5％時で、輸出大企業

20社への還付金はおよそ1兆円／雇用破壊を促進／非関税障壁としての消費税
3　軽減税率をめぐる問題　062
複雑怪奇な軽減税率／軽減税率の導入は、逆進性の緩和と低所得者対策となるか？／陳情合戦の横行と特定分野・企業への補助金化
4　増税対策という愚策　068
5・7兆円の増税に6兆円の「対策」／ポイント還元の混乱と不公平／プレミアム商品券
5　貧しい者がもっと貧しくなる消費税　073
インボイス制度とは何か／500万の業者が取引から排除される／フリーランスの負担が激増する／消費税は安定財源で公平なのか？

第二章　消費税と法人税・所得税　079

1　社会保障財源としての消費税　079
増え続ける社会保障費／社会保障の財源問題とは何か／「消費税の社会保障財源化」は本当か／消費税増税分しか社会保障費を増やさない／「一体改革」は偽装？

2　増税されるもの、減税されるもの　086
消費税増税と法人税減税はセット／過去最大の内部留保／大企業ほど低い税負担率／所得税の累進性緩和とフラット化／増税分は大企業と富裕層減税の穴埋めに消えた！
3　アベノミクスと雇用政策　097
第一の矢「大胆な金融政策」の失敗／「大胆な金融政策」がもたらした格差拡大／第二の矢「機動的な財政出動」がもたらした財政危機／第三の矢「成長戦略」という名の法人税減税／「成長戦略」による労働分野の規制緩和／アベノミクス「第二ステージ」の惨状／「働き方改革関連法」の問題点／非正規労働者の増大／露骨な防衛費の増額
4　消費税が財政危機をもたらし社会保障を破壊する！　111
税収は伸びたが、財政再建には程遠い現実／消費税が社会保障を破壊する

第三章　年金を問いなおす　117

1　年金制度の仕組み　117
年金制度の沿革／2階建ての給付の仕組み／老齢年金の水準／賦課方式と積立方式／年金保険料／国民年金のスライド制度

2　年金改革の展開　127
1985年改革で国民年金の基礎年金化へ／バブル崩壊後の年金改革／2004年改革とマクロ経済スライドの導入／旧民主党政権下での改革関連法／年金生活者支援給付金法と特例水準の解消／年金積立金で官製相場／持続可能性向上法の成立と給付抑制の徹底
3　2019年財政検証の問題点　139
2019年財政検証の内容／所得代替率50％は維持できるか／基礎年金の最低保障機能の喪失、高齢者の貧困化
4　年金改革のゆくえ　146
厚生年金の適用拡大／年金受給の繰り下げ延長と在職老齢年金の見直し／狙われている年金支給開始年齢引き上げ
5　年金制度の現状　152
未納・滞納による空洞化問題／高齢者の貧困は深刻／未解決の「消えた年金」問題
6　社会保険方式の限界と最低保障年金の構想　156

制度への不信が拡大／もらえる年金が生活保護費に及ばないことがある／最低保障年金構想とは／税方式への移行までの改善案、そして年金積立金の活用

第四章　医療を問いなおす　163

1　医療保険の仕組み　163
医療保険の沿革／医療保険の体系／療養の給付と一部負担金／診療報酬の仕組み／診療報酬の決定と政策誘導／混合診療禁止の原則と保険外併用療養費
2　医療保険財政と保険料　174
医療保険財政と運営方式／健康保険の保険料／国民健康保険の保険料／国民健康保険料の減額賦課・減免／保険料滞納と保険料引き上げの悪循環
3　高齢者医療と特定健診・特定保健指導　182
後期高齢者医療制度／後期高齢者医療制度の問題点／前期高齢者の財政調整制度／医療費適正化計画と特定健診・特定保健指導／健康自己責任論と特定健診・特定保健指導の限界
4　医療保険改革の動向　189
国民健康保険の都道府県単位化／都道府県単位化で、国民健康保険料はどうなったか／患者負

担・保険料負担の増大／子ども医療費助成の見直しと健康保険法改正
5　医療提供体制改革と診療報酬改定の動向　197
病床機能報告制度と地域医療構想／地域医療構想の問題点／医師数の抑制／再編・統合の必要のある公立・公的病院名を公表／保健所機能の低下／2018年度の診療報酬改定／2019年度の診療報酬改定／2020年度診療報酬改定
6　医療の課題　207
新型コロナの感染拡大による医療崩壊の現実化／遅れた病床確保と医療機関の経営危機／医療崩壊を防ぐ緊急提言／医療提供体制の課題／医療保険と高齢者医療の課題
第五章　介護を問いなおす　215
1　介護保険のあらまし　215
介護保険法の目的と基本理念／介護保険の利用の仕組み／介護保険の対象となるサービスと地域支援事業
2　介護保険財政と介護保険料　222
介護保険財政の仕組み／介護保険料負担の仕組み／介護保険料の減免／保険料滞納の場合の給付

制限
3　介護保険の問題点　228
上限のある介護保険給付／1割負担による利用抑制／混合介護の承認／消えた「介護の社会化」の理念／深刻化する介護現場の人手不足／「措置控え」と市町村の専門能力の低下／低所得者に過酷な保険料負担と厳しい給付制限
4　介護保険制度改革の展開　239
介護保険制度改革の特徴／引き下げ連続の介護報酬／要支援者の保険外し／施設利用の制限／2割負担の導入と補足給付の見直し／3割負担の導入と障害者の「65歳問題」／介護医療院の創設／2018年介護報酬改定／2019年介護報酬改定／「箱もの」を整備しても担い手がいない！／新たな在留資格の創設と外国人労働者確保策の限界／2021年介護保険制度改正に向けて
5　介護保険の本質と危機的状況　260
高齢者医療費の抑制と介護による医療の安上がり代替／現金（金銭）給付化と市町村責任の縮小／企業参入の促進と制度必然といえる介護職員の労働条件の悪化／介護保険の危機的状況／新型コロナの直撃で、介護崩壊が決定的に
6　介護保険から介護保障へ　266

介護崩壊を防ぐための緊急提言／介護保険の当面の抜本改革／社会保険方式の破綻と総合福祉法の構想

第六章　子育て支援・保育無償化のゆくえ　271

1　待機児童問題と保育制度改革　271
問題が顕在化した後も保育所抑制／既存施設への詰め込み、小規模施設の整備／認定こども園の設立と社会保障・税一体改革／解消されない待機児童／新制度の本質は規制緩和、企業参入

2　子ども・子育て支援新制度の仕組みと問題点　280
新制度のもとでの保育の利用の仕組み／支給認定をめぐる問題／市町村の利用調整をめぐる問題／子ども・子育て支援事業計画による保育施設の整備とその限界

3　保育士の労働条件悪化と保育士資格要件の緩和　288
制度必然といえる保育士の労働条件の悪化、保育士不足／公定価格にみる幼稚園と保育所の格差／低い人員配置基準と保育士不足の深刻化／小規模保育事業における保育士資格の規制緩和／企業主導型保育事業の導入による規制緩和／安倍政権の少子化対策の特徴と限界

4 幼児教育・保育の無償化とその問題点 297
幼児教育・保育の無償化のあらまし／幼児教育・保育の無償化の問題点／保育所における副食費の実費徴収とその問題点／幼児教育・保育の無償化のねらい
5 子ども・子育て支援新制度の現状と保育制度改革のゆくえ 307
子ども・子育て支援新制度の現状／保育制度改革のゆくえ／保育制度の介護保険化？
6 子育て支援・保育の課題 313
新型コロナの感染拡大と保育所・学童保育への支援策／子ども・子育て支援新制度の見直し案／子どもの保育を受ける権利の確立を！／課題は消費税に依存しない子育て支援・保育の財源

終章 消費税と社会保障はどこに向かうのか 321

1 税制・社会保障改革の必要性 321
税・社会保障による所得再分配の機能不全／新自由主義的政策
2 税制改革の方向性 325
憲法に基づいた税制改革とは／所得税の改革——累進性強化と総合課税化で基幹税として復活／

法人税の改革――法人税率の引き下げ中止と課税ベースの拡大／タックスヘイブンへの対応／相続税の改革と富裕税の構想／消費税の改革――当面は税率引き下げ、将来的な廃止
3　社会保障改革の方向　334
社会保険における「保険主義」の強化／社会保険料負担の現状／社会保険料の負担軽減と減免範囲の拡大／社会保険料による財源調達の方が容易か／介護保険と後期高齢者医療制度は廃止し、税方式に転換を！／社会福祉基礎構造改革がもたらした福祉の市場化、個人給付化／社会福祉制度の再構築の方向性／全国一律１５００円の最賃を！
4　課題と展望――対案の実現のために　347
税制改革の実現可能性／日本で消費税の廃止は可能か／消費税減税と新型コロナ対策を野党の共通政策に！／展望
あとがき　357

序章　消費税10%と新型コロナの衝撃

†まるでクイズのように複雑

2019年10月1日、消費税が10%に引き上げられた。同時に軽減税率やポイント還元もはじまったが、小売りの現場は大混乱に陥った。

第一章でみるように、小売企業などの対象店舗で、クレジットカードやスマートフォンによるQR決済などキャッシュレス決済をした場合にポイント還元がなされるが、当初は、店の還元率が本来適用されるべきものとは違っていたり、店を探すためのスマートフォン用アプリに間違った位置が表示されるなど、トラブルが続出した。そもそも、制度の仕組みを理解していない人、収入等の要件を満たせずにクレジットカードが作れずキャッシュレスで決済できない人にとっては何の恩恵もない。中には、ポイント還元がずっと続くと勘違いし、クレジットカードを作った後で、期限があることを知って憤っている人もいた。

軽減税率も、似たような商品でも税率が異なり、同じ商品でも食べる場所によって税率が異なるなど、複雑怪奇というほかない。たとえば、飲食料品の購入の場合は8％で、外食の場合は10％になるが、持ち帰り（テイクアウト）の場合は8％となる。アルコール度数が10％以上の「みりん」は酒税法上の酒類となるので10％、糖類などから造られる「みりん風調味料」は酒類ではないため8％の軽減税率。ミネラルウォーターは飲用なので8％、水道水は、洗濯や風呂など飲用以外に使われることもあるので10％。まるでクイズ番組の世界だ。軽減税率に対応するべく導入を余儀なくされたレジの不具合も相次いだ。

ほどなくして、インターネット上で、「イートイン脱税」という造語が広まった。飲食料品の軽減税率制度の下、コンビニエンスストア（コンビニ）やハンバーガーショップの会計を税率8％の持ち帰り価格で済ませ、外食だと10％になる税率の差額を支払わず店内で飲食する行為を指して生まれた用語だ。コンビニなどは、持ち帰りが基本の業態であるため、会計の際、店内飲食（イートイン）の有無をいちいち尋ねたりはしない。イートインを自己申告した者だけが10％分を負担する、つまり正直者がばかをみるという「不公平」感から生まれた用語で、「脱税」という言葉にインパクトがあったためか、またたくまに流布した。しかし、消費税の納税義務者は、年商1000万円以上の事業者であり、持ち帰りとみせかけて店内で飲食した消費者ではない。納税義務のない人が「脱税」することなどありえず、明らかな誤用だ。消費者同士で「ずるい」などといがみ合うのではなく、事業者（店側）が、客の全員に8％の税率で商品を販売した事実通りに確定申告すれば済む話なのである。「消費税」というネーミングにも問題があるが、大多数の国民が、消費税の基本的な仕組みや本質を理解していないことを象徴する造語であった。

†介護現場からの悲鳴！

「地方では、人手不足が深刻で、事業所が閉鎖に追い込まれている。（ホーム）ヘルパーの平均年齢は60歳近くで、若い人はほとんどいない。このままでは、ヘルパーは消滅してしまう」

消費税の増税から1か月後の2019年11月1日、介護保険の訪問介護を担っているホームヘルパー（以下「ヘルパー」という）たちが、介護報酬の引き下げが続く中、労働基準法違反の状態に置かれているのは国の責任だとして、国家賠償請求訴訟を起こした。その原告の一人の言葉だ。

消費税の増税は、社会保障の充実のためといわれながら、社会保障費は削減され続けている。なかでも、介護保険のもとで介護事業所などに支払われ、介護職員の給与となる介護報酬は、2000年に介護保険がはじまってから20年、基本報酬は平均で20％以上も引き下げられてきた（介護保険開始時が一番高い報酬だった！）。いまや介護の現場では、安い給与と過密労働で介護職員の疲弊、離職が加速し、募集をかけても人がこないという状況が常態化している（第五章3参照）。中でも悲惨なのが在宅介護を支える訪問介護の現場だ。ヘルパーの高齢化が進み、全国的に三十代、四十代のヘルパーのなり手がなく、現状のままでは、10年もたたないうちに、ヘルパーは枯渇していく可能性が高い。国家賠償請求訴訟の原告の言葉は、この危機的状況に何の手も打とうとしないばかりか、介護報酬の削減で危機を加速させている安倍政権の無策への怒りの告発といってよい。

「年を取っても少しは装いたいと思っても、美容院に4か月に1回。……お化粧品は全然買いません。それで、お洋服もバザーで買ったりとか、全然買いません……（年金引き下げで）本当にお先真っ暗です。これ以上年金下がったら、預金もそんなにないし、治療費もかかって、そんなことを考えると心配です」

「（生活保護を受けたらと貧困状態にある知人に勧めたところ断わられ）、今の状態だったら病気になって（お金が払えず病院にも行けず）死ぬこともあるよという話をしましたけれども、それは自己責任だからしょうがないと言われました」

これは筆者が原告側の学者証人として陳述した年金減額違憲訴訟の福岡地方裁判所の公判での原告の陳述である（2019年11月25日）。

2013年10月から、特例水準（物価が下落した時期に特例として年金給付が据え置きとなっていた水準）の解消を名目に、老齢・障害・遺族年金が引き下げられ（13年から15年まで3年間で2・5％減額）、母子世帯などに支給される児童扶養手当や障害のある子どもへの手当なども減額された（同じく3年間で1・7％減額）。2015年4月には、年金給付額を物価・賃金の伸びより低く抑えるマクロ経済スライドがはじめて発動され、2・3％の物価上昇に対し年金上昇は0・9％増に抑えられた。2020年度も、マクロ経済スライドが2019年度に続き2年連続で発動され、物価変動率に比べ年金給付は実質0・3％削減された（第三章6参照）。消費税の増税の一方で、年金は削減されているのである。高齢者の生活は苦境に立たされ、前者の原告の陳述にあるように、衣類も満足に買えない生活状況だ。

高齢者の貧困が深刻化し、生活保護を受給する高齢者が増大しているものの、それでも、生活保護の捕捉率（生活保護基準以下の人で実際に生活保護を受給している人の割合）は、2割と推計されており、他の先進諸国に比べれば、日本は断トツに低い（イギリス87％、スウェーデン82％など）。恥の意識（スティグマ）や家族に迷惑をかけたくないという気持ちから生活保護を受給していない人も多数いる。深刻なのは、後者の原告の陳述にあるように、支援が必要な人ほど、国に助けを求めず、自己責任論の呪縛にとらわれていることだ。なぜ、こうした事態になったのか。消費税の導入から、その経緯をたどってみよう。

†歴代政権を揺るがしてきた消費税

１９８９年4月に税率3％でスタートした消費税は、8年後の１９９７年4月に5％に引き上げられ、さらに、安倍晋三政権になって、２０１４年4月に8％に引き上げられた。この間17年かかっている。8％から今回の10％への引き上げ（食料品等は8％のまま据え置きとはいえ）までは、わずか5年半である。同じ政権（内閣）のもとで2回も消費税が引き上げられ、税率も倍になった（5％→10％）。

導入から30年余り、消費税は前身の売上税のときから、時の政権の命運を左右してきた。税収における直接税（所得税や法人税など）の比率を下げ、間接税（消費税など）の比率を高める「直間比率の見直し」をはかるべく、大型間接税の導入が提案されたのは、１９７９年の大平正芳内閣の一般消費税にまで遡るが、法案として提出されたのは、１９８７年の中曽根康弘内閣のもとでの「売上税」が最初だ。しかし、売上税は、国民の強い反対にあい、一度も法案が審議されないまま廃案に追い込まれ、中曽根内閣も退陣に追い込まれた。

売上税の頓挫に懲りた与党自民党と大蔵省（当時）は、売上税に反対した業界を懐柔するなど、周到に準備を進めて、売上税から消費税と名称を変え、竹下登内閣のときの１９８８年に法案を提出、衆参両院とも強行採決の連続で、法案を成立させた。そして、１９８９年4月に、消費税が導入され、この暴挙のため、竹下内閣は、内閣支持率を一桁に落とし総辞職、かくして、しばらくは、自民党政権のもと消費税には手を付けないことが通例となった。

１９９４年には、非自民の連立政権のもとで、当時の細川護熙《ほそかわもりひろ》首相が、７％の国民福祉税構想（実態は消費税の増税）を打ち出したが、すぐに頓挫した。しかし、１９９５年に成立した、自民党と社会党および新党さきがけによる、いわゆる「自社さ政権」のもと、社会党の村山富市首相は、これまでの「消費税絶対反対」という方針をくつがえし、消費税率５％アップを決めてしまった。これがきっかけとなって、自社政権は倒れ、現在に至るまでの社会党（１９９６年からは社会民主党）の凋落をもたらした。その後、自民党単独政権となった橋本龍太郎内閣のもとで、１９９７年４月から消費税率が５％に引き上げられたが、アジア金融危機とも重なり、深刻な消費不況を引き起こし、橋本内閣も総辞職に追い込まれた。自民党政権のもと、消費税はタブー視され、引き上げの議論は封印された。

２００９年に成立した民主党政権でも、鳩山由紀夫首相は「消費税率は４年間引き上げない」とするマニフェストを掲げていた。しかし、鳩山内閣退陣後の菅直人内閣は、突如、消費税率10％への引き上げを表明、２０１０年の参議院選挙で惨敗した。その後を継いだ野田佳彦内閣は、２０１２年に、社会保障・税一体改革として、消費税率10％への段階的な引き上げを、当時野党であった自民党・公明党と結託し三党合意で成立させた。

消費税率を上げないとの公約を覆した民主党政権は、他の失策も重なり、国民の信頼を失い、2012年12月に瓦解《がかい》、自民党が政権を奪還、公明党との連立で安倍晋三政権が成立した。まさに、消費税の扱いは政権の命運を左右する「鬼門」といえた。その後、民主党は、かつての社会党と同様、党名の変更（民進党）から分裂（立憲民主党と国民民主党）へと凋落の道をたどり、現在の「安倍一強」といわれる長期政権の出現を許すことになった。

†消費税を選挙利用した安倍政権

安倍政権は、2014年4月の消費税率8％の引き上げは三党合意どおり断行したものの、経済の悪化を理由に（実際は、2014年12月の衆議院選挙、2016年7月の参議院選挙に勝利するために）、2回にわたり10％への消費税率引き上げを延期した。第二章でみるように、経済優先と「アベノミクス」と呼ばれる経済政策を全面に押し出し政権奪取をはかった安倍首相は、消費税増税が日本経済に壊滅的な打撃を与えることをある程度理解していたと思われる（安倍首相本人が「消費税は上げたくない」と言っていたという情報もある）。

安倍首相は、2014年11月の1回目の延期（2015年10月→2017年4月）の際に、消費税法の「景気弾力条項」を削除し、リーマンショック級の金融危機や東日本大震災並みの自然災害が起きた場合以外は再延期しないとしていた。しかし、結局、2016年6月に、「新しい判断」と称する苦しい説明で、再延期（2017年4月→2019年10月）を余儀なくされた。さらに、2017年9月には、今度は増税延期ではなく、社会保障・税一体改革の際に定められた消費税率10％の引き上げによる増収分の使い道を変更し、幼児教育・保育の無償化など子育て支援に回し充実するとして、衆議院の解散・総選挙に打って出た。衆議院総選挙では、野党第一党であった民進党の分裂もあり、自民・公明与党が勝利した。

安倍政権の選挙公約であった消費税の使い道の変更と幼児教育・保育の無償化などは、同年12月に、閣議決定された「人づくり革命」において具体化された。すなわち、8％から10％への引き上げで、5兆円強の税収増になるが、そのうち軽減税率の導入に伴う減収が1兆円程度となるので、国債の発行抑制などの部分であった1兆7000億円程度を「人づくり革命」と称して、幼児教育・保育の無償化と高等教育の無償化、保育士・介護職員の処遇改善などの施策に用いるというものだ（図表序-1）。

†ちぐはぐな増税の見返り

幼児教育・保育の無償化施策の具体的な内容の検討は第六章に譲るが、安倍政権は、消費税率10％への引き上げに、よほど自信がなかったのだろう、2018年末には、増税による経済への影響を緩和するため、「消費税の増税分をすべて国民に還元する」として、総額6兆円に

図表序-1　消費税率10%引き上げによる社会保障の充実・安定化のイメージ図

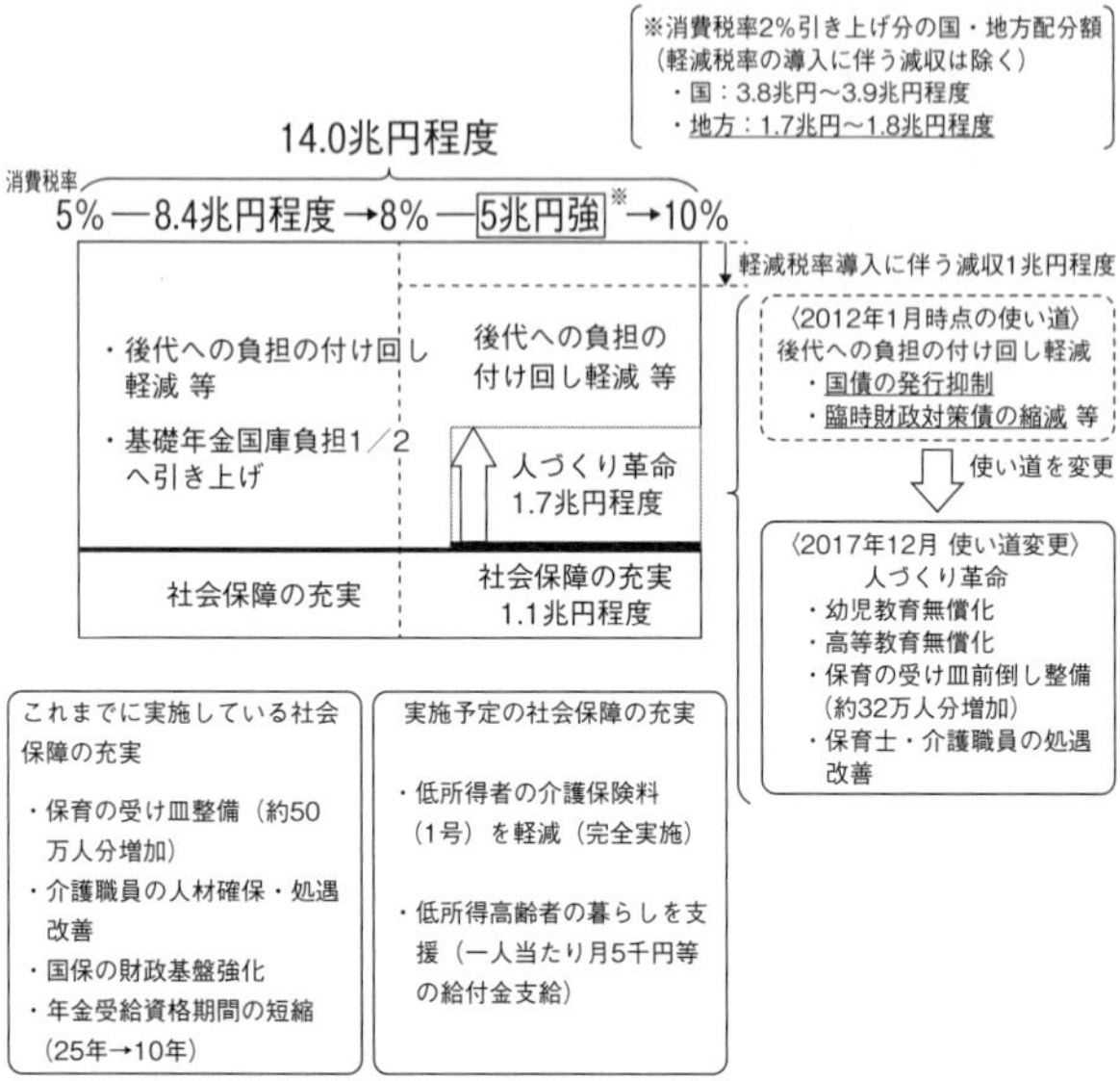

（出所）政府資料。一部修正。

も及ぶ対策を打ち出した（詳しくは第一章4参照）。そもそも、丸ごと還元しなければならない増税分ならば、はじめから増税などしなければいいのだが。

参議院選挙前の２０１９年6月には、金融庁の金融審議会・市場ワーキンググループが、年金給付の減少で、老後30年間に夫婦で２０００万円の蓄えが必要などとする報告書を公表し、大きな波紋が広がった。政府が、公の文書で、公的年金制度は頼りにならず、望むような生活ができなくなるから資産を運用しろと、国民にあからさまに自助、生活の自己責任を求める内容であり、第三章でみるように、年金を減額し続け、無年金・低年金受給者の問題を放置してきた安倍政権の年金政策への不信と批判が一挙に噴出したといえる。

しかし、「老後2000万円問題」も、2019年10月からの消費税増税も、2019年7月の参議院選挙の大きな争点になることなく（安倍政権が巧みに争点化させなかったといえるが）、自民党は議席を減らし、選挙前の改憲勢力の3分の2の議席を確保できなかったものの、自民・公明両党の政権与党は71議席と過半数の議席を維持した。各種の世論調査では、消費税増税に反対が過半数を占めていたのに、政権与党が過半数に達したのはなぜか。増幅する老後不安を解消するには、年金制度を立て直さなければならない、その財源確保のためには、消費税増税もやむを得ないと認識する人が増えたのかもしれない。うがった見方をすれば、「老後2000万円問題」の発端となった金融庁の報告書自体が、消費税増税を正当化し、増税賛成に世論を誘導するために仕掛けられたものだったといえなくもない。

先の増税対策で安心したのか、それとも森友学園問題で財務省に恩を売られたためか、消費税増税の三度目の延期（もしくは凍結）はなく、ついに、安倍政権は、2019年10月から消費税率10％の引き上げを断行した。かくして、安倍政権は、二度にわたり消費税増税を断行したにもかかわらず、総辞職に追い込まれなかった初の政権となった。

†増税タイミングとして最悪

しかし、今回の消費税増税は、過去2回の延期時以上に、日本経済に陰りがみえはじめ、デフレ経済が続く景気後退局面で断行され、まさに最悪のタイミングの増税であった。

すでに警鐘はならされていた。経済の悪化を示す数値が相次いで発表されていたからだ。消費税率8％への増税（2014年4月）から5年半が経過しても、家計消費は回復どころか、増税前に比べて年間20万円以上も落ち込んだままで、消費の冷え込みが続いていた。増税前の2019年8月に、内閣府の発表した景気動向指数は基調判断を「悪化」に下方修正し、同じく内閣府の発表した消費者心理の明るさを示す消費者態度指数は、同年9月に12か月連続で悪化し、過去最悪の水準に落ち込んだ。

増税後も経済の悪化は加速している。総務省が発表した2019年10月の家計調査では、二人以上世帯の消費支出は前年同月比5・5％減となった。減少は11か月ぶりで、減少幅は2014年4月の前回増税時の4・6％減を上回った。また、日本銀行が発表した「全国企業短期経済観測調査」（いわゆる日銀短観）でも、企業の景況感を示す業況判断指数（「良い」と答えた企業から「悪い」と答えた企業を差し引いた数値）が、大企業製造業でゼロとなり、前回調査から5ポイント低下、6年9か月ぶりの低水準となった。さらに、内閣府の景気動向指数も、2

019年10月は前月より5・6ポイント低下、これは東日本大震災のあった2011年3月やリーマンショック後の2009年1月に次ぐ下げ幅となった。

†消費税増税と新型コロナのダブルパンチで大不況へ

2020年3月、内閣府が発表した2019年10〜12月期のGDP（国内総生産）改定値は、年率換算でマイナス7・1％と大幅に落ち込んだ（2月の速報値マイナス6・3％を下方修正）。GDPのマイナス成長は5四半期ぶりで、消費税増税に加え、2019年秋に相次いだ台風災害などの影響で、GDPの約6割を占める個人消費が前期比2・8％のマイナスとなり、民間企業の設備投資も前期に比べ4・6％の落ち込みとなった。内需の低迷は明らかで、新たな消費不況に突入したともいえる。

2014年4月の8％への引き上げの時も、消費が大きく落ち込んだものの（現在まで増税前の水準に回復していない）、外需・輸出が好調だったために、なんとか持ちこたえることができた。今回は外需・輸出も、米中貿易摩擦の影響で低迷、また日韓関係の悪化で韓国からの訪日客が激減し、地方経済を支えてきた観光業に陰りがみえていた。山形県では、消費税増税の影響で、2020年1月、老舗の百貨店「大沼」が倒産、従業員約200人が解雇されるに至った。愛知県蒲郡市の温泉旅館も倒産するなど観光業を中心に中小企業が大きな打撃を受けつつあった。

ここに追い打ちをかけたのが、2020年1月からの中国発の新型コロナウイルス感染症（COVID-19）の拡大だ。世界経済を牽引してきた中国の経済成長が大きく鈍化し、日本国内でもインバウンドの中国人観光客が激減し、観光業と地方経済に壊滅的な打撃を与えている。中国でも人やモノの移動が制限され、進出した日本企業の現地生産に影響が出ている。国際的なサプライチェーン（部品供給網）が断ち切られ、中国からの部品調達が遅れ、日本国内の生産活動も滞り、製造業を中心に軒並み企業業績を下方修正する緊急事態ともいえる状況だ。後述のように、消費税増税とのダブルパンチで、景気が急速に悪化し、企業の倒産と失業者が急増しつつある。

†メッキがはがれた増税理由

一方で、冒頭の現場からの声にみられるように、安倍政権のもと、消費税は二度にわたり増税されたが（5%→8%→10%）、社会保障は充実するどころか、削減されている。

2020年度予算でみると、医療・介護などの社会保障費の自然増部分（高齢化の影響などで自然に増大する部分）が概算要求段階の5300億円から4100億円に削減された（1200億円の削減）。安倍政権になってから2018年末までを振り返ってみても、医療崩壊をもたらしたといわれた小泉政権の時代を上回る1・6兆円もの大幅削減がなされてきた。同時並行で、社会保障削減を内容とする法律が次々と成立、生活保護基準や年金などの引き下げが断行されている。

中でも、社会保障の中心をなす社会保険制度（年金・医療・介護）については、保険料の引き上げ、給付水準の引き下げ（マクロ経済スライドによる年金水準の引き下げ）、給付要件の厳格化（特別養護老人ホームの入所対象者を要介護3以上に限定など）、患者・利用者の自己負担増が次々と断行され、保険料や自己負担分を払えない人が、必要な医療や介護サービスを受けられない事態を招いている。また、年金から天引きされる保険料の増大や年金給付の減額は、年金生活者の生活困難を増大させている。

そもそも、消費税の増税は、社会保障の充実のためではなかったのか。この間、安倍政権のもとで進められている社会保障の削減をみれば、それが虚偽であったことは明らかだ。消費税の増税と社会保障削減で、国民は生活不安（とくに老後の不安）を抱え、財布の紐が固くなって貯蓄に回している。これでは消費が低迷するのも当然だ。

†子どもの貧困は放置

日本国憲法（以下、本書では「憲法」と略）25条1項は、国民の「健康で文化的な最低限度の生活を営む権利」（「生存権」といわれる）を明記し、同条2項は「国は、すべての生活部面について、社会福祉、社会保障及び公衆衛生の向上及び増進に努めなければならない」と規定している。国（都道府県や市町村など自治体も含むとされている）の社会福祉・社会保障における責任を明記しているわけだ。この憲法25条の規定を踏まえ、社会保障を定義するならば、失業しても、高齢や病気になっても、障害を負っていても、どのような状態にあっても、すべての国民に、国や自治体が「健康で文化的な最低限度の生活」を権利として保障する制度ということができる。そして、憲法25条1項で保障されるべき生活水準は、生存ぎりぎりの「最低限度の生活」（すなわち、ヒトとしての生命体を維持できるぎりぎりの生活）ではなく、「健康で文化的な」ものでなければならないと解されている。

しかし、日本では、社会保障が脆弱で十分機能せず、社会保障の削減が続いているため、子どもから高齢者まで全世代にわたり貧困が深刻化している。高齢者の貧困問題については第三章で検討することとし、子どもと若者の貧困の様相についてみていこう。

2017年6月に、厚生労働省が発表した2016年の国民生活基礎調査（2015年の所得）によれば、日本の相対的貧困率は、前回調査（2012年の所得）の16・1%から15・6%に低下した（図表序-2）。12年と15年の二回の調査を比較して、安倍首相は、アベノミクスと自称する経済政策の効果で貧困率が低下したとしているが、これは数字のマジックだ。

相対的貧困率（以下、単に「貧困率」という）とは、所得のない人から、最高所得者まで並べて、そのちょうど真ん中の人（その人の所得を中央値という）の2分の1未満の所得しかない人の割合をいう。これは世界各国の貧困率を比較する際の物差しになっている。貧困率をOECD（経済協力開発機構）加盟国で比較すると、日本より高い貧困率を示しているのはアメリカなど数か国にすぎず、しかも、日本の場合、1985年（当時の貧困率は12％）以降、若干の減少はあったが上昇を続けている。中央値の2分の1未満の所得（貧困線）も、1997年の149万円（月額12万4000円）から、調査のたびに下がり続け、2016年調査では122万円（同10万2000円）となった。貧困線が下降しているにもかかわらず、貧困率が上昇していることは、貧困線未満層の人々が増大していることを意味する。

図表序-2　相対的貧困率と子どもの貧困率の推移

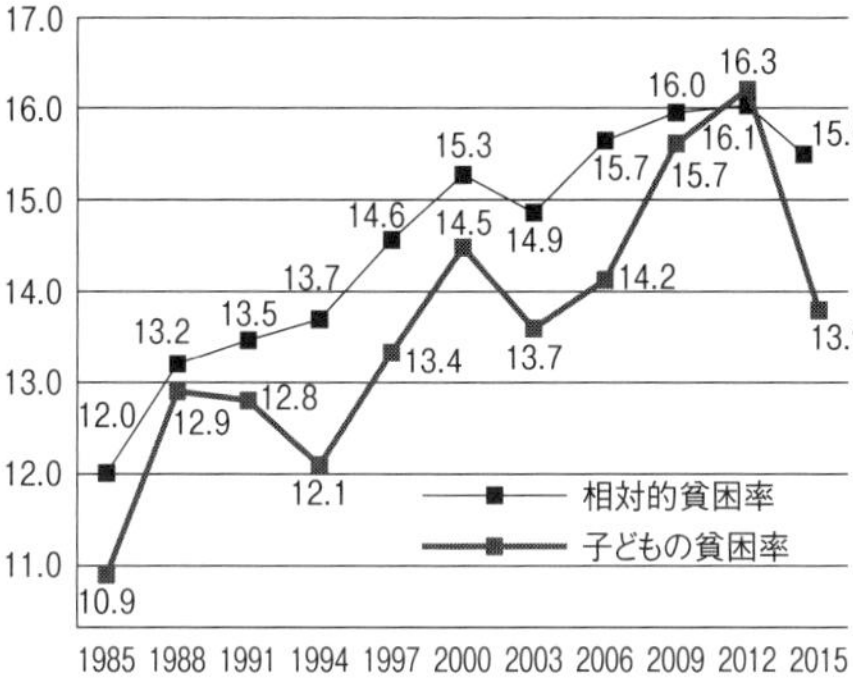

出所：厚生労働省（2011、2014、2017）「平成22年、平成25年、平成28年国民生活基礎調査　結果の概要」

　子どもの貧困率は、前回調査の16・3％から13・9％と低下したものの、就学援助（小中学生の学用品費、学校給食費、修学旅行費などを支給）を受けている子どもの数は、過去最多とはいえ157万人、生活保護受給世帯の子どもは25万人（18歳以下）にすぎない（2017年の数値）。日本では、貧困状態に置かれている多くの子どもたちが、必要な支援を受けられないまま、放置されている。ひとり親世帯の貧困率も、前回調査の54・6％から50・6％に低下したが、OECD諸国の中で最悪水準である。日本のひとり親世帯は約140万世帯、うち約9割にあたる123万世帯が母子世帯であるが、母子世帯の平均年間所得は、社会保障給付を含め243万円と、子どものいる全世帯の平均の36％にとどまる（厚生労働省「ひとり親調査」2016年）。しかも、母子世帯の母親の就労率は8割以上で、こちらはOECD諸国の中でも最高レベルである。つまり、大半の母親たちが就労しているにもかかわらず、低賃金就労で、給与だけでは生活費が賄えない典型的なワーキングプアということだ。

また、親の学歴が中卒の場合は、世帯の貧困率が一挙に高くなり、親の所得と子どもの学力には比例の関係があることが実証されている。生活保護世帯の子どもの高校進学率も、90・8％で、全体の98・6％と比べ依然として低い（2013年。厚生労働省・文部科学省調べ）。貧困の世代間連鎖が顕著である。

†貧弱な教育予算、ローン化する奨学金

日本では、社会保障支出が削減されているのみならず、GDPに占める教育への公的支出割合も、主要国の中で最下位にある。高等教育の授業料についてデータのあるOECD加盟諸国の中で、日本は最も授業料の高い国の一つであり、過去10年間、授業料は上がり続けている。高等教育機関は多くを私費負担に頼っており、高等教育段階では、68％の支出が家計によって負担されており、この割合は、OECD加盟国平均30％の2倍を超える（OECD, *Education at a Glance 2018*）。

給付型の奨学金は2017年からようやく導入されたものの、対象は住民税非課税世帯に限られ、学生数は各学年わずか2万人、給付額は月2〜4万円にすぎない。現在、大学生の2人に1人が貸与型奨学金、しかも多くが利子付奨学金を借りており、大学卒業生は、奨学金という名のローン返済に苦しんでいる。卒業時に抱える平均負債額は3万2170ドル（1ドル110円換算で353万8700円）で、返済には学士課程の学生で最大15年を要する。これはデータのあるOECD加盟国の中で最も多い負債の一つである。2011年から2016年の5年間で延べ1万5000人が、奨学金に絡んで自己破産している（『朝日新聞』2017年11月27日）。

高い大学授業料については、2020年4月から、前述の「高等教育無償化」と称する就学支援制度がはじまったが、対象は住民税非課税世帯と非課税に準じる世帯で子2人と夫婦の4

人世帯で年収380万円以下の世帯に限定され（非課税世帯は学費全額支援。非課税世帯に準じる世帯は3分の2、3分の1を支援）、支援を受けられるのは2万1000人にとどまる。また、これまで各国立大学では、中所得世帯までを対象に授業料等の学費免除措置を実施してきたが、これが段階的に廃止され、約2万4000人が支援を受けられないか、免除額が減らされる。現在、大学に在学している学生は経過措置として従来通りの措置が継続されるが、2020年度以降の入学の学生は対象とならず、これでは「無償化」どころか、就学支援の後退である。

加えて、低賃金・不安定雇用の非正規労働が労働者全体の4割近くに達し、1998年以降、賃金の下落が続いている。他の先進諸国と比較して賃金の下落が続いているのは日本だけだ（第二章3参照）。ワーキングプアのため、自分一人食べていくのが精一杯、結婚し家族を形成できない男女が増加し（とくに非正規労働の若年男性の有配偶者率が大きく落ち込んでいる）、少子化に拍車をかけている。

†社会保障の問題は争点化されにくい

以上のような貧困の拡大により、生活保護世帯数は過去最高を更新し、貧困に起因するとみられる子どもの虐待件数、高齢者の虐待件数も過去最多を更新し続けている。多くの国民、とりわけ冒頭の年金生活者の証言にあるように、年金生活者の生活実態は「健康で文化的な最低限度の生活」には程遠く、これらの人の生存権保障どころか、生存権侵害が常態化している。安倍政権が社会保障改革と称して断行している社会保障の削減は、国民の生存権侵害をもたらす憲法25条違反の政策といえる。社会保障政策の転換が必要なゆえんだ。

とはいえ、社会保障の法制度は複雑なうえに、その範囲が、年金・医療から子育て支援などに至るまで多岐にわたるため、一般の国民には理解が難しい。毎年のように法改正が行われ、頻繁に制度が変わる。多くの国民は、それらの内容を知らないまま、法律が施行されて、はじめて保険料や自己負担が増えていることに気づき驚く。

国政選挙でも、年金、介護、子育て支援などの社会保障政策は景気対策と並んで、有権者が投票の際に重視する項目では、常に1位か2位にランクインされるのだが、与野党とも、選挙になると（表面的とはいえ）社会保障の充実を公約に掲げるため、違いがわからず争点になりにくい。年金が削減され生活が苦しいとぼやく高齢者が、なぜか選挙になると、年金を削減する法案を通した政権与党（自民党・公明党）に投票する。

そして、安倍政権も、社会保障削減の実態を国民に知らせない、政治問題化させない、選挙の争点とさせない、争点化しそうな場合には、待機児童対策のような小出しの改善案を打ち出し、矛盾を覆い隠すといった巧妙な政治手法をとっている。

†財政危機論は本当か？

社会保障を充実してほしいという国民の要求は高いのだが、そうした要求を封じ込めるために、しばしば国の財政が苦しいという財政危機論が持ち出される（これは、安倍政権に限らず、民主党政権も含めて歴代の政権がそうであったが）。国・地方の借金は1000兆円を超えている一方で、少子高齢化、さらには人口減少社会の進展で、税や保険料を納める社会保障の「支え手」が減るため、現在の社会保障制度は持続できなくなるとあおり、「持続可能」な制度（年金制度改革の場合には、これに「世代間の公平の確保」が加わる）にするための改革、すなわち増え続ける社会保障費を削減・抑制する改革が必要だとし、社会保障の充実を求める声を封じ込める。同時に、社会保障の充実のためには、消費税の増税しかないとの宣伝を行う。少子高齢化の進展と人口減少社会の到来→社会保障の支え手の不足→社会保障の持続可能性確保のための歳出削減と消費税の増税というお決まりの図式だ。

しかし、社会保障は国民生活に安定をもたらすための制度なのだから、いくら社会保障制度が「持続可能」になったとしても、国民生活が成り立たなくなれば意味がないし、本末転倒だ。社会保障は国民生活に必要なものであるから、財源が足りなければ、どこからか財源を工面して、社会保障の充実に充てるのが、政治家の仕事ではないか。

そもそも、日本は本当に財政危機なのか。国・地方の借金なるものをみると、2014年末の統計（国民所得統計）で、日本政府（国と自治体をあわせた政府部門全体）の債務残高は1212兆円であり、GDPの2・4倍にもなる。しかし、その一方で、政府部門の資産残高は1199兆円（金融資産598兆円、非金融資産601兆円）にも及ぶ。つまり、日本政府は巨額の債務を抱えてはいるが、ほぼそれに匹敵するだけの巨額の資産を保有しており、財政危機といえる状況にはない。だとすれば、本当に社会保障の財源はないのか。その財源は消費税しかないのだろうか。消費税を増税することなく、社会保障充実のための財源を確保することはできないのか（この問題については、第二章および終章で検討する）。

†過剰な家族主義と自己責任論が覆い隠す重大事

また、これは安倍政権に顕著な特徴だが、生活保護バッシングのように、生活保障を求めようとする人を「怠け者」や「不正受給者」のごとく攻撃し、助けを求めさせない、声を上げさせない社会的雰囲気が作りだされている（助けを求めたら、バッシングされる！）。社会保障を公的責任による保障の仕組みとしてではなく、家族や地域住民の「助け合い」（共助）の仕組みと歪曲《わいきょく》し、できるだけ国の社会保障制度に頼らず、自分や家族で何とかすべきだという自己責任、家族責任が強調される。

家族がその構成員の生活保障に最終的な責任を負う体制は「家族主義」と呼ばれる。世界的にみても、日本は、南欧諸国（イタリアやスペイン）とともに、現在に至るまで家族主義のきわめて強い国とされている（エスピン・アンデルセン／渡辺雅男ほか訳『ポスト工業経済の社会的基礎』桜井書店、2000年）。家族主義は、1970年代末の「日本型福祉社会」論にその淵源を見出すことができる。かつてはそれに加え「企業」による生活保障もあったが、1990年代後半以降、企業も従業員の生活保障の責任を放棄しはじめ、家族の負担がますます増大した。にもかかわらず、安倍政権のもと家族責任がますます強調されるようになっている。

自民党の「日本国憲法改正草案」（2012年4月27日決定）の24条は、新たに1項を設け、「家族は、互いに助け合わなければならない」と規定している。そのこと自体が、戦前の家制度など古い価値観の復活を思わせるが、社会保障との関係では、自助や共助の基本的単位としての家族内での助け合い、つまりは扶養の強要につながる。家族の扶養や助け合いで何とかならないこそ、社会保障が発展してきたという歴史的事実がまったく看過されている。

日本の過剰なまでの家族主義は、家族の介護疲れによる介護心中事件、親亡き後の将来を悲観した障害者・家族の心中事件を多発させている。近年では、社会的な孤立や「8050問題」といわれる深刻な「ひきこもり」問題を顕在化させている。内閣府の調査によれば、「ひきこもり」状態にある人は、15〜39歳で54・1万人（人口比1・57％。2015年調査）、40

〜64歳（同1・45％。2018年調査）で61・3万人と推計され、調査時点が異なるので単純な合計はできないものの、15歳から64歳までで約100万人を超える。これらの人の将来への生活不安は大きく、2019年6月には、東京都練馬区で、40代の息子のひきこもりと家庭内暴力に悩んでいた元農林水産省事務次官の男性が、息子を殺害する事件も起きている。

安倍政権は、こうした現在の日本社会に噴出している貧困問題やさまざまな社会問題を覆い隠すために、「日本はすばらしい」「美しい日本」（安倍首相の著書のタイトルでもある）という日本礼賛を繰り返している。マスメディアに圧力を加え、政権に都合のいい情報提供の方向にコントロールしようとする。まさに強権政治といってよい。

†悲痛な叫び

それでも、社会保障の相次ぐ給付引き下げに対して、当事者が声をあげはじめている。

生活保護基準の引き下げについては、同基準の引き下げを違法とする行政訴訟（生存権裁判といわれる）が、全国で29件提訴され、原告は1000人を超え（2017年12月現在）、生活保護史上空前の裁判運動に発展している。

年金給付の引き下げについても、全日本年金者組合の組合員を中心に、全国で12万人を超す集団審査請求の運動が展開され、それを受けて、全国42都道府県の原告が39の地方裁判所に年金減額に対する取消訴訟を提起している（2017年9月現在）。原告は4000人を超え、社会保障をめぐる史上最大の集団訴訟に発展している（筆者も、同訴訟で原告側の共通意見書を東京地裁などに提出している）。

2016年2月には、保育園の入所選考に落とされた母親が政治への怒りをつづった「保育園落ちた日本死ね！！！」と題するブログが国会質問で取り上げられ、待機児童問題に真剣に向き合おうとも解決もしようとしない安倍政権に対する怒りの声が急速に拡大、待機児童問題が大きな政治問題に浮上し、安倍政権は、待機児童解消を（表面的にでも）重要政策に掲げざるを得なくなった。社会保障を政治問題化し、選挙の争点としていくことができれば、政治を変えていくことができるという展望が見出せる出来事だったといえる。

†改竄と隠蔽の情実政権

2018年に入り、森友学園への国有地払い下げ問題に関する財務省の決裁文書の改竄が発覚し、近畿財務局で改竄を命じられた職員の自殺まで出たにもかかわらず（のちに自殺した職員の妻が国家賠償請求等を提訴している）、官僚にすべての責任を押し付けようとする安倍政権の姿勢に批判が噴出、内閣支持率が急落した。その後、支持率は再び上昇し、2019年7月の参議院選挙では、自民党・公明党与党が過半数をかろうじて維持したものの、今度は、政府主催の「桜を見る会」に、反社会勢力や安倍首相の後援会の会員が多数招かれていた問題が発覚、さらに安倍政権の成長戦略の目玉であったIR事業（総合リゾート型事業）にからんで自民党議員が中国企業からの収賄の容疑で逮捕され、その利権構造が明らかになるなど、次々に不祥事が噴出した。「桜を見る会」の問題では、招待名簿を破棄したとの言い逃れで何の説明もしない安倍首相の姿勢とその人間性に国民の不信が強まり（道徳教育をいう首相が平気でうそをつき、ごまかす！）、再び支持率が下落しはじめた。安倍首相は政治資金規正法等違反で自己に捜査が及ぶのをおそれたためか、腹心の黒川弘務東京高検検事長の定年延長をこれまでの政府見解・法解釈を変更して閣議決定し、さらに、検察庁法改正案を国会に提出したものの、2020年5月に、黒川氏の賭けマージャンの発覚による辞任で同法案は先送りとなった。

これまで、安倍政権は、消費税の増税延期を繰り返し（もしくは使い道を変更するなど）、不祥事については徹底した隠ぺいと説明しない姿勢で、国民が忘れることを待つという戦略で、支持率の浮上をはかってきた。しかし、こうした手法も、消費税増税を断行したため、もはや使えなくなった。安倍首相が保身のみを考え守りに入ったともいえる。

†現実化した医療・介護崩壊、そして新型コロナ不況へ

そして、ここにきて、新型コロナウイルスの感染拡大が、国民生活にも日本経済にも大きな

影響を及ぼし、医療など日本の社会保障の脆弱さを顕在化させた。

時系列的にみると、2020年2月、日本政府はクルーズ船のダイヤモンド・プリンセス号の検疫に失敗し、船内で多くの感染者を出して海外メディアから厳しい批判を浴びた。国内でも感染経路が不明の感染者が多数出てきたにもかかわらず、東京オリンピック・パラリンピックの2020年開催に執着する安倍政権は、クラスター対策を重視するあまり検査を絞るなど、対応は後手に回り、感染者数の増加を招いた。焦った安倍首相は、2月末、大規模イベント・行事の自粛要請に続き、全国の小中学校、高校、特別支援学校に対して3月2日からの一斉休校の要請に踏み切った。あまり突然で、準備期間もわずかで、学童保育（放課後児童クラブ）の受け入れ態勢の不備など、現場は大きな混乱に陥った。

その後、3月末に、世界各国で感染拡大が続くに至り、ついに東京オリンピック・パラリンピックの1年延期が決まった。その直後、今度は小池百合子東京都知事が、大規模な外出自粛要請を行った。そして、4月7日、安倍首相は、東京都、神奈川県、大阪府など7都府県に、緊急事態宣言を発令、4月16日には対象地域を全国に拡大した。しかし、外出・休業自粛要請には強制力はなく、休業する事業者にも金銭的な補償はない。安倍政権は、強制ではなく、あくまでも事業者や国民への休業・自粛要請という形をとることで、感染を拡大させた失策の責任を国民の自己責任に転嫁し、休業補償をしぶったわけだ。かくして過剰なまでに自己責任論と同調圧力の強い日本社会では、自粛要請は事実上の強制と化し（マスコミも異常なまでに自粛を訴えた）、休業要請に応じない事業者へのバッシング、感染経路不明の感染者が増大し誰もが感染する可能性があるにもかかわらず、感染者（注意しなかった本人が悪い！）や、はては医療従事者など感染可能性のある人への差別や偏見が助長された。

何よりも、新型コロナの感染による重症患者が増加する中、感染拡大地域では医療提供体制が逼迫し、医療が機能不全に陥る「医療崩壊」が現実化した。感染症治療を担う公的・公立病院や保健所を統廃合などの形で削減し、さらには病床を削減し医師数を抑制してきた日本の医療費抑制策のツケが回ってきたともいえる（第四章5参照）。

介護現場も、介護保険の介護報酬の度重なる引き下げが介護職員の低賃金を招き、深刻な人手不足で介護サービスの基盤が大きく揺らいでいるところに、新型コロナが直撃、「介護崩壊」が現実化した。しかし、安倍政権は、感染症対策を現場の自助努力に丸投げ、人員増員など必要な予算措置もなく、マスクなども不足する中、少ない人手で介護職は緊張と過重労働を強いられ、障害者施設や高齢者施設での集団感染が相次いだ（第五章5参照）。

安倍政権は、新型コロナ対策のための2020年度の補正予算を4月30日に成立させた。世論の批判や公明党の要望を入れ、国民一人当たり10万円を現金給付する特別定額給付金を盛り込み、一度閣議決定した補正予算案を国会提出前に大幅に組み替えるドタバタぶりであった。

一般会計総額（いわゆる「真水」といわれる財政支出）は25兆6914億円だが、新型コロナ患者を受け入れる医療機関などに交付される「緊急包括支援交付金」は1490億円にすぎず批判が出ていた。

批判の高まりを受け、6月12日に成立した二次補正予算では、一般会計総額は31兆9114億円となり、「緊急包括支援交付金」に2兆2370億円が積み増しされた。また、売上が減少した法人に最大200万円、個人事業者に100万円を支給する持続化給付金も対象が拡大され、一次補正に盛り込まれなかった家賃補助も実現した（2兆242億円）。従業員を休ませた事業者に休業手当を助成する雇用調整助成金も、日額上限が8330円から1万5000円に引き上げられた。さらに、児童扶養手当を受けているひとり親世帯に5万円の臨時特別給付金が支給される（子どもが一人増えるごとに3万円ずつ加算）。自治体の休業補償などとして活用されている「地方創生臨時交付金」も、一次補正の1兆円に2兆円を積み増しした。

とはいえ、安倍政権は、新型コロナ対策については、布マスク（アベノマスク）の配布など場当たり的な対応に終始し、事業者への「補償なき自粛要請」、医療・介護現場、そして国民への「自粛・自助努力」の無理強いだけで、まさに無為無策であったといってよい。それでも、現場の医療従事者・介護従事者の懸命の努力と、安倍政権のあまりの無為無策にあきれた国民の外出自粛、手洗い・マスク着用の徹底といった自助努力の結果、5月半ばより、感染者数が減少しはじめ、緊急事態宣言も、5月25日に全国で解除された（ただし、隠れた感染者が多数いると推察され、今後、感染拡大の第二波がくることが確実視されている）。

しかし、その代償は大きかった。観光・飲食業界をはじめ事業者の倒産・廃業、そして非正規の人を中心に失業者が急増しているからだ。新型コロナ関連の倒産は、２０２０年６月１日時点で、２００件を超え（帝国データバンクによる）、新型コロナの影響による解雇や雇止めは、同年5月28日時点で1万５８２３人となっている（厚生労働省調べ）。解雇や雇止めまで至らなくても、休業者は、同年4月で前年同月比４２０万人増の５９７万人にのぼり、リーマンショック直後のピーク時の１５３万人の約4倍と過去最多となっている（総務省調べ）。これらの人がそのまま職場に戻れず失職すれば、失業者はさらに増大する。また、朝日新聞社の調査では、休業要請などが行われた「特定警戒都道府県」の13都道府県の主な自治体では、4月の生活保護の申請が前年比で3割増大している（『朝日新聞』２０２０年6月2日）。

雇用調整助成金や持続化給付金も、申請手続が煩雑なうえ（申請の際の添付書類も多岐にわたる）、支給が遅れている。持続化給付金では、広告業界最大手の電通などが設立した一般社団法人サービスデザイン推進協議会が国から委託を受け、協議会は電通に再委託し、さらに電通は子会社5社に外注し、巨額の差額を受け取っていた疑惑まで持ち上がった。一次補正に組み込まれた経済産業省主導の「Ｇｏ　Ｔｏキャンペーン事業」（新型コロナ収束後に観光やイベント、飲食業を支援する事業）をめぐっても、事務委託費の上限を事業費の2割にあたる3095億円と見積もるなど事業の不透明さが問題となり、委託先の公募が中止される事態となった。給付金の支給が遅れて、資金繰りが間に合わず廃業や倒産に追い込まれる事業者も出ていることは問題である。申請を簡略化し、事前審査から事後審査に切り替えるなどしないと、倒産と失業の急増を止めることは難しい。

新型コロナの影響で、2020年1〜3月期のGDPは、実質成長率が対前期比年率で2・2%のマイナス（改定値）と2四半期連続のマイナスとなり、続く同年4〜6月期は、緊急事態宣言が出されていた時期と重なるため、年率20%程度のマイナス成長と、戦後最悪の落ち込みになると予想されている。消費税増税による消費不況に追い打ちをかける形で、リーマンショックをはるかに超える戦後最悪の新型コロナ不況が到来しつつある。今後は、新型コロナに感染して亡くなる人より、仕事を失い自殺で亡くなる人の方が多くなるかもしれない。まさに未曾有の危機というほかない。

†本書の目的と構成

こうした危機的な状況にあるいまこそ、私たち一人一人が消費税と社会保障の内容を正確に理解し、新型コロナの感染拡大が、はからずもあぶり出した日本の社会保障の脆弱さを直視したうえで、だれもが安心して暮らせる社会保障を実現するための道筋を考える必要があるのではなかろうか。本書は、こうした問題意識から、消費税の仕組みと問題点を解説し、消費税とリンクされた「社会保障四経費」、すなわち年金、(高齢者)医療、介護、子育て支援・保育(少子化対策)の現状と問題点を読み解き、諸制度の問題の解決策と、消費税に依存しない社会保障充実の道筋を示すことを目的としている。

第一章では、消費税の基本的な仕組みを解説し、その本質と問題点に迫る。あわせて軽減税率やポイント還元など安倍政権の増税対策についてもみていく。ついで、第二章では、消費税の増税が、社会保障のためでなく、法人税・所得税の減税、つまり大企業や富裕層の減税の財源として用いられてきたことを指摘し、消費税が社会保障財源として最もふさわしくないことを明らかにする。第三章以下では、消費税を主要財源とする年金(第三章)、医療(第四章)、介護保険(第五章)、子育て支援・保育(第六章)の順に、それぞれの法制度の現状と課題を考察する。終章では、消費税に依存しない社会保障の再構築に向けて、憲法に基づく税制改革と社会保障改革の方向性を提示し、改革の実現に向けての政治的課題を展望してみたい。

第一章

消費税のいびつな仕組み

1　消費税の構造

消費税の仕組みは複雑で、理解が難しい。そのことが、消費税が「公平で中立的」な税制であるとか、「社会保障財源＝消費税」しかないといった間違った認識を生み出す原因の一つとなっている。本章では、消費税の基本的な仕組みを解説し、その本質と問題点に迫る。あわせて軽減税率の導入など、安倍政権の増税対策についてもみていく。

†消費者が負担する間接税

税には「直接税」と「間接税」とに大きく区分される。直接税は税を最終的に負担する人が納税者となる税で、間接税は税を最終的に負担する人と納税者が異なる税である。所得税や法人税は直接税で、消費税は酒税、たばこ税などとともに間接税に分類される。間接税には、個別の商品に課税し、課税対象を法律に明記する個別間接税と、非課税のものを法律で規定し、残りの商品・サービスにすべて課税する一般間接税がある。消費税は一般間接税であり、酒税やたばこ税は個別間接税にあたる。

消費税は、事業者が事業として行う資産の譲渡や貸付、サービスの提供等を対象として課税される。納税義務者は、消費者ではなく、年商（年間の売上）が1000万円以上ある事業者（個人と法人あわせて、現在約315万）だ。ただし、実際に消費税を負担しているのは、日本に住んで消費している消費者すべてということができる。

消費税は、各取引の段階で課税される税が累積するのを防ぐため、納税額を計算する際に、売上にかかる税額から仕入にかかる税額を差し引く方式をとっている。これを「仕入税額控除」という。ここでいう「仕入」には、商品や原材料などの仕入のほかに、機械等の購入や事務所の賃借、事務用品の購入なども含まれる。こうした方式の税は、現在、150を超える国で実施されており「付加価値税（VAT：Value Added Tax)」といわれている。

もっとも、近年は、マクドナルドのように、ハンバーガーや飲み物という「モノ」の提供と飲食のスペースの提供という「サービス」が一体になった業態がでてきた。こうなると、どこまでが「モノ」の取引で、どこからが「サービス」なのかは不明だ。そのため、新たに付加価値税を導入した国では、ＶＡＴではなく、「物品サービス税（GST：Goods Service Tax）と称するようになっている。

†納税額の計算方法

実際の消費税の納税額はどのように計算されるのだろうか。例を挙げて説明しよう。

年間５０００万円の仕入れをして、税込７０００万円の商品を販売している業者がいるとしよう。この場合の仕入れには、商品それ自体の仕入費用だけでなく、輸送費、通信費、店舗賃料、光熱水費、宣伝費などの諸経費が含まれている。ただし、銀行からの借入金の利子や固定資産税などは、消費税が課税されていないので、仕入税額控除の対象には含まれない。

消費税率が10％の場合、税込売上の７０００万円の中には、実際に客から消費税分をとれたかどうかにかかわりなく、10％に相当する消費税７００万円が含まれていると計算する。同様に、仕入れ額５０００万円の中には、10％相当の消費税５００万円が含まれているとみなされる。売上分の消費税７００万円から仕入分の消費税５００万円（これが「仕入税額控除額」といわれる）を差し引いた２００万円が、この業者の実際の消費税の納税額となる。

輸入品の場合は、仕入税額控除はゼロとなるので、たとえば税抜２０００万円の輸入品を輸入した業者は、それを空港等の保税地域から持ち出す際に、10%の消費税200万円を納め、その額を価格に上乗せしたうえで、国内で販売することになる。これに対して、輸出品の場合には、後述するように、仕入額の消費税分10%が還付されることとなる。

†非課税と免税

消費税法には、「非課税取引」と「免税」の規定がある。

消費税が「非課税」となる取引は、第一に、消費税法4条の「国内において事業者が行った資産の譲渡等」という条件(課税要件)に当ではまらない取引で、海外での取引や寄付金、所得税などの税金がある。第二は、形式的には、課税要件に当てはまるが、譲渡されるものの性格上、課税になじまないもので、商品券、土地取引、金融商品などが該当する。第三は、社会的配慮から非課税となっているもので、住宅家賃、学校の授業料、社会保険診療、保育料、埋葬料、出産費用などが該当する。もっとも、これらは「非課税」といっても、消費税の影響がまったくゼロになるわけではない。たとえば、社会保険診療の場合、保険医療機関が購入する薬品や医療機器には消費税がかかっており、第四章でみるように、この消費税分は医療機関に支払われる診療報酬の引き上げで補塡されている。ただし、診療報酬の1~3割は患者の窓口負担に跳ね返るので、結局、患者負担に転嫁されているともいえる。

「免税」にも2種類があり、一つは、年間売上高が1000万円に満たない小規模業者の「納税免除」、もう一つは、輸出業者に対する免税措置、いわゆる「輸出免税」である。後者の場合は、輸出品を製造する段階で原料や部品にかかった消費税が税務署から還付される。

2　富める者がますます富む消費税

†強い逆進性

以上のような仕組みの消費税には、次のような問題がある。

第一に、消費税は、一部の例外を除いてほぼすべての商品やサービスの流通過程にかかるため、家計支出に占める消費支出（とくに食料品など生活必需品）の割合が高い低所得者ほど負担が重くなる逆進性の強い税である。

消費税の逆進性の問題は、すでに多くの論者によって指摘され実証されているが、高所得者ほど、収入を貯蓄や株式投資に回す割合が高く、金融所得が多い。しかも、第二章でみるように、金融所得の課税率が低いため、所得比でみた消費税の逆進性はいっそう強まる。

また、日本の消費税率は、ヨーロッパ諸国の付加価値税に比べれば低く、それが消費税率の引き上げの根拠とされているふしがある。しかし、財務省が発表している消費課税の概要（国税）をみると、国税収入に占める消費税収の割合は29・4％と約3割に達している（2018年）。これは標準税率20％のイギリスやフランスの同割合（それぞれ25・8％、24％。2013年の割合）よりも高い水準で、標準税率19％のドイツと同じ水準だ。これらの国々では、食料品など生活必需品についてゼロ税率や軽減税率が採用されているが、日本の消費税は、食料品等が8％の税率に据え置かれるまでは、単一税率であったため、税率は低いが、税収は大きくなっているのである（財政調達力が高いともいえる）。食料品にかかる税率をくらべてみると、イギリスは0％、ドイツは7％、フランスは5・5％であり、日本の8％より低くなっている。

高所得者は多く消費するので、高額の消費税を払っているとの主張もある。一見もっともらしく聞こえるが、たとえば、生命維持に必要な水で考えてみると、所得が平均の100倍ある人が、一般庶民の100倍もの水を飲むなどということはおよそありえない。一日に飲む水の量は、所得に関係なく、大きく変わらず、購入するミネラルウォーター（消費税10％）の量もほぼ同じであろう。税の負担率は、その人の経済的負担能力（税法では「担税力」といわれる）を基準にするもので、消費額を基準にすべきものではない。

さらに、前述のように、高所得者は消費よりも投資や貯金などに回す方が多い。そのため、稼いだ収入をすべて消費に充てても必要生活費に不足する状況にある低所得者（貯金などできない！）に比べると、消費税の負担率が低くなる。たとえば、年間1億円の収入を得ている人が3000万円だけ消費し、残りの7000万円を貯金や金融資産に回したとする。この人の収入に対する消費税の負担割合は3％となる。一方で、年収200万円のネットカフェ暮らしの人は収入のほぼすべてを消費に回さないと生きていけない。この人の収入に対する消費税の負担割合は、まるまる10％となる。かりに年収1億円の人の所得税を3％にして、年収200万円の人の所得税を10％にする法案が提出されれば、誰もがおかしいというだろうし、絶対に通らないはずだ。しかし、消費税は「間接税」という仕組みを隠れ蓑に、実質的に、そういう状態を生み出している。

†赤字でも徴収

第二に、消費税は、法人税や所得税のように利益に課税する税ではなく、事業の付加価値に課税する税のため、年商1000万円（消費税の免税点）以上の事業者であれば、事業が赤字であっても納税額が発生し、滞納が生じやすい。

実際、消費税は、国税のあらゆる品目の中で最も滞納が多い。消費税の滞納率は、ほぼ毎年4％程度で推移しており、所得税の1・3％、法人税の1％程度と比べると、格段に高く、毎年新たに発生する滞納額の約6割を消費税がしめる。税務当局は、消費税の徴収を他の税に優先して強化しているが、それでも滞納が多いのは、消費税という税制に欠陥があるからだ。

消費税法では、消費税の納税義務者は事業者とされているものの、消費税分の価格転嫁を事業者に義務付けた規定も、消費税の転嫁を事業者の権利と定めた規定もない。大半の人は、消費税は消費者が負担する税と考えているだろうが、自由主義経済のもとでは、商品やサービスの価格は、需要と供給という市場原理に基づいて決まるため、消費税分は物価の中に埋没し、商品等の流通過程で誰が消費税を負担しているかは明らかではなくなる。

電気や水道、鉄道など公共料金は、消費税分を転嫁して料金を決めることができる。しかし、デフレ経済のもと、市場での力関係において劣位に置かれている下請けや中小事業者などは、消費税分を価格に転嫁できず（転嫁して価格を上げれば、物は売れなくなる！）、消費者から預かってもいない消費税分を、自腹を切って納付しなければならなくなる。その場合、消費税は、もはや負担者と納税者が異なる間接税とはいえず、事業者の不特定財産に対する直接税と化している。

あからさまな下請けへの価格引き下げ要求は、2021年3月末までの時限立法である「消費税転嫁対策特別措置法」に引っかかるとはいえ、公正取引委員会が日本中のすべての取引を取り締まることなど不可能だ。結局、消費税は市場で弱い立場の側が負担を強いられる仕組みで、中小事業者に滞納が多いのもそのためである。

†滞納のわけ――預り金か、物価の一部か？

消費税が導入された直後、消費税の仕組みが憲法14条の平等原則などに反するとして国家賠償訴訟が提起されたことがある。この訴訟は、年商1000万円未満（当時は3000万円未満）の免税業者が、納税義務もないのに、商品やサービスの価格に消費税分を上乗せして販売し、その分を合法的に利益にできてしまう、いわゆる「益税」が不公平と訴えたものだが、裁判所は、この仕組みは憲法に違反しないとし請求を棄却した。曰く「消費者が事業者に対して支払う消費税分はあくまでも商品や役務の提供に対する対価の一部としての性格しか有さないから、事業者が、当該消費税分につき過不足なく国庫に納付する義務を、消費者との関係で負うものではない」（東京地裁1990年3月26日判決）。つまり、消費者は消費税を税金として払うのではなく、商品やサービスの対価（物価）の一部として負担しているにすぎず、事業者に消費税を預けているわけではないというわけだ。

同判決は原告らが控訴を断念し確定、法的には、消費税は「物価の一部」という解釈が確定した。そして、この訴訟が問題視した「益税」は、その後のバブル崩壊と長期に渡るデフレ経済のもとで激減し、代わって、消費税分を価格に転嫁すれば商品が売れなくなるため自腹を切って納税するしかない「損税《そんぜい》」が日常化した。消費税は「物価の一部」とするロジックは、この「損税」を正当化し、中小業者を苦境に立たせることとなった。消費税が物価の一部である以上、消費税を価格に転嫁できるもできないも、市場での力関係によることとなるからだ。力関係で勝れば転嫁に加え便乗値上げも可能だが、劣れば自分で自腹を切って払うか、滞納するしかない。まさに「弱肉強食の化身のような税」（斎藤貴男「消費税という『暴力』のむちゃくちゃ」『月刊社会民主』2019年12月号、9頁）といえる。

消費税の滞納が急増した1998年（前年に消費税率が5％に引き上げられた）は、自殺者がはじめて年間3万人を超えた年であることを考えれば、消費税が10％に引き上げられた今、消費税分が転嫁できない中小事業者に大きな打撃を与え、倒産・廃業が増え、それを苦にした自殺者が増えていくかもしれない。

†5％時で、輸出大企業20社への還付金はおよそ1兆円

第三に、消費税には輸出還付金があり、輸出大企業への実質的な補助金と化している。まず、輸出還付金の仕組みについて概説しておこう。消費税はいうまでもなく、日本の税制であり、企業が海外に輸出した製品については、日本の消費税を預かることはできない。つまり、輸出企業の場合は、最終消費者を国内に求めることができないため、製品になるまでに支払ってきた消費税分は「損税」として企業の負担になる。そこで、輸出企業は、この分を年率

1・6%の利息に相当する還付加算金を上乗せした還付金として受けとることができる。この輸出還付金は、2013年決算期で、金額1位のトヨタ自動車で年間およそ1800億円、上位20社（日産自動車、キヤノン、ソニーなど）で合計およそ1兆円にのぼっていると試算されている。2012年度における輸出企業における還付金の合計額は3兆2000億円にのぼっており、これは輸出還付金控除前の消費税収16兆6137億円の約2割に相当する（いずれも税率5%の時の数字。湖東京至「消費税の何が問題なのか――不公平性を払拭できない欠陥税制」『世界』2014年2月号、192頁参照）。しかし、トヨタ自動車などの輸出大企業が、部品調達過程で消費税をきちんと払っているとは考えにくく（多くは下請け企業などから安価に調達しているだろう）、その場合は、還付金は輸出大企業への補助金と化している。

実際、1954年に、フランスで最初に導入された付加価値税は、当時のGATT協定により、輸出国の政府が輸出企業に対し輸出補助金を支給することを禁じられたため、間接税とすることで輸出企業に還付金（実質的な補助金）を与える方法として考案されたものであり、日本の消費税は、まさにこれをまねたものであったという（湖東・前掲「消費税の何が問題なのか」191頁参照）。

経団連など日本の財界は、消費税の税率を、将来的に20%にまで引き上げるべきと提言しているが、その一つの理由が、こうした輸出大企業に対する還付金にあることは明らかだろう。

競争市場において優位な立場にある大企業は、消費税分を価格に転嫁することが容易にでき、消費税増税の痛手は比較的少ない。消費税率が10％に引き上げられた現在、単純計算で、輸出還付金は先の5％のときの倍になる。ちなみに、消費税率8％のときの2015年度でみると、トヨタ自動車3633億円、日産自動車1546億円、製造業12社で1兆円を超える還付があったと推計されている（『全国商工新聞』2016年10月10日。湖東京至氏推計）。

一方、前述のように、医療保険など社会保険診療の費用は、消費税の非課税扱いである。そのため、医療機関は、保険者や患者から消費税分を受け取れず、医療機器の購入など仕入れにかかった消費税分は、その医療機関が負担せざるをえない「損税」問題が発生することとなる。厚生労働省は、3％の消費税が導入された1989年と税率が5％に引き上げられた1997年、そして、8％に引き上げられた2014年の過去3回、診療報酬を改定し、こうした「損税」分を、診療報酬点数に上乗せすることで対処してきた。今回も、10％の引き上げに対応して、診療報酬本体が0・41％引き上げられている（第四章5参照）。しかし、消費税に対応した診療報酬のわずかな引き上げだけで十分な補塡がなされているかは疑問である。今後、損税が増えてくれば、医療機関の倒産が増大する可能性もある。社会保険診療こそゼロ課税として、仕入れに要した消費税分を還付する制度を設けるべきだろう。

図表1-1　派遣化を後押しする（!?）

消費税の「仕入れ税額控除方式」

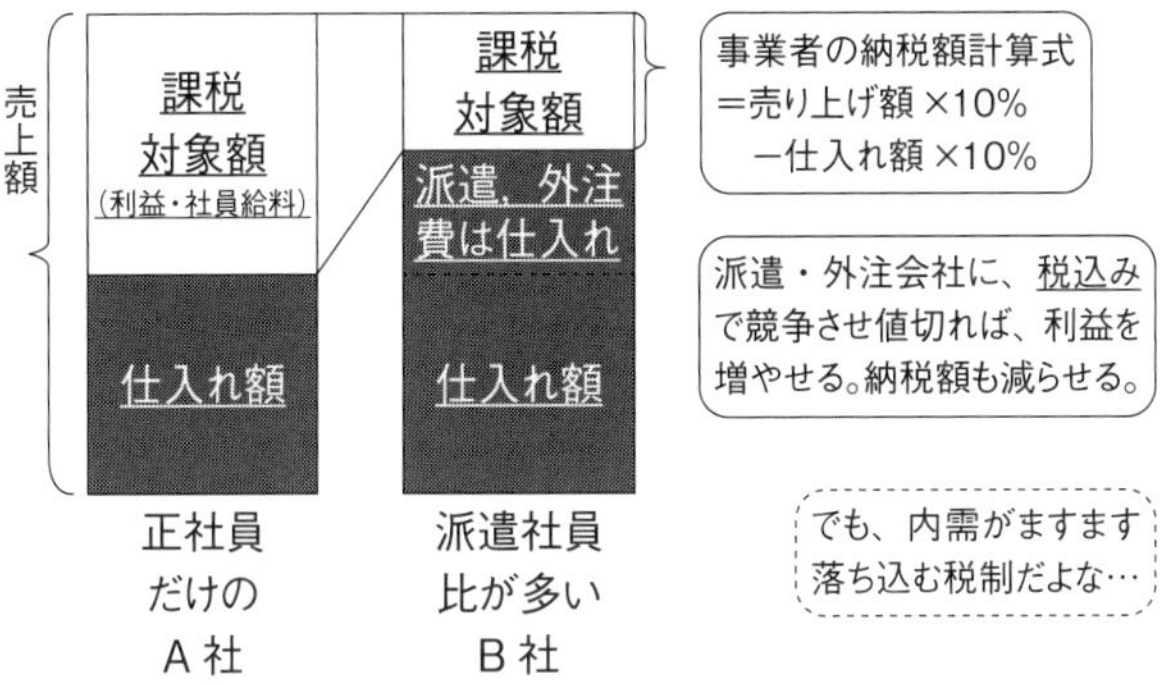
売上額
課税
対象額
（利益・社員給料）
仕入れ額
課税
対象額
派遣、外注
費は仕入れ
仕入れ額
正社員
だけの
A社
派遣社員
比が多い
B社
事業者の納税額計算式
＝売り上げ額×10%
－仕入れ額×10%
派遣・外注会社に、税込みで競争させ値切れば、利益を増やせる。納税額も減らせる。
でも、内需がますます落ち込む税制だよな…

出所：「99％のための経済政策フォーラム」作成。一部修正

†雇用破壊を促進

第四に、消費税の増税は、企業に雇用の外注化や非正規化をうながしやすい。すなわち間接的ながら、消費税は雇用破壊税としての性質も有している。

企業は、正社員を減らし、必要な労働力を派遣や請負などに置き換えれば、それらの経費は、消費税の「仕入れ税額の控除」の対象となるため（正社員への給与はならない）、当該企業の消費税の課税対象額が縮小し納める消費税の納税額が少なくなる（図表1-1）。そのため、消費税の増税は、企業による正社員のリストラや外注化を促進しやすいわけだ。

実際、5％に消費税率が引き上げられた1997年以降、それに呼応するかのように、労働分野

の規制緩和が進み、派遣労働者や非正規労働者が増大した。とくに、1999年の労働者派遣法の改正では、労働者派遣が可能な対象業務を法律に列挙する、従来の「ポジティブリスト方式」が、対象業務を全面的に自由とし例外的に禁止される業務のみを列挙する「ネガティブリスト方式」に変更された。さらに、2003年の労働者派遣法改正では、対象業務を製造業にまで拡大したのである。そして、安倍政権のもとでも、2015年9月に、派遣労働の常用代替禁止原則を破棄するに等しい改正労働者派遣法が成立している（第二章3参照）。

†非関税障壁としての消費税

以上のような消費税の税制としての諸問題に加え、連邦レベルで付加価値税のないアメリカ合衆国にとって、日本の消費税は、日本製品を保護する非関税障壁と捉えられ、消費税の増税は、輸出還付金の増大とともに、アメリカとの貿易摩擦を招くという問題がある。

実は、アメリカ財務省の内部文書には、日本が輸出品への還付金（内部文書では「リベート（rebates）」と記されている）付き間接税（消費税）の引き上げと法人税の引き下げを同時に行うなら、報復措置も辞さないとの文言が存在する。実際、過去の歴史をみると、消費税の導入、そして増税を契機に、アメリカによる対日圧力が増していることがわかる。

消費税が導入された1989年4月には、日本の規制構造そのものに踏み込む日米構造協議がはじまり、1994年11月に、当時の村山富市内閣が、税制関連法案を成立させ、消費税率の5％への引き上げを決定した際には、構造協議をもとに、保険領域の規制緩和などを求める年次改革要望書がはじまった。そして、2012年の社会保障・税一体改革による消費税の増税法の成立に際しては、TPP（環太平洋経済連携協定）の本格協議がはじまった（以上の経緯につき、岩本沙弓『アメリカは日本の消費税を許さない――通貨戦争で読み解く世界経済』文春新書、2014年、第三章参照）。

TPPは、2010年にアメリカなどが参加して交渉が開始された。日本は、2013年3月、安倍政権になって交渉に参加し、2016年2月、日本をはじめ交渉参加国12か国が協定に署名した。その後、2017年1月に、トランプ政権が成立し、アメリカがTPP協定から脱退したものの、日本は残り、アメリカを除く11か国でTPP協定が発足、2018年12月に発効した。これを受け、アメリカ国内では、牛・豚肉や穀物などの対日輸出で、オーストラリアやニュージーランド、EU諸国より不利になったとの不満が噴出したため、日米二国間で貿易交渉が新たにはじまり、2019年9月に日米貿易協定が最終合意に達した。こうした経緯からわかるように、日米貿易交渉は、2020年の大統領選で再選をめざすトランプ大統領が、二国間交渉で、アメリカに有利な合意を日本にのませることを目的にしたものだった。

案の定、日米貿易協定の合意内容は、日本側の一方的な譲歩におわった。日本がアメリカに求めた自動車などの関税の撤廃は事実上、棚上げされ、トランプ政権が最重要品目にあげる牛肉は、現在の関税38・5％が9％にまで引き下げとなる。しかも、TPPでは段階的に実施した関税削減を、アメリカに対しては一挙に行うこととなり、日本がアメリカから輸入する牛肉の9割強が初年度から低関税扱いとなる。豚肉も関税が大幅に引き下げられ、国内の養豚農家に与える打撃ははかりしれない。また、安倍政権は、畜産物の低関税枠を設けたうえに、TPPには含まれていないアメリカ産の飼料用トウモロコシの大量輸入も約束しており、日本が死守するとしていたTPP協定の水準を超える中身といえる。

将来的に、牛・豚肉のみならず米も含めすべての農産物について関税撤廃が求められることは必至である。そうなれば、ただですら高齢化と後継者不足にさらされている日本の農業は壊滅的な打撃を受け、地方経済がさらに衰退し、食料自給率も大幅に低下するだろう。また、食品の安全性に関する規制も撤廃される可能性があり、消費者にとっても安全性の面で不安が生じる。日米貿易協定は、まさに、日本の農業主権の放棄といってよいが、国会でも十分な審議がなされないまま、2019年12月に国会で承認され、2020年1月から発効している。

3　軽減税率をめぐる問題

†複雑怪奇な軽減税率

欠陥税制としての消費税の増税に加え、安倍政権は、軽減税率の導入など増税対策という失策を重ね、消費の現場に大きな混乱をもたらしている。

まず、軽減税率だが、導入の経緯をみると、消費税率の10%に引き上げに際して、逆進性の緩和のため、食料品などについて軽減税率の導入を強く主張してきたのは公明党で、同党が、2014年の衆議院総選挙の際に、最も強調した公約でもあった。しかし、軽減税率の導入は、税収減を招くため（飲食料品すべてを8%の税率とした場合、約1兆2000億円の減収になると試算）、当初は、自民党や財務省は消極的であった。その後、2015年末に、アルコール飲料や外食などを除く飲食料品、新聞（定期購読契約が締結され週2回以上発行されているもの）について税率を8%にするという内容の軽減税率の導入が決まった（正確には「軽減税率」ではなく、8%に「据え置き税率」というべきだが）。

問題を複雑にしているのが、8%か10%の線引きの問題だ。似たような商品でも税率が異なり、同じ商品でも食べる場所によって税率が異なるなど、複雑怪奇というほかない。序章でみたように、飲食料品の購入の場合は8%で、外食の場合は10%、持ち帰り（テイクアウト）の場合は8%、アルコール度数が10%以上の「みりん」は酒税法上の酒類となるので10%、糖類などから作られる「みりん風調味料」は酒類ではないため8%の軽減税率、医薬部外品とみなされる「アリナミンV」は10%だが、清涼飲料水扱いの「オロナミンC」は8%などなど、区別がつきにくいものは枚挙にいとまがない。

混乱を避けるためか、店内で食べても、持ち帰りでも同じ価格にするところも出てきた。「松屋」や「吉野家」や「ロッテリア」では、店内で食べるか、持ち帰りかで税込価格が異なるが、「吉野家」や「マクドナルド」は、本体価格を違えて設定したうえで店内も持ち帰りも統一価格としている。各社それぞれの商品戦略に従って、価格設定を行っているわけで、このことは消費税が物価の一部であることを如実に示している。前述のように、消費税法では、消費税分の上乗せを含む価格決定は事業者に任されている。通常、価格は需要と供給で決まり、しかも、軽減税率の対象となる食料品の価格は、気候や経済情勢に左右されやすい。すでに、2019年に入ってから、牛乳や食塩、パン類をはじめ食品メーカー各社の値上げが相次いだが、これも軽減税率が適用されてからでは値上げが難しくなることをみこした各社の増税前の駆け込み値上げの可能性が高い。

†軽減税率の導入は、逆進性の緩和と低所得者対策となるか?

そもそも、軽減税率の導入は、逆進性を緩和し、低所得者対策となるのだろうか。

すでに半世紀にわたって軽減税率（複数税率）を採用してきたヨーロッパ諸国では、軽減税率が逆進性の解消にはほとんど役立たない、つまり低所得者対策になりえないことが繰り返し指摘されている。たとえば、ＩＭＦ（国際通貨基金）は、所得再分配効果が期待できない、不正も防げない、さらには徴税コストが高いなどの理由から、軽減税率による複数税率よりも単一税率が優れているとしている。ＥＵ（欧州連合）の政策執行機関である欧州委員会も、２０１６年４月に発表した「ＶＡＴ（付加価値税）行動計画」において、軽減税率の範囲を縮小することで、課税ベースを広げ、税収増をはかることを決定している。本場のヨーロッパ諸国で軽減税率の見直しが叫ばれている中、単一税率から軽減税率の導入に踏み切った日本は世界の流れに逆行しているといえる。

より深刻な問題は、軽減税率の導入は税収減をもたらし、それを補塡するため、さらなる消費税率の引上げが必要となることだ。軽減税率を採用しているヨーロッパ諸国で付加価値税の税率が20％台に達している国が多いのは、そのためである。ＯＥＣＤ（経済協力開発機構）は、これまで対日経済報告書において、税収の捻出のために単一税率にこだわるべきとの指摘を繰り返しており、２０１４年の報告書では、消費税率が10％になった際に、食料品５％の軽減税率を採用する例を提示し、その場合３兆３０００億円の税収減が生じ、それを穴埋めするため、11・４％まで消費税率を引き上げる必要があるとの試算を示していた。

しかし、消費税率の10％超の引上げは、政治的にはきわめて難しい。すでに、安倍首相は、今後10年間は10％を超える増税はないと表明している。そこで、次章でみるように、消費税が社会保障の主要財源と位置付けられている日本では、軽減税率導入による税収減の穴埋めとして社会保障費の削減に真っ先に手を付けられることとなる。実際、軽減税率の安定財源確保と称し、低所得世帯の医療・介護・保育・障害の四分野に自己負担総額の上限を設ける「総合合算制度」の新設が取りやめられ、それで浮いた約4000億円が減収の穴埋め財源とされた。また、子育て世帯臨時特例交付金も2016年度から廃止された。

そして、多くの国民も、社会保障の財源＝消費税と思い込まされているため、軽減税率により税収が減少すれば、社会保障費が削られても仕方がないと納得してしまう。だが、軽減税率による税収不足を、社会保障費の削減で埋め合わせるのでは、低所得者対策にならないばかりか、低所得者から高所得者に財源を移すだけになってしまう（同様の指摘に、岩本沙弓「愚かなる消費税10％――軽減税率は社会保障費を削って低所得者から高所得者に財源を移すだけ」『Voice』2016年2月号、56頁参照）。

†陳情合戦の横行と特定分野・企業への補助金化

軽減税率導入をめぐるもう一つの問題は、軽減税率の対象を決定する権限を有している財務省や政治家への業界団体の働きかけ、陳情合戦が横行する可能性が高いことだ。

今回、軽減税率の対象となったのが新聞や食料品であることも示唆的である。新聞は代表的なマスメディアであり、食品会社は主要メディアの重要なスポンサーだからだ。新聞業界は、消費税が導入された1989年当時から、一貫して軽減税率の適用を求めてきた経緯がある。新聞業界には、政治献金を行う別組織を擁する販売店の団体「日本新聞販売協会（日販協）」があり、強力な陳情活動を展開してきた。新聞各社が、軽減税率の適用を受けるために、誌上で消費税および軽減税率の本質や問題点に踏み込む報道をしなかったことは十分ありうる。少なくとも、大手四紙といわれる朝日・毎日・読売・日本経済新聞は、財政健全化（決まり文句は「将来の世代にツケを残すな」）と社会保障の安定財源確保のためという名目で、こぞって消費税増税に賛同していた（記者など担当者が消費税の本質や問題点を理解していなかったのか、理解したうえで意図的に増税に賛同していたのかは不明だが）。

また、軽減税率の対象となった事業者が、その軽減分を最終消費者（製品の購入者）に対して完全に転嫁しない場合、軽減税率は、特定企業・業界に対する優遇策、補助金と化す。結局、軽減税率の恩恵を受けるのは大企業が中心となり、中小企業は取り残されてしまう。中小企業には、軽減税率対応のためのレジ導入をはじめ経費負担や事務処理負担、管理費などのコスト増が重くのしかかり、これによる中小スーパーの倒産も出ている。

4　増税対策という愚策

†5・7兆円の増税に6兆円の「対策」

序章でみたように、増税前の2018年末、安倍政権は総額6兆円以上にも及ぶ増税対策を打ち出した。軽減税率による負担軽減で1兆1000億円、幼児教育・保育の無償化などで3兆2000億円、キャッシュレス決済での買物へのポイント還元、プレミアム商品券の発行に2兆円、住宅ローン減税の拡充などで3000億円、ポイント還元などの対策は、2020年6月までの期間限定とはいえ、増税対策による支出増は合計で6兆6000億円にのぼる。消費税率を8％から10％へ2％引き上げれば、5兆7000億円の増収になるが（軽減税率による減収の穴埋めとして、たばこ税の増税などによる6000億円の増収を含めても6兆3000億円）、なんと増税対策による支出増は増収分を上回っている。

これでは、一体、何のための増税なのかわからない。三度目の増税延期はどんな手を使っても阻止し、当面の増税対策の支出が増収分を上回っても、消費税率10％への引き上げを実現したいと執念をもやす財務省と、景気の後退による内閣支持率の低下だけは避けたい安倍政権の思惑が合致した対策だが、あまりに場当たり的で、現場に混乱をもたらしている。

増税対策に便乗した施策も目立つ。キャッシュレス決済によるポイント還元制度については、かねてから経済産業省が進めていたキャッシュレス化を一挙に進めようとの目論見がある。日本のキャッシュレス決済比率は18・5％で、89％の韓国や45％のアメリカに大きく水をあけられており、2025年には、これを40％に高めるのが経済産業省の目標だからだ。

さらに、「防災・減災・国土強靭化対策」に至っては、相次いだ大規模災害を受け、重要インフラを緊急点検して、2018年度から2020年度にかけて集中的に、堤防や空港などの整備を行う公共事業を行うというものだが、これのどこが消費税の増税対策なのだろうか。

†ポイント還元の混乱と不公平

増税対策の中でも「愚策中の愚策」（垣内亮『「安倍増税」は日本を壊す』新日本出版社、2019年、105頁参照）といわれるのが、キャッシュレス決済の際のポイント還元制度である。当初は増税分の2％還元だったが、それでは効果が少ないとして、安倍首相の鶴の一声で、5％の還元とし、その後、コンビニなどは再び2％還元に戻すなど、導入前から右往左往を繰り返し、現場に大きな混乱を招いた。以下、問題点を指摘していく。

第一に、ポイント還元は、2019年10月から2020年6月までの期間限定のため、増税による消費の落ちこみを先送りしただけといえ、終了後の消費者の負担感の高まりから消費の反動減が懸念される。そのため、ポイント還元期間の終了後は、マイナンバーカードに貯められる「自治体ポイント」（航空会社のマイルや民間企業のポイント）を国の負担で加算し、自治体内での買い物などに利用する「マイナンバーを活用したプレミアムポイント付与」の導入が予定されている。しかし、マイナンバーカードの交付率は人口の1割強にとどまるうえ、これも2021年3月末までの期限付きであり、効果は期待できない。

第二に、対象店が限定され税率も異なり複雑である。キャッシュレス決済が中小の小売店の場合は5％還元、コンビニや外食チェーンなどの大手フランチャイズ（FC）に加盟し個人や中小企業で運営している店舗は2％還元（ただし、FC本部の直営店は還元なし）、デパートやスーパーなどの大手事業者の店では還元なしでポイントがつかない。軽減税率との組み合わせで、10％、8％、6％、5％、3％と、なんと5種類もの実質的な税負担が混在し（図表1-2）、消費者の間で大きな混乱が生じている。

第三に、拙速な導入のため、トラブルや混乱が生じている。安倍政権は、中小企業や個人事業主がキャッシュレス決済端末を導入するための費用を全額補助し（国が3分の2、決済事業者が3分の1を負担）、還元期間中は、加盟店がカード会社に支払う手数料を3分の1にするなど大盤振る舞いをした。しかし、2020年6月末の期間終了後は、事業者は決済会社に高い手数料を支払い続けなければならない。こうした理由で、ポイント還元登録を申請した中小店舗は２０１９年９月末時点で約80万店と、対象とされる２００万店の半分にも満たず、また経済産業省への登録が間に合わないなどもあり、消費税率が10％となった２０１９年10月時点でのポイント還元制度の対象店舗は約50万店にとどまった（経済産業省調べ）。

図表1-2　混在する税率

区分	消費税率		ポイント還元率	実質的な税負担
中小店舗	持ち帰り	8%	5%	3%
	店内飲食	10%		5%
コンビニなど大手FC	持ち帰り	8%	2%	6%
	店内飲食	10%		8%
大企業に分類されるスーパー	持ち帰り	8%	なし	8%
	店内飲食	10%		10%

出所：富岡幸雄『消費税が国を滅ぼす』（文春新書、2019年）53頁

第四に、高所得者・富裕層ほどポイント還元の恩恵が大きくなり、低所得者は取り残されてしまい、格差を助長している。現在の制度設計では、クレジットカードや電磁マネーを使って買い物をする富裕層ほど還元されるポイントは多くなる。一方で、日々の家計のやりくりで精一杯で、現金払いが主流の低所得者は、クレジットカードを持たない（持てない）人も多く、かりに持っていたとしても、それで大きな買い物をする余裕などない。

キャッシュレス決済は、都市部や若い世代には浸透しつつあるが、地方や高齢者の間では進まず、ここでも格差が拡大している。

†プレミアム商品券

ついで、低所得者・子育て世帯向けプレミアム商品券の発行がある。

これは、住民税非課税の低所得世帯や0〜2歳の子どもを育てている世帯に対し、2020年3月末までの期間に限定して使用できるプレミアム付き商品券を発行・販売するというものである。これも軽減税率の導入と同様に、公明党が、軽減対象外の日用品の負担軽減も必要だとして提案し、安倍政権が丸呑みにした施策だ。利用者は1枚当たり400円を支払うと、25%分を上乗せされた額面500円の商品券を購入でき、10枚セットの4000円（額面は5000円）から購入できる。上限は一人当たり2万円となる（額面は2万5000円）。発行されたプレミアム商品券を利用できるのは、商品券を発行した自治体にある小売店だ。

しかし、利用は低迷している。そもそも、いくら1000円お得だといっても、4000円のプレミアム商品券自体を購入する余裕がない世帯も多い。実際に、周知不足も重なり、想定の2割程度の世帯しか購入されていない。また、かりに普段購入するような食料品や日用品を商品券で支払い、そこで浮いた金額を貯蓄に回せば、消費の押し上げ効果もない。

5 貧しい者がもっと貧しくなる消費税

†インボイス制度とは何か

軽減税率の導入とあわせて、2023年度からは、インボイス制度の導入が予定されている。インボイスは、商品やサービスを提供して代金を受け取る業者が代金を支払う業者に交付するもので（正式名称は「適格請求書保存方式」）、①税率ごとに代金を区分し、それぞれの消費税額を記載し、②事業者の登録番号を記載する方式である。

現行制度では、インボイスは不要で、売上高と仕入額を記帳しておいて、1年分の帳簿から売上額の10％（食料品等は8％。以下同じ）に相当する消費税と仕入額の10％に相当する消費税を計算して、その差額を税務署に納税する仕組みだ。それが、2023年10月以降は、インボイスがないと仕入税額控除ができなくなる。ここで問題となるのは、免税業者の扱いだ。現行制度では、前述のように、年間課税売上が1000万円以下の業者は、消費税の納税を免除されている。ところが、インボイスには登録番号の記載が必要となる。この登録番号は、税務署に事業者登録をしたうえで、交付したもらう番号を記載しなければならない。消費税法は、登録番号の交付を受ける登録をした事業者には「免税の特例は適用されない」と規定している。つまり、免税業者だと登録番号がもらえないため、インボイスが発行できない。免税業者かインボイスを発行できる登録事業者かの二者択一が迫られるわけだ。

†500万の業者が取引から排除される

前述のように、インボイスが発行できなければ、仕入税額控除ができないので、商品などを仕入れる業者からすれば、インボイスを発行できない業者とは取引をしなくなる。現時点で、こうした理由で、取引から排除されてしまう免税業者は、全国で個人と法人あわせて約500万と推計されている（全国商工団体連合会調べ）。取引を断られたくなければ、1000万円未満の業者であっても、登録して番号をもらって、インボイスを発行するしかない。しかし、そうなれば、免税業者となれず消費税を納付しなくてはならなくなる。

もっとも、課税売上高が5000万円以下の業者は「簡易課税制度」を選択することができる。これは、実際の仕入額によらず、売上にかかる消費税額に、業種ごとに定められた「みなし仕入率」をかけて控除する額を計算する方法で、みなし仕入れ率は卸売業90％、小売業80％、製造業70％、サービス業や運送業50％、不動産業40％などとなっている。

しかし、いずれにせよ、課税業者として消費税の納税は免れず、新たな負担となる。財務省は、新たに増える課税業者の納税額を2000億円と見込み（平均納税額を20万円とすると、約100万の法人・個人が新たな課税対象となることが想定されている！）、軽減税率で減収となる部分に充てるとしている。まさに、課税業者を増やすためのインボイス制度といっていい。

†フリーランスの負担が激増する

インボイス制度の導入は、小売店などの事業者にとどまらず、請負などの形で仕事をしている人にも影響が及ぶ。大工や左官などの、いわゆる「ひとり親方」も、建設会社や工務店から受注を受け請負の形で仕事をする場合には、インボイスが必要となる。また、映画やテレビ、演劇などの出演者や制作スタッフなど、いわゆる「フリーランス」で働く場合も、同様に必要となる。さらに、サラリーマンが副業をしている場合なども対象となる。

安倍政権は「働き方改革」の一環として、「雇用によらない働き方」を拡大するとし、フリーランスのような働き方やサラリーマンの副業を奨励している。内閣府の2019年1〜2月の調査によると、フリーランスの数は約341万人で、それを本業とする人が228万人、副業とする人も112万人にのぼる。中でも増大しているのが、インターネットを介して単発・短期の仕事を受注する「ギグ・ワーク」という働き方だ（スマートフォンのアプリを介して、飲食物の配達を仲介する「ウーバーイーツ」が代表格）。この場合、働き手は個人事業主とされ、最低賃金や労災の適用がなく、低収入や長時間労働が問題となっている。

インボイス方式の導入で、フリーランスの人も、取引がある場合には、インボイスが必要となり、課税業者となって税務署に消費税を納税しなければならなくなる可能性がでてくる。おそらく、現実には、請負料金を支払う業者の方が、所得税を源泉徴収するのとあわせて、相手先が納税すべき消費税までも源泉徴収し、代行して納税することができるような仕組みとなるだろう。

こうした仕組みになった場合、請負やフリーランスの形で働く人は、報酬から所得税10％と消費税10％を天引きされることになりかねない。特別な技術や資格を持っている人は別だが、フリーランスの人は不安定で低収入の仕事の人が多い。前述のように、すでに、新型コロナの影響で、フリーランスの仕事は激減しており、苦境に立たされている。そこに消費税が課税されるとなると、もはや暮らしていけなくなるのではないか。弱い立場に置かれている人ほど多くの負担が強いられる消費税の本質がここにも現れている。

†消費税は安定財源で公平なのか？

以上みてきたように、消費税は、経済的に弱い立場にある低所得者や生活困窮者、市場で弱い立場に置かれている事業者がより多くの負担を強いられる究極の不公平税制といってよい。

結果として、消費税の増税を行うことは、富める者がますます富み、貧しい者がますます貧しくなる、つまり、貧困や格差を拡大し、それを固定化することを意味する。軽減税率の導入（さらには、導入が予定されているインボイス方式）は、こうした不公平税制としての消費税の問題点を解消するどころか、さらに増幅させている。

にもかかわらず、次章でみるように、日本では、消費税が社会保障の主要財源とされている。その理由として消費税が、①高い財源調達力を有すること（多収性）、②税収が経済の動向や人口構成の変化に左右されにくく安定していること（安定性）、③勤労世代など特定の者へ負担が集中しないこと（普遍性。これが「公平性」ともいわれている）、④経済活動に与える歪みが小さいこと（中立性）、といった特徴をもつことが挙げられている（「社会保障・税一体改革大綱」27-28頁）。消費税の増税を至上命題とし、情報操作に奔走する財務省やいわゆる御用学者の主張といってよい。

しかし、これらの消費税の特徴は、前述した消費税の問題点の裏返しでもあり、消費税が公平で中立的な税制というのも誤りだ。確かに、消費税は生活必需品にも課税するため、景気が悪化すると減収が顕著になる所得税や法人税と異なり、景気の変動など経済動向に左右されず安定した税収が得られる（②）。不況になって賃金が減った、消費税の税率が上がったからといって、食料品など生活必需品を購入しないと餓死してしまうからだ。つまり、②の特徴は、収入の大半を生活必需品の消費に充てる低所得者ほど負担が重くなるという逆進性の裏返しでもある。消費税が最低生活費に課税されているという意味では、憲法25条が要請する「最低生活費非課税の原則」に反する。

また、③の特定の者に負担が集中しないというのも、所得税や住民税が非課税の低所得の人にも負担がかかることを意味する。税の公平性とは、負担能力（税法では「担税力」といわれる）に応じた負担、すなわち「応能負担」原則が貫かれていることをいい、負担能力のない人にまで負担を課す消費税は、明らかに公平性に欠ける。さらに、1％で3兆円近い税収をもたらす消費税の高い財源調達力（①）は、それだけ国民の実質所得を減らし、消費を抑制するので、消費不況をもたらし、経済活動に中立的とはいえない（④も誤り）。

消費税自体が、消費者にとって「消費行動についての罰金」（藤井聡『「10％消費税」が日本経済を破壊する』晶文社、2018年、21頁）のようなもので、いったん消費不況になると、それが長期化する。実際、消費税の導入後、日本経済が長期停滞に陥ったことは前述のとおりである（序章参照）。

消費税が「公平で中立的」などと宣伝しているのは、日本の財政当局とマスコミぐらいのものだが、日本では、こうした宣伝が功を奏し、消費税は社会保障の主要財源に位置付けられてきた。次章では、社会保障財源としての消費税の問題点を探る。

第二章

消費税と法人税・所得税

1 社会保障財源としての消費税

社会保障のためといわれた消費税、しかし、序章でみたように、消費税の増税のたびに、社会保障は削減されてきた。これはなぜなのか。本章では、消費税の増税が、実は社会保障のためでなく、大企業や富裕層の減税の財源として用いられてきたことを明らかにし、消費税を社会保障財源とすべきでないことを明らかにする。

†増え続ける社会保障費

日本の社会保障は、高齢化の進展に伴い、年金・医療を中心に財政規模が拡大している。2

020年度当初予算でみると、一般会計総額は102兆6580億円（対前年度当初予算比1・2%増）で過去最高を更新、100兆円の大台を超えるのは2年連続となった。そのうち社会保障関係費も35兆8608億円（同5・1%増）と過去最高で、歳出全体の3分の1を占めるに至っている。一方、公費負担のほかに社会保険料などを財源に賄われている「社会保障給付費」については、筆者がかつて勤務していた国立社会保障・人口問題研究所が毎年額を公表しており、2017年度では総額120兆2443億円にものぼり、前年度比1兆8353億円増（1・6%増）と、こちらも過去最高を更新している（図表2−1）。

図表 2-1　部門別社会保障給付費の推移

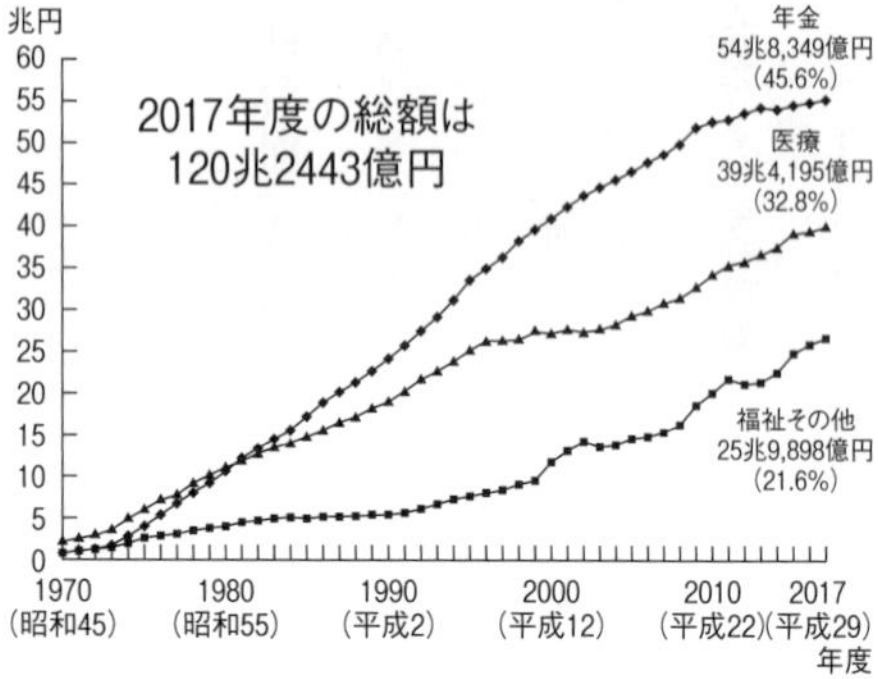

出所：国立社会保障・人口問題研究所「2017 年度・社会保障費用統計」

この増大する社会保障の費用をどう賄うのか、その財源をどこに求めるのかが社会保障の財源問題といわれる。そして、日本では、1989年に導入された消費税が、その導入当初から、社会保障の主要な財源と位置づけられ、社会保障の充実のためと称して、税率の引き上げが行われてきた（3%→5%→8%→10%）。

同時に、一般歳出が租税収入でまかなえず借金（国債）に依存せざるをえない国の財政状況、いわゆるプライマリーバランス（基礎的収支）が赤字の状態が問題視され、全体的に歳出削減が求められ、増大し続けている社会保障費が（安倍政権のもとで増大し続けている防衛費ではなく）、歳出削減の最大のターゲットにされている。いわく少子・高齢化の進展で人口減少社会の中、社会保障には財政的な制約が必要といった具合だ。

†社会保障の財源問題とは何か

しかし、そもそも、社会保障は、国民生活に必要な制度であり、国や自治体の予算が優先的に配分されるべき性格のものである。財政規模や費用が増大し続けていても、国民生活に必要な予算である以上、多くの予算が社会保障に充てられることは、異常でも偏重でもなく、きわめて正常な財政の姿といえる。それゆえ、国の財政が苦しいから、社会保障の費用を削減しなければならないとは当然にはならない。

もちろん、青天井に社会保障費が膨張していってもいいというわけではない。社会保障の費用の中にも、たとえば、年間600億円にのぼる介護保険の要介護認定の費用のように、要介護認定を廃止すれば削減できるものもある。しかし、国民の生活保障に必要な給付については、借金してでも確保すべきということになる。とくに、憲法25条1項の「健康で文化的な最低限度の生活」水準を具体化した生活保護基準については、国の財政事情が苦しいからといって無制約の引き下げが許容されるものではない。朝日訴訟第一審判決（東京地裁1960年10月19日判決）のいうように、「最低限度の水準は決して予算の有無によって決定されるものではなく、むしろこれを指導支配すべきもの」だからである。

だとすると、問題となるのは、安倍政権のもと、国の財政赤字や歳入不足を理由に、社会保障が削減されている現状であろう。社会保障に必要な予算が確保されず、社会保障費の自然増部分も含めて必要な予算まで削減されていることが問題なのである。つまり、社会保障の財源問題とは、国民生活に必要な社会保障の財源が本当に確保できないのか、消費税以外に財源はないのかという問題設定に置き換えることができる。

†「消費税の社会保障財源化」は本当か

消費税と社会保障財源をリンクさせる「消費税の社会保障財源化」が明確に打ち出されたのは、序章でみたように、2012年の当時の民主党政権のもとでの「社会保障・税一体改革」（以下「一体改革」という）だった。同年2月に閣議決定された「社会保障・税一体改革大綱」（以下「大綱」という）は、消費税を「高齢化社会における社会保障の安定財源」（「大綱」27頁）

と位置づけ、「消費税収（国分）は法律上、全額社会保障四経費（制度として確立された年金、医療及び介護の社会保障給付並びに少子化に対処するための施策に要する費用）に充てることを明確にし、社会保障目的税化するとともに、会計上も予算等において使途を明確化することで社会保障財源化する」と明記した（「大綱」32頁）。これを受け、同年3月に、消費税率の引き上げなどを内容とする消費税法の改正案が国会に提出され、法案修正のうえ同年8月に成立した。

これらの一連の立法により、消費税の使途が法律に明記された。すなわち、改正消費税法には「消費税の収入については、地方交付税法の定めるところによるほか、毎年度、制度として確立された年金、医療及び介護の社会保障給付並びに少子化に対処するための施策に要する経費充てるものとする」（1条2項）と定められ、ともに成立した社会保障制度改革推進法にも「社会保障給付に要する費用に係る国及び地方公共団体の負担の主要な財源には、消費税及び地方消費税の収入を充てるものとする」（2条4項）と規定された。

一体改革が、「消費税の社会保障財源化」と称しているのは、このように消費税の使途を消費税法に明記し（1条2項）、その使途を「社会保障四経費」（年金、医療、介護、少子化対策）に限定したことをさしている。同時に、一体改革は、社会保障の充実は「消費税率の引き上げによる安定財源の確保が前提」（「大綱」2頁）とした点に特徴がある。すなわち、消費税の増税なしに社会保障は一切充実しないと宣言したわけだ。

†消費税増税分しか社会保障費を増やさない

改正消費税法にもとづいて、2014年4月に消費税率が8%に引き上げられた。その内訳は、国の消費税6・3%、地方消費税1・7%で、消費税の22・3%が地方交付税の原資となるので、8%の実質配分は国4・9%、地方3・1%となっている。また、2019年10月からの消費税率10%への引き上げの内訳は、国の消費税7・8%、地方消費税2・2%で、消費税の19・5%が地方交付税の原資となるので、実質配分は国6・28%、地方3・72%となっている(8%の軽減税率の内訳は、国の消費税6・24%、地方消費税1・76%)。

しかし、財務会計制度では、特別会計などを設置して「社会保障四経費」を他の歳入・歳出から区分して経理することはしていない。法律で使途を限定しても、財務会計上はそうなっておらず、消費税は使途を特定しない一般財源と変わらない。地方消費税も一般財源に区分されており、自治体に交付される地方交付税も一般財源である。「消費税の社会保障財源化」といっても、地方消費税を含めて消費税は一般財源であり、お金に色はついていないのだから、消費税収が社会保障支出に使われたかは確認しようがない。

つまり、一体改革のいう「消費税の社会保障財源化」とは、消費税の増税分しか社会保障支出は(かりにそれ以上必要があったとしても)増やさないという、いわば社会保障の支出増にキャップをかぶせたことにほかならない。社会保障の財源（正確には社会保障四経費）を消費税以外の歳入から切断し、他の歳入がいくらあろうと、社会保障の充実は、消費税の増税、もしくは、いまの社会保障給付の削減による財源確保でしか賄わないとしたところに一体改革の本質がある。したがって、たとえば、現在の人材不足が深刻になっている保育士の処遇を改善し賃金を上げようとすれば、消費税を増税するか、他の社会保障給付を削減するかしなくてはならなくなる。増税などができなければ、保育士の待遇改善はできず、現場の人手不足は放置するという政策スタンスだ（第六章6参照）。

†「一体改革」は偽装？

もっとも、消費税のすべてが社会保障の充実に使われているわけではない。2018年度予算では、税率8％の消費税増収額の合計8・4兆のうち、基礎年金の国庫負担財源に3・2兆円、後代への負担のつけ回し（借金）の軽減に3・4兆円、社会保障の充実に1・35兆円が充てられている。これをみると、大半は社会保障の安定化（既存の社会保障制度の財源）と借金返済に使われ、社会保障の充実は増収分の16％程度にとどまる（図表序-1参照）。

また、政府は「後代への負担の付け回し」の表現にみられるように、社会保障の費用の大半を借金で賄っているかのような説明しているが、社会保障費は、他の歳出項目と同様、国債を含めた歳入全体から支出されており、所得税や法人税などの税収によっても賄われている。歳入に占める国債の割合は4割程度で推移しているから、それで案分しても、社会保障費のうち借金に依存しているのは4割程度と推計される。

そして、社会保障の安定化に一般財源である消費税収を用いるということは、これまで社会保障費に充てられてきた法人税収や所得税収が浮くことを意味する。つまり、消費税の増収分は、法人税や所得税などの減税による減収の財源に使われたこととなる。「一体改革」がいうように、消費税は社会保障財源になっているというより、法人税・所得税などの減税の穴埋めのための財源になっているといった方が正確だろう。以下、詳しくみていく。

2 増税されるもの、減税されるもの

†消費税増税と法人税減税はセット

まず、消費税の増税に並行して、法人税の減税が行われてきた。

法人税の基本税率は、消費税導入時の1989年度では40%だったが、1990〜97年度37・5%、1998年度34・5%、1999〜2011年度30%、2012〜14年度25・5

％、２０１５年度23・９％、２０１６〜１７年度23・４％、２０１８年度には23・２％にまで一貫して引き下げられ、半分近くになった（図表2-2）。この間、東日本大震災復興のための特別法人税も本来よりも１年早く２０１４年３月末で廃止された（約１・２兆円の減収）。法人税、法人住民税と法人事業税（法人三税）を合わせた法人所得に対する税率（法人実効税率）も、２０１１年度は40％を超えていたが、２０１３年度には37％、２０１８年度には29・７４％と、一挙に20％台にまで引き下げられた。

こうみてくると、法人税の減税は消費税の増税とセットであることがわかる。法人実効税率が約35％であったときの地方税を含む法人税収は約18兆円であったから、実効税率１％分は約５０００億円に相当する。かりに法人実効税率を10％引き下げると約５兆円の減収となる。これは消費税率８％から10％の引き上げによる増収額にほぼ匹敵する。法人税の減税をしなければ、少なくとも、消費税率を10％に引き上げる必要はなかったのではないか。

図表 2-2　法人税率の推移（基本税率）

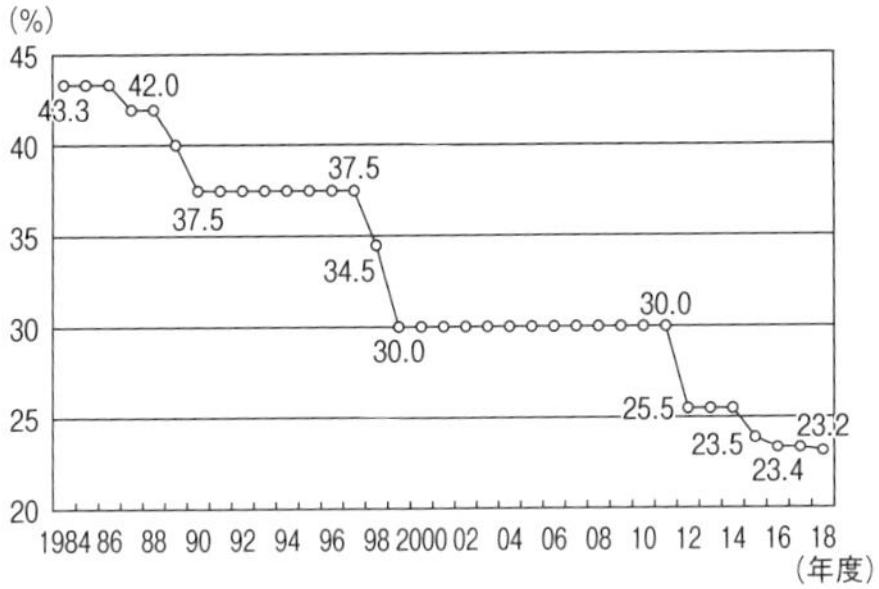

出所：吉沢浩二郎編『図説・日本の税制（平成 30 年版）』（財経詳報社、2018 年）137 頁より作成

†過去最大の内部留保

法人税減税の理由として、日本企業の国際競争力強化や外資系企業の国内立地促進、そして、それによる雇用の拡大などがいわれる。政府もマスコミも、日本の法人税は世界一高く、経済がグローバル化したいま、このままでは、企業が海外へ流出し、産業が空洞化してしまうとの宣伝を繰り返し、多くの人がそう思い込んでいる（思い込まされている）。

とはいえ、法人税は、人件費や原材料費などを差し引いた利益にかかる税金であり、雇用の拡大には直接影響しない。また、外資系企業が日本に進出するのは、日本での利益を見込んでのことであり、法人税が低くなっても、少子化が進み内需が弱く利益が見込めない日本には進出しないだろう。さらに、企業が海外に工場を移転するなどしているのは、円高や海外の安い人件費のためで、法人税は直接関係ない。実際に、前述のように、これまで何度も法人税の減税が行われてきたが、自動車産業などの海外移転に歯止めはかかることはなく、国内の雇用は空洞化している。円安が進んでも、輸出企業は海外の生産拠点で生産するため、輸出も伸びていない。

各種のアンケート調査でも、法人税減税は、雇用拡大にはつながらず、むしろ、内部留保と株主配当・役員報酬の増大につながっていることが明らかになっている。大企業（資本金10億円以上の企業。以下同じ）の内部留保（金融・保険業を含む）は、２０２０年１〜３月期で４８７・６兆円となり、過去最高を更新している（財務省「法人企業統計調査」による）。

†大企業ほど低い税負担率

そもそも、日本の法人税は本当に世界一高いのか。２０１８年度の日本の法人実効税率は、前述のように、29・７４％で、19％のイギリス、24％のイタリア、25％の中国より高く、33・３％のフランスより低く、29・８３％のドイツ、27・９８％のアメリカとほぼ同水準だ。

しかし、法人実効税率は、法律で定められた計算上の表面的な税率を示したもので、実際の負担率を意味しない（それゆえ、富岡幸雄『消費税が国を滅ぼす』文春新書、２０１９年、１００頁は、「実効税」という表現そのものが誤用で「法定総合税率」というべきと指摘するが、本書では、政府文書にも用いられているため、「法人実効税」で統一する）。日本の税制では、租税特別措置法や法人税法による減税措置があり、これらを利用できる大企業の実際の税負担率は、表面上の税率よりはるかに低くなっている。富岡幸雄氏の試算によれば、法人所得に対して課される法人実効税の実際の負担率は、大企業では17・４６％で、法人実効税率29・９７％（２０１７年度）の６割に満たず、しかも、企業規模が大きくなるほど、負担率は低くなり、資本金１００億円を超す巨大企業は16・２５％、巨大企業である連結申告法人に至っては、平均負担率は

8・58％、法定の負担率の3分の1にも満たない水準という（富岡・前掲『消費税が国を滅ぼす』124-125頁参照）。

なかでも、租税特別措置による減税は大きい。租税特別措置は、特定業種や研究開発の支援といった特定の政策目標を達成するため、税制上の特例として減税する、いわば政策減税であり、隠れた国庫補助金の性格を有する。租税特別措置法に規定されているもののほか、法人税法自体に含まれるものもあり、現在、80を超える項目がある。代表的なのが、研究開発減税と法人株主の受取配当益金不算入である。前者は、試験研究費の6〜14％を、試験研究費の増減に応じて税額控除（当期の法人税額の20％が限度）できる制度で、トヨタ自動車だけで年間1000億円を超える研究開発減税を受けている実態が明らかになっている（2016年3月14日の参議院予算委員会での日本共産党の田村智子議員の質問）。後者は、持株比率が3分の1を超える関連会社からの株式配当金の全額を益金に算入しなくていい制度で、法人税の課税ベースが少なくなる。その実態については、民主党政権下で成立した、いわゆる「租税特別措置透明化法」に基づき「租税特別措置の適用実態の結果に関する報告書」が会計年度ごとに作成され、国会に提出されるようになり明らかになってきた。これによる分析で、租税特別措置による法人税の減税相当額は、2014年度の段階で2兆6745億円と試算されている（富岡・前掲『消費税が国を滅ぼす』141頁参照）。減税額は、安倍政権になって急速に膨らみ、民主党政権時から倍増している。

「世界で一番企業が活躍しやすい国」をめざす安倍政権の政策減税のもと、大企業ほど、あの手この手で、税負担を低く抑えているといえよう。この租税特別措置などを見直し、莫大な利益を上げている大企業に法定税率どおりの法人税を負担させれば、法人税率を引き上げなくても大幅増収になるはずだ（終章2参照）。

†所得税の累進性緩和とフラット化

ついで、所得税も、消費税の導入以降、累進性（所得が高くなるにしたがって、税率が高くなっている仕組み）が緩和されフラット化が進み、減税が繰り返されてきた。

戦後、日本の所得税の累進性が一番強かったのが、１９７４年から１９８３年までだが、この時期、所得に応じた税率が19段階あり、税率は10％から最高税率75％（年間所得が８０００万円を超える人）であった。それが、１９８８年には、最高税率が、年間所得５０００万円を超える人に対して60％に（所得段階も6段階に）、消費税が導入された１９８９年には、最高税率が、年間所得２０００万円を超える人に対して、50％にまで引き下げられた（所得段階も５段階）。その後、２００７年に、最高税率が、年間所得１８００万円を超える人に対して40％に下げられ、所得段階も6段階（１９９９年から２００６年までは4段階）となり、２０１５年度以降は、最高税率が、年間所得4000万円を超える人に対して45%、所得段階は7段階とされ、現在に至っている（図表2-3）。この税率だと、年間所得が何億円にも達する超富裕層と、ある程度の規模の会社の部長クラスの人で税率が同じとなるという（斎藤貴男『ちゃんとわかる消費税』河出書房新社、2014年、116頁参照）。

また、地方税である住民税も、所得税の一部が地方の住民税に移譲されたことに伴う税率の変更により、3段階の超過累進税率（課税所得200万円以下5%、同700万円以下10%、同700万円超13%）が廃止され、2007年度から一律10%にフラット化されている。低所得の人にとっては大きな負担で、住民税にもとづいて算出される国民健康保険料（税）や介護保険料も大きな負担になっている。

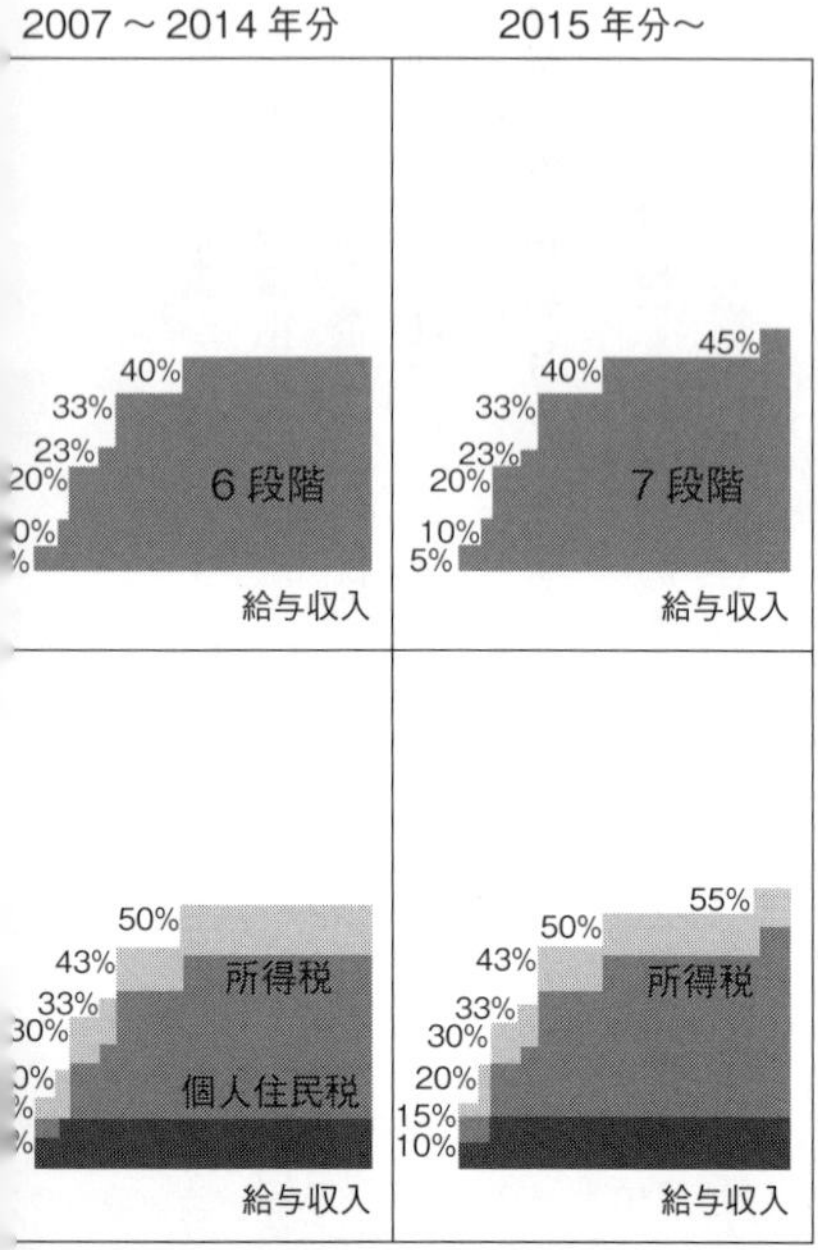

さらに、高所得者ほど、稼《か》得《とく》した収入の多くを消費では

図表2-3　所得税の税率の推移（イメージ図）

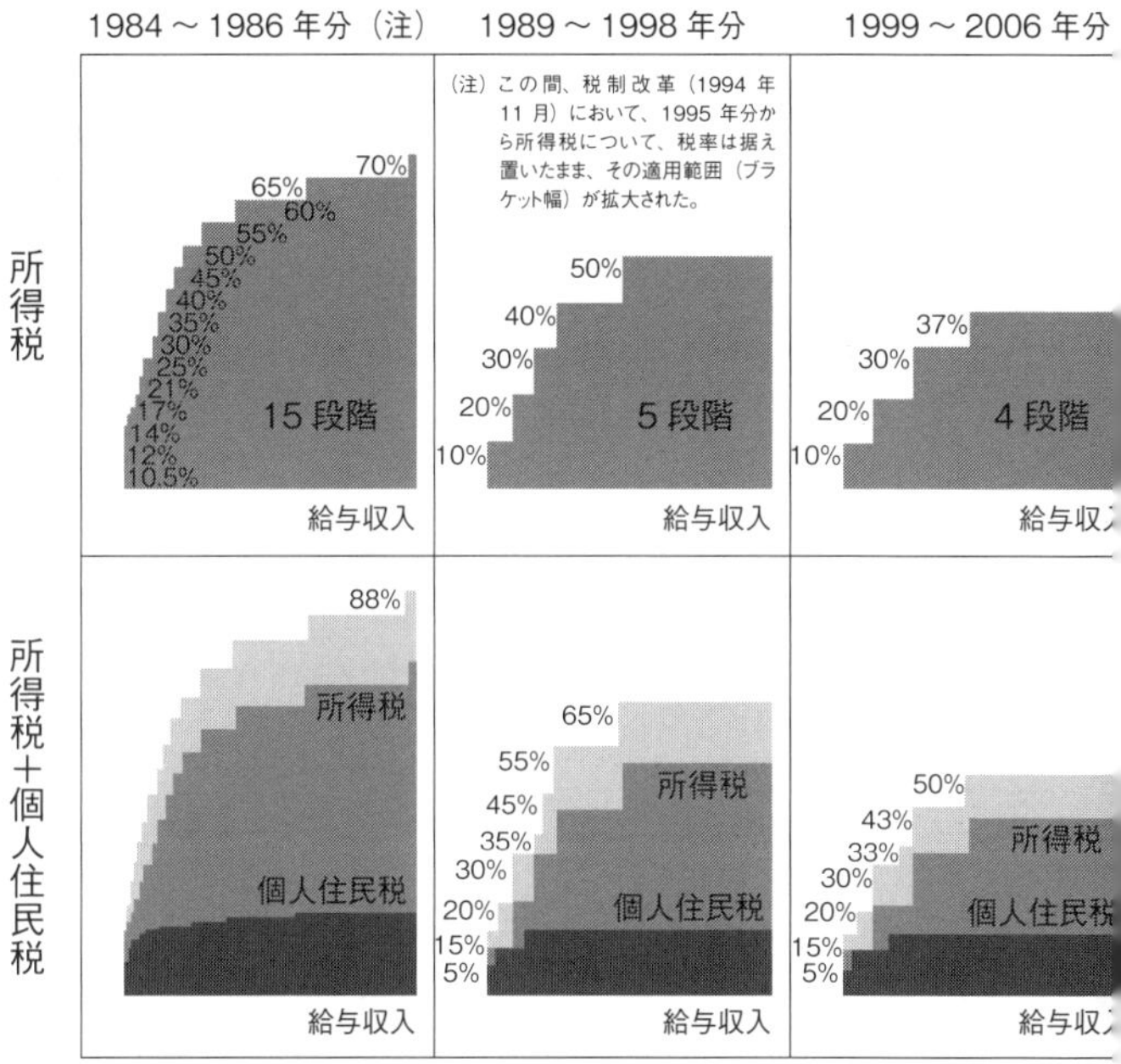

（注1）1987年分の所得税の税率は、10.5、12、16、20、25、30、35、40、45、50、55、60％の12段階（住民税［1988年度］の最高税率は16%、住民税と合わせた最高税率は76%）

（注2）1988年分の所得税の税率は、10、20、30、40、50、60％の6段階（住民税［1989年度］の最高税率は15%、住民税と合わせた最高税率は75%）

出所：財務省資料。一部修正

図表2-4　申告所得者の所得税負担率と所得に占める株式譲渡所得の割合（2016年分）

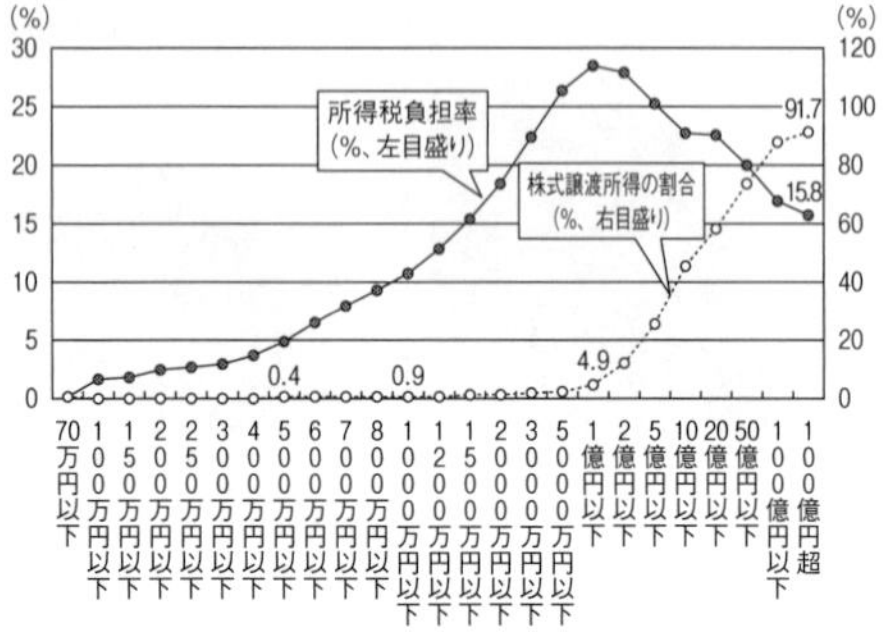

出所：国税庁「申告所得税標本調査結果（平成28年分）」より作成

なく、貯蓄や投資に回す割合が高く、高所得者の所得には利子・配当・株式譲渡所得など資産性所得が多いのが特徴だ。こうした所得には、定率（所得税率15％）の分離課税が適用されるため、所得税の負担率が低くなる。申告納税者の所得税負担率をみると、合計所得金額が２００万円で２・６％、１０００万円で10・６％としだいに上昇するが、１億円段階での28・３％をピークに、合計所得金額が高くなるにしたがい所得税負担率が下降するようになり、１００億円超になると15・８％と、年間所得１５００万円の人の負担率と同じになる（図表２―４）。

✝増税分は大企業と富裕層減税の穴埋めに消えた！

以上のような所得税・法人税の政策減税、そして景気悪化による自然減収などにより、地方税分を含めた法人三税の累計減収額は、１９８９年度からの31年間で２９８兆円、所得税・住民税の累計減収額は275兆円に達し、合計で573兆円にのぼる。同時期の消費税収の累計は、地方消費税を含め397兆円だから、これまでの巨額の消費税収分は、すべて法人税と所得税・住民税の減税による減収の穴埋めに消えてしまったといえる（図表2-5）。

消費税は、社会保障のための財源ではなく、法人税や所得税・住民税（つまりは、大企業や富裕層）の減税の財源になっているのだ。結局、大企業や高所得者の税負担（法人税・所得税）が軽減され、中低所得者の家計負担（消費税）に転嫁されただけといえる。

ちなみに、所得税・法人税の減収額の総計は、この間の国債残高の増加額（711兆円）の6割を占め、社会保障関係費の増加（241兆円）をはるかに上回る。つまり、現在の財政赤字の原因は、社会保障費の増加にあるというよりは、大企業や富裕層に対する減税を繰り返し、それを賄うための財源を確保せず、消費税と公債に依存する仕組みをつくりあげてきた歴代政権の失策、とくに2013年以降の安倍政権の経済政策（「アベノミクス」といわれる）と労働分野の規制緩和を進めてきた雇用政策の失敗にあるといえる。

図表2-5　法人税と所得税・住民税減税の穴埋めに消えた消費税収

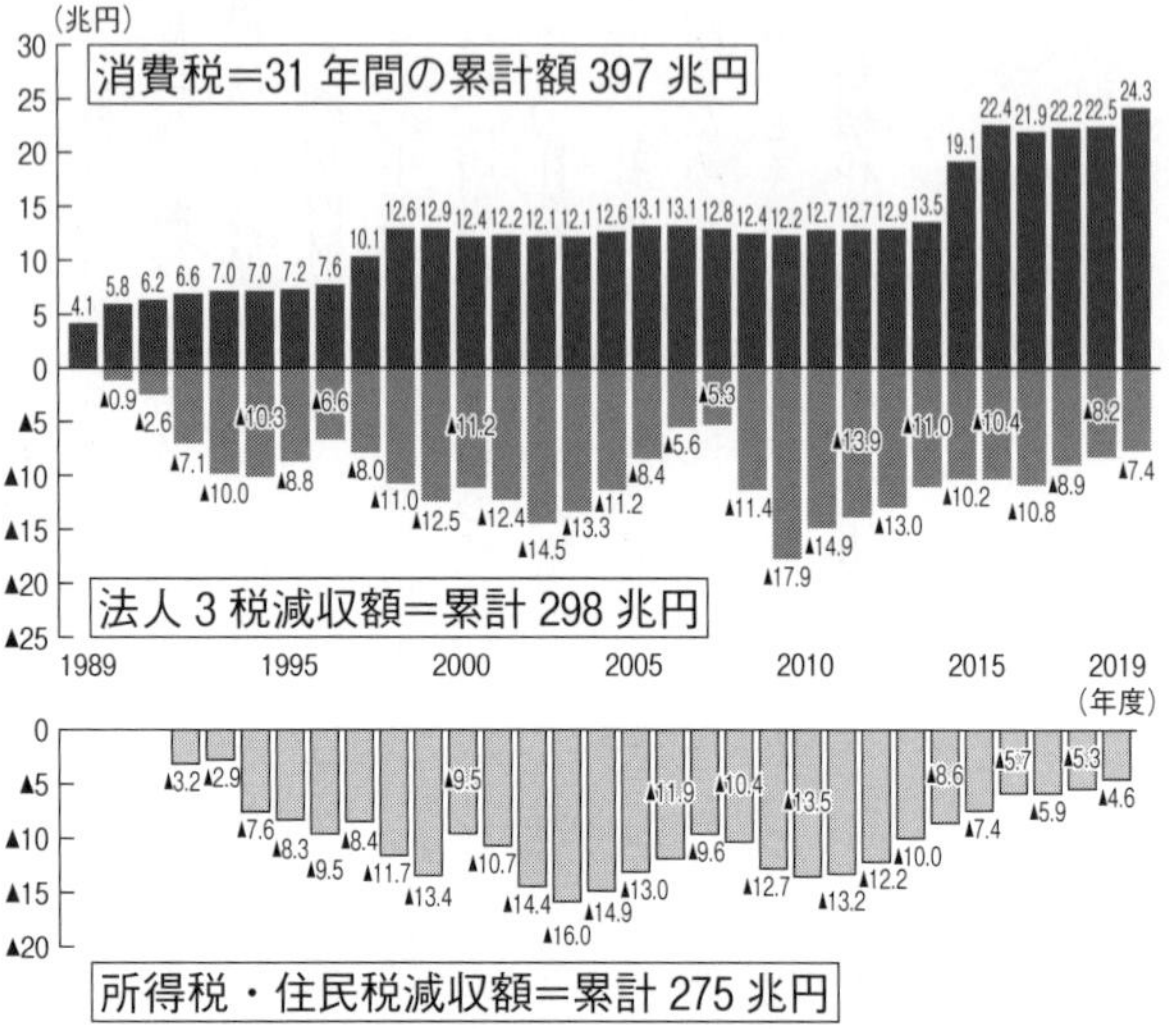

（注）

1. 財務省および総務省公表のデータに基づき計算している。2017 年度までは決算額、18 年度は国は補正後、地方は当初予算額、19 年度は国・地方とも当初予算ベース。
2. 消費税は地方分（地方消費税、消費譲与税）を含む。
3. 法人 3 税には法人税、法人住民税、法人事業税のほか、地方法人特別税、地方法人税、復興特別法人税を含む。
4. 所得税・住民税には所得税、個人住民税のほか、復興特別所得税を含む。

出所：富岡幸雄『消費税が国を滅ぼす』（文春新書、2019 年）86 頁

3　アベノミクスと雇用政策

†第一の矢「大胆な金融政策」の失敗

アベノミクスの具体的な政策は三つあり、「三つの矢」といわれる。「第一の矢」が「大胆な金融政策」で、安倍首相の意向を受け、2013年4月に、日本銀行（以下「日銀」という）の総裁に任命された黒田《くろだ》東彦《はるひこ》氏は、就任と同時に「異次元の金融緩和」を打ち出した。

具体的には、第一に、消費者物価の前年比上昇率2％を「物価安定の目標」として掲げ、その早期実現を目指すこと、第二に、日銀から民間の金融機関に供給する資金の総量（マネタリーベース）を年間60〜70兆円のベースで増加させていくこと、第三に、マネタリーベースを増加させる手段として、民間金融機関が保有している国債を購入するが、購入する国債の平均残存期間（満期までの期間）を、それまでの3年弱から7年程度に延長するというものである。

①日銀が民間金融機関に大量の資金を供給→②民間金融機関は、民間企業や個人への貸出しを大幅に増大させる→③民間企業や個人は、増えた資金をもとに設備投資や消費を増やす→④日銀が2％という消費者物か上昇率を掲げていると、物価が上昇する前に設備を作ろうとする、

あるいは消費財を買っておこうとする気持ちになり、投資や消費が増え、景気がよくなる、という日本経済再生のシナリオである。

こうした大規模な金融緩和とそれによる日本経済再生シナリオは、日本経済の長期停滞の原因は物価が下落しているデフレであり、そのデフレの原因は、日銀が金融を緩和しないためという、いわゆるリフレ派の論理に依拠している。

しかし、安倍政権の成立時、すでに日本の金融緩和の度合いは、アメリカやヨーロッパ諸国にくらべ突出しており、その意味で、リフレ派に依拠する異次元金融緩和は、的外れな政策といえた。実際、2018年の実績をみると、市中銀行の保有資金残高(マネタリーベース)は、2012年末の138兆円が18年末の504兆円へと3・65倍に増えているものの、民間の企業、個人が保有する資金量(マネーストック)は862兆円から1014兆円へと1・2倍ほどしか増えていない。GDPもさほど増えていない。

日銀が金融機関に供給した資金は、金融機関から企業や個人への貸出しに回らず、かくして、安倍政権の抱く日本経済再生のシナリオは、①→②の段階で早々と頓挫した。2015年には、全国消費者物価指数(生鮮食料品を除く)が前年同月比0・1%減と、消費税増税などによる物価上昇でプラスを続けてきた指数が2年半でマイナスに陥り、再びデフレ基調となった。そのため、日銀は、2016年1月、マイナス金利に踏み切り、2%の物価上昇目標の時期も先送りせざるをえなくなった。その後も、この目標時期は先送りされ続け（２０１６年度後半ごろ→２０１７年度後半ごろ）、ついに目標年度を明記しないまま、現在に至っている。「大胆な金融政策」は惨憺《さんたん》たる失敗に終わったというほかない。にもかかわらず、安倍首相は、５年の満期終了後の２０１８年に、黒田総裁を再任、日銀による「大胆な金融政策」は出口のみえないまま現在まで続いている。

†「大胆な金融政策」がもたらした格差拡大

もっとも、「大胆な金融政策」の効果なのかは議論があるものの、日銀の金融緩和の直後から日本では株高・円安が進み、金融機関や輸出大企業の収益を拡大させた。２０１５年７月には、日経平均株価は2万円の大台を突破し、株式を大量に保有する金融機関や大企業、資産家の資産価値を高めた。また、円安は、輸出大企業の円ベースでの受け取り代金（為替差益）を増加させ、代表的な輸出大企業であるトヨタ自動車の純利益は過去最高を記録し続けた。逆に、中小企業（企業数では全体の99・7％を占める）は、円安に伴う原材料の高騰により、収益が圧迫され、企業間の格差がさらに拡大した。

さらに、円安による国内工場の生産や設備投資の増大が期待されたが、そうはならなかった。すでに多くの企業は、為替変動が収益に影響しないよう、海外への工場移転と現地生産を進めてきたからである。為替が円安となっても、この動きに変わりはなく、輸出は増えるどころか減少し、海外で生産した製品の日本への逆輸入が増えた。

しかも、小麦、大豆、肉などの輸入食料品を中心に物価が上昇、一方で、株高などで利益をあげた金融長者、IT長者が増大、富裕層と一般国民との経済格差が拡大した。富裕層の一部は高額商品（高級乗用車や貴金属）の購入に向かい、消費を拡大させてはいるが、数からすれば微々たるもので、消費支出増として計測できるレベルではない。

†第二の矢「機動的な財政出動」がもたらした財政危機

アベノミクスの「第二の矢」は「機動的な財政政策」である。しかし、その内容は「機動的」とは裏腹に、ひたすら公共事業費を増やす政策であった。

安倍政権は発足直後の2013年度予算から、東京オリンピックのためのインフラ整備や東日本大震災被災地の復旧・復興などを名目に、公共事業関係費を増大させてきた。特徴的なのは、整備新幹線の前倒し建設、三大都市圏環状道路などの整備など、どちらかといえば、従来型の大型公共事業、不要不急の投資が増えていることだ。

公共事業予算の拡大は、確かに、一時的に景気回復に寄与した。2013年の公共投資の前年比実質伸び率は6・7％と、リーマンショック後の経済危機にあった2009年の伸び率

（7％）と同水準で、2013年のGDP実質成長率2・0％に高めた（政府消費支出と併せての公的常用の寄与度は0・6％）。しかし、2014年に入ると、その効果も息切れしてくる。この間の公共事業の縮減により、建設労働者の数は、1997年のピーク時の455万人から、2013年には338万人にまで減少しており、人手不足が深刻化、それに加えて、資材の高騰で、事業の採算が取れず、工事が進まない状況が目立ってきたからである。

財政面の制約もあり、公共投資の伸び率は、2014年は前年比率0・7％に低下、以降はマイナスとなるか（15年、16年、18年）、伸びても1％以下（17年）で、経済成長にほとんど寄与しなくなっている。

公共事業が景気浮上に直結する構図はもはや過去のものとなりつつある。大型公共事業に依存する景気回復策は、景気の失速をふせぐため、ひたすら公共事業費を増額し続けなければならず（これは、日銀の大規模な金融緩和も同様で、日銀は金融緩和を止めることができなくなっている）、国の財政赤字を拡大させ、国債への依存度をますます強くし、財政危機を拡大する。にもかかわらず、安倍政権は、消費税増税後の消費の落ち込みに危機感を抱き、相変わらずの公共事業中心で、総額26兆円にも及ぶ2019年度補正予算を編成した。学習能力がないというほかなく、これでは、景気の下振れを防ぐことはできないだろう。

†第三の矢「成長戦略」という名の法人税減税

アベノミクスの「第三の矢」は「民間投資を喚起する成長戦略」であり、規制緩和を進め、「世界で一番企業が活躍しやすい国」をつくることにある。

具体的な政策として、まず進められたのは、前述の法人税減税である。法人税減税で、企業収益が増大すれば、企業の投資（民間投資）も増え、日本経済が成長し、それがひいては、賃金の上昇という形で、国民にそのおこぼれが回ってくるというわけだ。いわゆる「トリクルダウン理論」である。

実際に、安倍政権のもと法人税の減税が加速されてきたが、しかし、法人税を減税しても労働者の賃金には回ってきていない。アベノミクスにより、大企業が史上最高の収益を上げているにもかかわらず、労働者には還元されておらず、労働者の実質賃金は、安倍政権になって約5％も減少し、物価の上昇に賃金の上昇が追いついていない状況が続いている。1990年代後半からの構造改革により、低賃金・不安定雇用の非正規労働者が増大、それに伴い、1997年まで上昇傾向にあった労働者の平均賃金が、同年をピークに低下傾向に転じ、現在に至っている。日本の民間産業の時間当たり賃金（一次金・時間外手当を含む）を消費者物価指数で調整した数値で、1997年を100とすると、2016年には89・7と大きく低下している。

つまり、1990年代後半以降、企業の利益が労働者の賃金上昇につながらない構造ができてしまったわけで、これではトリクルダウンが生じるはずもない。

他の先進諸国と比較して賃金の下落が続いているのは日本だけで、賃金の下落が消費の伸び悩みを引き起こし、経済も長期低迷に陥っているのが現状だ（同様の指摘に、山家悠紀夫『日本経済30年史――バブルからアベノミクスまで』岩波新書、2019年、285頁）。

†「成長戦略」による労働分野の規制緩和

ついで、「成長戦略」として進められたのが、労働分野を中心とする規制緩和である。安倍首相は、人々の暮らしや生活を守るための労働基準法など労働関係法による規制を「岩盤規制」と呼んで、これを打ち壊すべく規制緩和を大胆に進める方向を鮮明にした。

2015年9月には、すべての業務について労働者の派遣期間を事実上撤廃（上限3年、何度でも継続可能）する改正労働者派遣法が成立した。これまでは通訳など「専門26業務」を除いて派遣をつかえる期間は原則1年、延長しても3年が上限であったが、改正により、すべての業務について、3年ごとに人を入れ替えれば、従業員の過半数を組織する労働組合等の意見を聞けば無期限に派遣を使えるようになった。派遣労働者を人材派遣会社の間で無期契約にしておけば、3年で交代させる必要もない（その場合も契約が切れれば解雇が可能となるので、「無期契約」といっても形だけとなる）。企業にとって常時必要な業務については、労働者を直接雇用すべきで、派遣労働者で代替させてはいけないという常用代替禁止原則を崩すもので、「一生、不安定・低賃金の派遣で働け」といわんばかりの内容だ。企業の側からみれば、派遣労働活用の幅が広がり、賃金コストの大幅削減ができるが、労働者の側からみれば、不安定で低賃金の派遣労働で働かざるをえず、労働条件の悪化と生活困窮化をもたらす。

しかも、民主党政権のときの法改正で、期間制限を超える違法派遣があれば、派遣先が派遣労働者に直接雇用を申し込んだとみなす「みなし制度」が法制化され、2015年10月1日に施行予定であったが、改正労働者派遣法が9月30日に施行され、派遣の期間制限がなくなったため、違反が生じなくなり、事実上、同制度は骨抜きになった。直接雇用を逃れたい企業側の要請に沿ったもので、同制度を骨抜きにするため、改正法の成立と施行を急いだともいえる。従来の労働者派遣法のままであれば、期間制限を超えて雇用されていた派遣労働者の多くはいまごろ派遣先企業の正社員となっていたはずだ。

†アベノミクス「第二ステージ」の惨状

2015年9月、自民党総裁に再選された安倍首相は、アベノミクスは「第二ステージ」に入ったとして、「一億総活躍社会」と称し、①希望を生み出す強い経済、②夢を紡ぐ子育て支援、③安心につながる社会保障を「新三本の矢」とする施策を打ち出した。①については、ＧＤＰを６００兆円にすること、②については、合計特殊出生率を１・８に引き上げること（現在１・４）、③については、年間10万人を超す親族の介護を理由とした介護離職をゼロにする、といった目標だ。しかし、「三本の矢」といっても、目標（的）と思われるものばかりで、しかも、「第一ステージ」の総括はなされないままだ。

そして、「第二ステージ」の目標は、現在までのところまったく達成されていない。２０１８年のＧＤＰは、およそ５５０兆円だ。序章でみたように、新型コロナ不況で、２０２０年は、ＧＤＰ成長率が大幅マイナスになるのは確実で、６００兆円には、とうてい及ばないだろう。

２０１９年の合計特殊出生率は１・３６で、目標の１・８には遠く及ばない。いまだに、都市部を中心に、保育所に入れない待機児童が多数存在し（第六章３参照）、また、不安定・低賃金の非正規雇用の労働者が増大し、一人で食べていくのが精いっぱいで結婚できない若者も増えている。賃金の大幅引き上げや長時間労働の短縮など、子どもを安心して育てられる環境整備はまったくなく（次にみるように、長時間労働を助長するような「働き方改革」が実施された）、これでは少子化に歯止めはかからないだろう。

介護離職もゼロどころか、年間10万人近くで高止まりしている（総務省「就業構造基本調査」）。介護報酬の大幅引き上げで、介護職の人材確保がますます困難となっており、家族の介護負担が増大している。介護士の人材確保のための大幅な財源投入もなく、まったくの無策であり、介護保険制度は給付抑制連続の改革を続けている（第五章3参照）。これで介護離職がゼロになるはずもなく、むしろ、ますます増大していくだろう。

†「働き方改革関連法」の問題点

さらに、安倍政権は、2018年に「働き方改革関連法」（正式名称は「働き方改革を推進するための関係法律の整備に関する法律」）を成立させた。主な内容は、①時間外労働の上限規制の導入、②特定高度専門業務・成果型労働制（以下「高度プロフェッショナル制度」という）の創設、③正規社員と非正規社員との不合理な待遇差の解消（「同一労働同一賃金」）といったものだ。当初盛り込まれる予定であった「裁量労働制の拡大」は、政府が提出した統計資料に大きな誤りがあったことで外されたものの、いずれも問題の多い内容だ。

まず、①は、これまで使用者が労働者の過半数で組織する労働組合またはそれに代わる過半数代表との間で時間外・休日労働協定（労働基準法36条に基づくので、「三六協定《さぶろくきょうてい》」といわれる）を結び、労働基準監督署に届け出れば、時間外労働（残業）に法律上の規制がなかった点を改め、時間外労働の上限を法定化し、違反に対する罰則を明記した。具体的には、法定労働時間を超える時間外労働の延長の限度を原則として月45時間、かつ年360時間（休日労働は別枠）

とした。ただし、業務量の大幅な増大など「臨時的な特別の事情がある場合」は、その旨を盛り込んだ特別条項付きの「三六協定」を締結することを条件に、単月100時間未満、複数月80時間以内、1年720時間以内の時間外労働が認められる。時間外労働の上限が法定化されたことは評価できるが、単月100時間未満、複数月平均80時間以内という上限時間は、厚生労働省の労災認定基準のいわゆる「過労死ライン」に依拠しており、あまりに長時間すぎる。現時点で「三六協定」の特別条項による時間外労働の延長の限度を80時間以内に抑えている企業からすれば、延長時間を100時間ぎりぎりまで引き上げる誘因になり、長時間労働がかえって拡大するおそれがある。

また、②の高度プロフェッショナル制度は、その適用を受ける労働者について労働基準法上の労働時間規制の適用を除外するものである。時間外労働の概念がなくなるため、どれだけ働いても割増賃金も残業代も一切支給されない。高度プロフェッショナル制度が「過労死促進法」「残業代ゼロ法」といわれるゆえんである。制度の対象となる業務は限定され（金融アナリストなど）、賃金が労働者の年間平均給与額の3倍を上回る（1075万円以上）者とされている。しかし、これらの要件は省令で決められるため、国会を通すことなく、対象業務が拡大し、年収要件が引き下げられていく可能性が高い（実際、財界は、平均年収の300万円程度までの引き下げを要求しているという。しかし、そもそも年収300万円の人が高度プロフェッショナルといえるのか⁉）。法定労働時間など労働基準法の定める労働時間規制は「労働者が人たるに値する生活を営むため」（同法1条）に必要な最低限の労働条件の基準であり、同制度は、特定の労働者について、こうした法的保護を剝奪するわけで、違憲・違法の疑いがある。

③についても、正社員の処遇を引き下げることでそれが実現される懸念がある。何よりも、まずは最低賃金の全国一律化と大幅な引き上げが早急に必要だ（終章3参照）。

†非正規労働者の増大

安倍政権のもとで、雇用者数が増えたといわれるが、増えたのは低賃金で不安定な非正規雇用の労働者だ。非正規労働者は、安倍政権発足時の2013年1月から2018年12月の間で215万人増え、逆に正規雇用の労働者（正社員）は同期間に20万人減少している。労働者全体に占める非正規の比率も38％と過去最高を記録している（総務省「労働力調査」）。

日本では、正規雇用と非正規雇用の労働者とでは、賃金面でも、社会保険への加入など待遇面でも大きな格差がある。日本の非正規雇用の労働者の賃金は、正規雇用の労働者の賃金の67・3％にすぎず、ヨーロッパ諸国の平均の75・5％を大きく下回る（内閣府『2018年版・経済財政白書』）。とくに、女性の多くが非正規雇用のため、こうした待遇の格差は男女格差として現れてくる。安倍政権のいう「女性が輝く社会」の実現とは裏腹に、いまだに多くの女性は低賃金・不安定雇用に従事しているのが実態だ。

　失業の状況をみると、2019年末で完全失業率は2・2％と、横ばいで低い水準で推移し、有効求人倍率（ハローワークで仕事を探す人一人あたりの求人数）も、全国平均で1・54と、すべての都道府県で1を上回っていた。もっとも、有効求人倍率が高かったのは、低賃金や長時間労働の蔓延、長時間労働を強いて残業代を払わないブラック企業の横行など、労働環境の悪化に一因があると考えられる。有効求人倍率が3倍をこえる高水準となっているのは接客などのサービス業、介護職などの福祉関係業であり、これらはいずれも離職率が高い業種だからだ（飲食サービス業で30％、介護職で15％）。体力的に厳しい過酷な労働のうえに賃金が低いため、辞める人が多く、すぐに人手不足となり、求人を出し続けなければならない悪循環に陥っていたといえる。

　安倍政権の下では、フリーランスや低賃金の非正規・不安定雇用の労働者が増えているわけだから、労働者の平均賃金が下がるのも当然だ。賃金が下がれば、これまた当然の結果だが、GDPの6割を占める消費が低迷する。8割以上が年収300万円以下という派遣労働者を増大させて、賃金が上昇し、経済が成長するとはとうてい考えられず（むしろ、停滞するだろう）、成長戦略とは真逆の政策といえる。しかも、ここにきて、新型コロナの影響で雇用状況は一変、失業者が増え、完全失業率は2・6％にはねあがり、有効求人倍率も1・32倍と大きく下がりはじめている（2020年4月の雇用統計）。

†露骨な防衛費の増額

一方で、防衛費（軍事費）は、2020年度予算で、前年度当初に比べ1・1％増の5兆3133億円となり、安倍政権になって8年連続の増額、6年連続で過去最高額を更新した。

防衛費を押し上げている大きな要因は、アメリカ政府の「対外有償軍事援助」によるアメリカ製兵器の購入だ。安倍政権は、トランプ政権の言いなりになって、アメリカ産の武器を大量に購入させられているといってよい。たとえば、陸上配備型迎撃ミサイルシステム（イージス・アショア）は、秋田、山口両県の地元住民の反対で配備先がまだ決まっていないというのに、アメリカからの発射装置の取得などに129億円を計上（最終的には東西2基の購入費で5000億円を超える！）。歴代内閣が堅持してきた「専守防衛」からの逸脱といえる護衛艦「いずも」を空母化する改修費（31億円）や同艦に搭載するアメリカ製の最新鋭のステルス戦闘機F35Bの購入費（6機、793億円）も計上された。

高額の兵器の購入は複数年の分割払い、つまり「後年度負担」となり、将来の予算を圧迫する。2020年度時点のローン残高は、過去最大の5兆4310億円に達し、2020年度の当初予算案を上回り、購入費のみならず維持・修理費を含めると防衛費全体が雪だるま式に膨れ上がっている。2019年度の補正予算案にも防衛費4287億円が盛り込まれ（本来、補正予算に盛り込むべきものでもないが）、このうち約9割の3807億円は兵器などのローン返済に充てられる。これを合わせると2020年度の防衛費は実質5兆7000億円にのぼる。

かつて「大砲か、バターか」と称されたように、防衛費の増大を進める政権は、必ずといっていいほど社会保障費を削減してきた。安倍政権の場合、それがとくに露骨だ。そして、こうした社会保障削減により、貧困や格差が今以上に拡大することは必至である。貧困や格差を拡大させる政策は、それが意図的か否かは別として、結果的に、貧困層の若者の経済的徴兵（生活困窮のために、安定した収入を求めて軍隊に入ること。日本の場合は自衛隊への入隊）をうながし、2015年に成立した安全保障関連法（いわゆる「戦争法」）と並んで日本を戦争のできる国にしていく基盤づくりになっているともいえる。

4 消費税が財政危機をもたらし社会保障を破壊する！

†税収は伸びたが、財政再建には程遠い現実

第一章でみたように、消費税は富める者がますます豊かになり、貧しい人が貧しくなる究極

の不公平税制といってよい。こうした消費税の欠陥は、国民にほとんど知られないまま、消費税率が10％に引き上げられ、財界の思惑通り、消費税（庶民）増税と法人税（大企業）減税という形で、社会保障財源を賄う仕組みが引かれた。

しかし、消費税の増税により、内需が冷え込み、深刻な消費不況に突入、アベノミクスが克服を掲げたデフレ経済に再び戻りつつある。もともと、消費税を増税しても景気が失速すれば所得税・法人税収が落ち込み、税収総額としては増えないことが予想されていた。

消費税率が5％に引き上げられた1997年度の税収は、消費税収が6兆円から9兆3000億円と1・5倍に増え、政府の税収総額（一般会計）も52兆円から53・9兆円に増大したが、1998年度には、税収総額は、49・4兆円に落ち込み、消費税増収分を打ち消してしまった。

1997年は、アジア通貨危機により、日本も三洋証券の倒産、北海道拓殖銀行や山一證券が経営破綻するなど金融危機が生じ、これに消費税増税が重なったため景気が悪化し、法人税や所得税の税収が大幅に落ち込んだ。日本はこれ以降、デフレ経済に突入する。しかも、消費税増税の一方で、所得税の減税（1988年の最高税率60％が1999年以降は同37％に）や法人税の減税（1989年の法人税率40％が1999年には30％へ）が行われてきたため、景気が回復しても税収は伸びず、景気が悪化すればさらに税収減となり、2015年度まで、税収の総額は、消費税増税直後の1997年度の53・9兆円を超えなかった。

２０１５年以降は、安倍政権のアベノミクスによる大企業優遇策で、大企業の収益が過去最高になったことなどから、消費税増税に加えて法人税収などが伸び、税収総額は２０１５年度で54兆円を超え、２０１９年度は60・2兆円に達した（当初62・5兆円を見込んでいたが、法人税の落ち込みで下方修正）。しかし、１９９７年と２０１９年を比較すれば、税収の伸びは、国内総生産の伸びにはるかに及ばない。所得税や法人税の減税を行わなかったならば、もっと税収は増えていたはずだ。

特徴的なのは、この間の所得税・法人税の減税と賃金所得の低下から、国税収入に占める所得税・法人税の割合が低下し、消費税の割合が大きくなってきたことだ。国の税収の推移を１９９０年度と２０１８年度で比較すると、税収額は60・1兆円と60・4兆円でほぼ同じだが、税収の構成割合が大きく変化している。すなわち、所得税収は26兆円↓19・9兆円、法人税収も18・4兆円↓12・3兆円といずれも激減しているのに対して、消費税収は4・6兆円↓17・7兆円となり、消費税収が法人税収を上回って、所得税収に迫る勢いだ。そして、２０２０年度の当初予算案での税収見通しでは、過去最高の63・5兆円の税収（もっとも、これもコロナ不況で、ほぼ確実に、大幅に下方修正されるだろう）のうち、消費税が過去最大の22兆円に迫る見込みで、これまで最大の税目だった所得税を上回っている（図表2-6）。10％の税率引き上げで、間接税である消費税が所得税と並ぶ基幹税になり、ついに税収トップにおどりでたのである。

政府、とくに財務省は、景気に左右されにくく安定的な財源が確保できる消費税を増税し（消費税収が、景気に左右されにくいのは事実だが、前述のように、それは生活必需品にも均一の税率を適用する、消費税の逆進性の裏返しでもある）、財政再建を図ろうとしてきたが、それと並行して富裕層や大企業に減税を行ってきたため、税収総額は増えてこなかった。たとえて言えば、穴の開いているバケツに水を注ぎ込むようなものであり、これではいつまでたってもバケツに水はたまらない。何よりも、消費税率10％への引き上げにより、そして、コロナ感染の拡大で景気が急速に悪化しており、２０２０年度は、大幅な税収減につながる可能性が高い。消費税増税は財政再建どころか、逆に財政赤字の深刻化をもたらす。安倍政権も、このことは認識しており、だからこそ、消費税の増税を

図表2-6　国の税収の推移

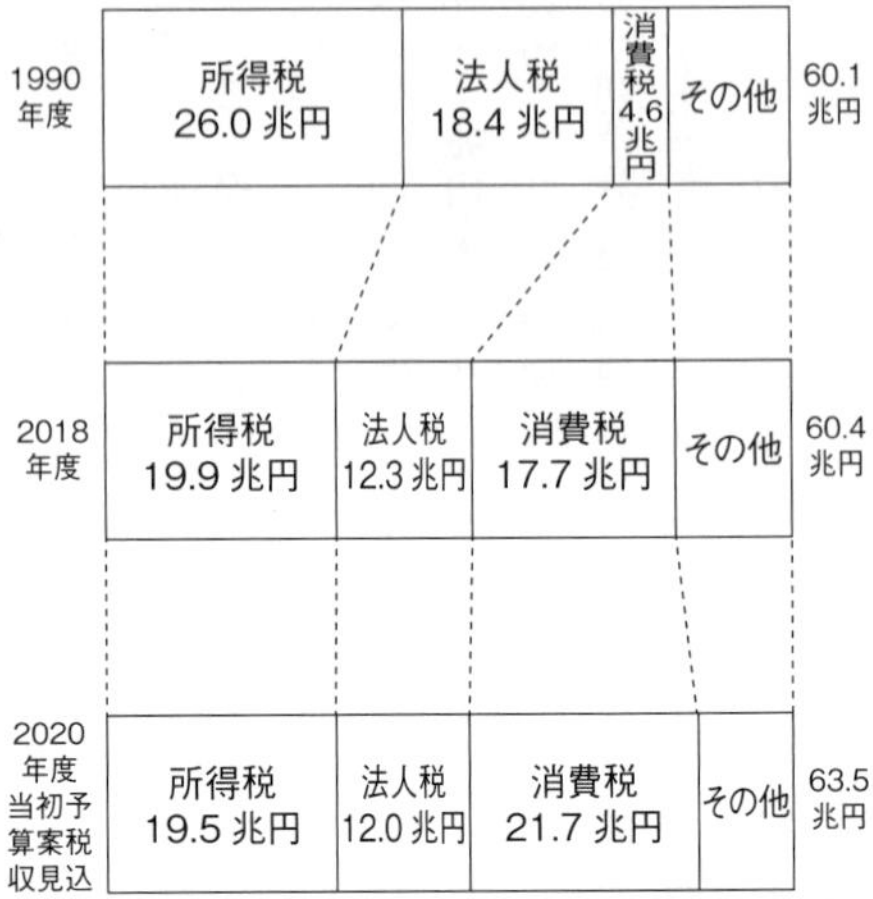

出所：財務省ホームページ「一般会計税収の推移」より作成。2020年度は見込。現状では税収は大幅減で60兆円に達しないだろう

再三にわたって先送りしてきた（序章参照）。

安倍政権は、一方で、財界の要求を受けて、法人税の減税を行いつつ、防衛費や公共事業費も増額しているため、このまま放置すれば財政赤字が膨らむことになる。結局、安倍政権のもとで、財政健全化のために取れる選択肢は、社会保障の削減しかない。

†消費税が社会保障を破壊する

以上のような消費税の特徴と問題点をみるかぎり、いや逆進性の一点だけでも、所得再分配によって平等をめざす社会保障の財源には最も適していない。消費税の強い逆進性は、それを社会保障の財源に用いれば、社会保障の所得再分配機能を減殺してしまうし、消費税増税への国民の同意が得にくくなるため、社会保障費の抑制につながる。いや、むしろ社会保障費を抑制したいがために、消費税と社会保障費をリンクさせたともいえる。

消費税の逆進性の問題については、「税と給付の組みあわせ」をみるべきで、消費税収を一律に社会保障給付で国民に戻せば、低所得者は払った消費税額以上に給付を受け取ることができ、格差は縮小するとの主張もある（井出英策『幸福の増税論』岩波新書、2018年、146頁）。この議論は、消費税と社会保障給付が対応するように、他の歳入・歳出から切り離されていることが前提となるが、現実には、消費税は一般財源に流し込まれていて、そのような対応関係がないことは前述したとおりである。

また、消費税の増税自体が、貧困や格差を拡大するので、それに対処するため、社会保障支出の増大が不可避となり、消費税を増税し続けなければならなくなる。増税ができなければ、社会保障を削減し、貧困と格差の拡大を放置するかしかない。消費税は、まさに社会保障の破壊につながる（伊藤周平『消費税が社会保障を破壊する』角川新書、２０１６年、２０９頁参照）。

そもそも、貧困や格差を拡大し、社会的弱者ほど負担の重い消費税を社会保障の財源とすること自体が倒錯した発想というほかない。社会保障の費用すべてを消費税収で賄うことなど不可能であり、そうしている国など存在しない。社会保障費は、あらゆる税収で賄われるのが当然だからだ。「社会保障財源＝消費税」という呪縛から、そろそろ目を覚ますべきだろう。次章からは、消費税が財源として使われている年金、医療、介護、子育て支援の順に、各制度の現状と課題を考察していく。

第三章

年金を問いなおす

1　年金制度の仕組み

年金制度は、老齢・障害などによる収入の中断、被保険者の死亡による遺族の生活困難に対処する生活保障の仕組みである。日本の年金制度は、保険料の支払いを前提にして給付を受け取る社会保険方式を採用しているが（年金保険）、基礎年金の2分の1は国庫負担で賄い、そこに消費税収が充てられている。

現役世代が支払った保険料で高齢者の年金を支えている現在の方式のもと、少子高齢化が進み、将来、年金がもらえないのではないか、大幅に減額されるのではないかという不安が国民の間に拡大している。

本章では、年金制度の仕組みをみたうえで、給付抑制を中心とした年金改革の動向を分析し、安心できる年金制度の構築に向けた課題を展望する。

†年金制度の沿革

日本の年金制度は、特定の年齢層を強制加入とする社会保険方式を採用しており、政府が保険者（保険料を徴収して保険給付を行う機関）となっている。2010年1月より、日本年金機構が政府の委託を受け保険料徴収や給付などの事務を行っている。この点で、民間の保険会社が運営する私的年金制度と区別され、公的年金制度といわれる（本書では、強制加入の公的年金制度を、煩雑を避けるため、以下「年金制度」という）。

日本の年金制度は、明治時代の軍人や官吏に対する恩給、官業共済組合から始まり、労働者年金保険（1944年に厚生年金保険へ）により、民間労働者へと順次拡大されてきた。ただし、すべての国民が、いずれかの年金制度に加入し、給付を受ける皆年金の確立は、農林水産業従事者や自営業者などを対象とする国民年金法（1959年）の制定を待たなければならなかった。同法の施行により、1961年より皆年金が実現した。

当初の皆年金は、民間労働者が加入する厚生年金、公務員が加入する各種共済年金および自営業者などが加入する国民年金など8つの年金制度に分かれ、職業により加入する年金が異なっていたが、1985年に、年金制度の抜本的な改革が行われ、いまの仕組みが確立した。

国民年金による基礎年金を1階部分とし、厚生年金保険や各種共済組合に加入する民間労働者や公務員に対して、基礎年金に加えて所得比例年金を支給する2階建て年金の仕組みだ。旧制度では、厚生年金に加入する民間労働者に扶養されている配偶者（大半が女性）は、国民年金に任意加入しないかぎり、基礎年金の受給権がなかったが、この改革で、新たに第3号被保険者として、自分名義の基礎年金受給権を得ることができた（「女性の年金権の確立」といわれる）。さらに、2015年10月から、公務員の共済年金は厚生年金に統合され、国民年金と厚生年金の二つの枠組みとなった。

†2階建ての給付の仕組み

年金制度の仕組みは、全制度に共通する基礎年金（国民年金加入者が受け取る年金の総称）が1階建て部分で、2階建て部分として、報酬比例の厚生年金がある（図表3-1）。

国民年金の被保険者は、第1号、第2号、第3号被保険者に分けられる。第1号被保険者は、日本国内に住所がある20歳以上60歳未満の者で、第2・3号被保険者でないものをいい、定額の保険料を納付する。国民年金の保険料額は、2020年度で月額1万6540円となっている。20歳以上の学生も第1号被保険者とされ、学生本人だけの所得で保険料の納付を猶予する学生納付特例制度がある。

第2号被保険者は、厚生年金に加入している者で、保険料は報酬比例（標準報酬に保険料率をかけた額）で、事業主などと折半し給与から天引きされて徴収される。第3号被保険者は、第2号被保険者の被扶養配偶者で20歳以上60歳未満の者をいう。被扶養配偶者とは、主に第2号被保険者の収入により生計を維持している者で、その圧倒的多数（99・7％）は女性（主婦）である。第2号被保険者と第3号被保険者の基礎年金に関する保険料をまとめて基礎年金

図表3-1　公的年金制度の仕組み（2階建ての仕組み）

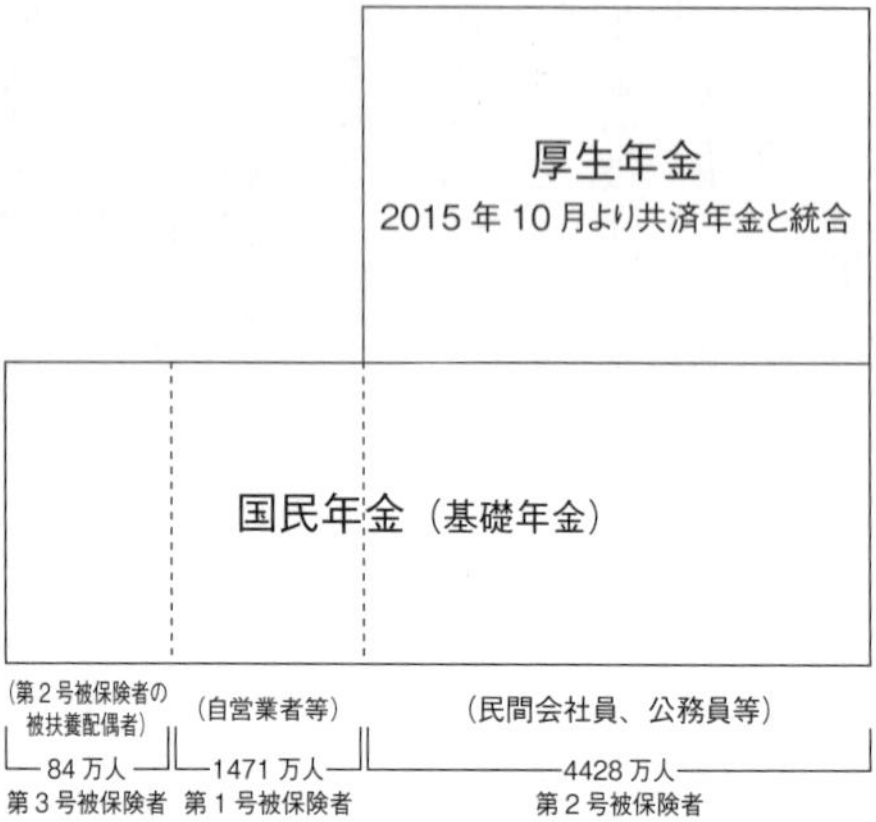

出所：厚生労働省資料より作成。人数は2019年3月末現在

拠出金として負担しているため、第3号被保険者本人の保険料負担はない。

老齢年金の水準

年金給付の種類には、老齢年金、障害年金、遺族年金の三つがある。いずれも、年金を現実

に受けとるには、受給権者から請求して、厚生労働省大臣の裁定を受ける必要がある。

このうち、私たちが通常、「年金」といった場合にイメージする年金給付が老齢年金である。国民年金の給付である老齢基礎年金は、原則として、65歳以上の人に受給資格期間に応じて支給される。受給資格期間は、保険料を支払った納付期間、免除の期間、制度上支払うことができなかった期間（給付額に反映しないので「カラ期間」といわれる）、学生納付特例制度などの手続きを行った期間のそれぞれを合計した期間をいう。

この受給資格期間が10年以上ないと、老齢基礎年金を受け取ることができない。受け取ることができる年金の給付額は、満期の40年間（480か月）保険料を支払った場合の満額で、年額78万900円×改定率の定額である。改定率については後述するが、2020年度の老齢基礎年金（満額）は、月額6万5141円である。地域によっては、生活保護基準を下回る額で、納付期間が40年に達していなかったり、免除期間がある場合には、さらに減額される。たとえば、40年間、保険料が全額免除されていた場合には、満額支給額の2分の1の給付額となる。

厚生年金に加入していた人は、老齢基礎年金に上乗せし老齢厚生年金が支給される。2020年度の標準的な厚生年金額（40年間就業した場合で、夫婦2人分の老齢基礎年金を含む標準的な年金月額）は、22万724円となっている。

老齢厚生年金の支給を受けながら、会社などに勤め賃金を得ている場合、年金額と賃金額に応じて、老齢厚生年金の一部または全部が支給停止される（在職老齢年金制度）。70歳以上の者は厚生年金の被保険者資格がなくなるため、保険料の負担義務もなくなるが、高齢者の就労抑制を招くとして、後述のように、在職老齢年金の見直しが検討されている。

また、老齢年金ついては、離婚時の年金分割制度として合意分割制度と3号分割制度が設けられている。合意分割制度は、夫婦の合意に基づき、婚姻期間にかかる標準報酬の分割を厚生労働大臣に請求する。分割割合は、夫婦双方の標準報酬額の2分の1以下とされており、当事者の協議が整わないときは、家庭裁判所が決める。3号分割制度は、第2号被保険者の保険料は夫婦が共同して負担したものとみなし、その被扶養配偶者（第3号被保険者）が、離婚した場合に、その際、婚姻期間にかかる第2号被保険者の標準報酬の分割を請求できる。分割割合は2分の1と法定されており、第3号被保険者からの請求があれば強制的に分割される。分割の対象となるのは、２００８年4月以降の婚姻期間である。

†賦課方式と積立方式

年金保険には、その財政方式として賦課方式と積立方式がある。

賦課方式とは、その時々の年金給付に必要な費用を、そのときの被保険者から保険料として徴収する方式であり、積立方式とは、将来必要になる年金給付費に見合う保険料を徴収し、事前に積立金を保有する方式である。賦課方式は、高齢化など人口構造の変化に影響を受けやすく、現在のように少子高齢化が急速に進展している社会では、将来の世代ほど負担が重くなるという問題がある。積立方式は、こうした人口構造の変化の影響は受けにくいが、急激なインフレなど経済変動に影響を受けやすく、また、積立金を伴うため、運用のリスクがあるという問題がある。

日本では、労働者年金保険法（現在の厚生年金保険法）の制定当初は積立方式ではじまったが、現在では、給付より保険料収入が多い場合には、残った部分を積立金として保有し運用しつつ、22世紀までに完全賦課方式に移行する修正賦課方式をとっている。年金積立金の運用も行っているため、賦課方式でありながら、運用のリスクもかかえている。

日本でも、積立方式への移行を主張する論者もあるが、多くの国の公的年金制度は、日本と同様、賦課方式もしくは積立方式の要素を加味した賦課方式を採用している。これは、積立方式の維持・運用が困難だからだ。積立方式の運用のためには、将来必要になる年金給付費（年金給付財源）を十分確保するため、物価変動や平均寿命の伸びについて数十年後にまで及ぶ長期の予測がある程度正確になされる必要があり、年金積立金の運用についても長期的な金利動向をはじめ運用益を左右する経済動向の一定の正確な見通しが必要となるが、これらは至難のことである（1年先の経済動向すら予想できないのが現状！）。現状では、各国の公的年金制度も、

2008年のリーマンショック時の積立金の巨額な運用損の発生により、積立方式の維持が困難となり、賦課方式への移行が行われてきている。

†年金保険料

年金財源の大半は、被保険者の保険料からなる。国民年金の保険料は定額で、個人で納付する。負担も給付も個人単位である。これに対して、厚生年金の保険料納付義務は事業主にあり、事業主は、被保険者の負担分を給与などから天引きして徴収し、事業主負担部分（労使折半）とあわせて納付する。

国民年金保険料には、障害基礎年金や生活保護を受給した場合など、法律の要件に該当すると保険料が免除となる法定免除と、一定所得以下で自ら申請して免除となる申請免除がある。申請免除には、全額免除、4分の3、2分の1、4分の1の4種類がある。保険料が全額免除の場合でも、2分の1の年金額（国庫負担相当分）が給付される。また、前述の学生納付特例制度があり、これにより、在学中の事故による障害基礎年金の支給要件を満たすことができるが、猶予された期間は、老齢基礎年金はまったく受給できないため、10年以内にさかのぼって保険料を追納する必要がある。さらに、2016年7月以降は、50歳未満（従来は30歳未満）の保険料納付猶予制度も設けられている。

厚生年金の保険料は、標準報酬月額・標準賞与額に保険料率を乗じて算定される。保険料率は1年ごとに法定され、保険料水準固定方式の採用により、2017年度以降は18・3％で固定されている。標準報酬月額は、労働者の報酬月額に基づいて、1級から31級まで区分された標準報酬等級表による定められている。2003年から、賞与についても報酬と同じ保険料率を用いて保険料が賦課される（総報酬制）。賞与とは、賃金、俸給などその名称を問わず、労働者が労働の対価として3か月を超える期間ごとに受け取るボーナスのことだ。

育児休業中の被保険者は、事業主が年金事務所などに申し出ることによって、事業主負担分も含めて保険料が免除される。免除期間は、申出をした日の属する月から、育児休業が終了する翌日の属する月の前月までである。産前産後休業期間中の被保険者についても、同じ方式で、労使双方の保険料が免除される。

†国民年金のスライド制度

国民年金法は「国民年金制度は、日本国憲法第25条第2項に規定する理念に基づき」と明記しており（1条）、国民年金は、憲法25条2項に定める国の社会保障等の向上増進義務を具体化した制度といえる。厚生年金については、保険料が標準報酬月額に基づき算定され、給付額も標準報酬月額および被保険者期間によって算定されるもので、基礎年金よりも保険料と給付内容の報酬比例の性格が強いものとなっているが、老齢、障害など労働能力を失う（収入を失う）原因となる事由が生じた場合に、その人（遺族）の所得保障を目的とする点で、国民年金（基礎年金）と共通している。

国民年金には、国庫負担と保険料減免制度が存在し、年金の実質的価値を保つため、国民年金・厚生年金ともにスライド制度が導入されている。スライド制度には、賃金スライドと物価スライド制度があり、1989年から物価指数の変動に応じて年金額を改定する完全物価スライド制度が導入されている。これに対して、賃金スライドは、被保険者の名目賃金の伸びに応じて過去の標準報酬を再評価するものであった。しかし、人口の高齢化とともに、年金給付費が増大し、税や保険料負担が上昇し、名目賃金の伸びより、手取り賃金の伸びが低くなることが予想されたため（現実にそうなっている）、1994年の改正により、名目賃金の変動率から社会保険料・税を控除した手取り賃金（可処分所得）の伸びに応じて過去の標準報酬を再評価するスライドに改められた。

その後、2000年の改正により、すでに年金を受給している人の年金（既裁定年金）のスライド率が、従来の手取り賃金の変動率から物価の変動率に変えられ、賃金スライドは、これから年金をもらいはじめるとき（新規裁定の時）にだけ行われ、年金受給後には行われないこととなっている。

2　年金改革の展開

†1985年改革で国民年金の基礎年金化へ

「皆年金」を実現した日本の年金制度は、当時の高度経済成長を背景に、1973年には「5万円年金」の確立（当時は「福祉元年」と呼ばれた）、国庫負担の増大、前述の物価スライド制度の導入などにより給付水準の向上がはかられた。国民年金の給付水準については、当初は、最低加入期間（当時は25年間）について保険料を納付した場合の年金額を最低基準額とし、最低基準額の設定にあたり、最低生活保障が強く意識され、生活保護基準および高齢者の消費支出を根拠にして定められた。その意味で、国民年金は、老齢・障害・死亡という事由に関して、生活保護に代わる最低生活保障制度として制度化されたといえる。

しかし、1973年の石油危機をへて日本が低成長期に突入すると、「福祉元年」は「福祉見直し」への転換を余儀なくされる。年金制度についても、制度間の財政状況の格差が顕著となってくる。とくに国民年金の財政悪化が深刻化し、これに対応するために採用されたのが、前述の1985年の年金制度の抜本改革（以下「1985年改革」という）である。これは、国民年金をすべての人が共通して加入する基礎年金とし（国民年金の基礎年金化）、被用者年金（当時の厚生年金・共済組合）を基礎年金の2階部分に位置付けるものである。1985年改革には、被用者年金の保険料から基礎年金保険料相当の財源を国民年金の会計に繰り入れることで、国民年金財政の悪化を防ぐ目的があった。つまり、産業構造の変化で、国民年金の主要な被保険者であった農林水産業従事者が激減し、財政危機に瀕していた国民年金財政を、基礎年金の拠出金を通じて、被用者保険財政に依存する形で立て直すことにあったわけだ。その意味で、1985年改革は、財政安定化に向けた抜本的改革というより、制度間の財政措置を通じた当面の回避策にすぎなかったと指摘されている（高端正幸「年金財政」高端正幸・伊集守直編『福祉財政』ミネルヴァ書房、2018年、76頁参照）。

1985年改革では、給付水準の大幅な引き下げも行われた。基礎年金の導入に際して、基礎年金の額（月額5万円）は、最低加入期間の25年間保険料を納付した場合ではなく、40年間満期の保険料を納付した場合の「国民の老後生活の基礎的部分を保障するものとして高齢者の生計費等を総合的に勘案（1984年度の65歳以上の単身、無業者の基礎的消費支出にその後の消費水準の伸びを加味）して」設定されることとなったからである（吉原健二・畑満『日本公的年金制度史——戦後七〇年・皆年金半世紀』中央法規、2016年、103頁）。これに加え、保険料負担の引き上げと国庫負担の削減も断行された。かくして、1985年改革以降、年金改革は、少子高齢社会を迎えて、制度の長期安定化（いわゆる「年金制度の持続可能性」）を図るためと称して、「給付水準の適正化」すなわち給付抑制路線へ転換する。

†バブル崩壊後の年金改革

1980年代の後半から、いわゆるバブル景気に突入すると、物価スライドの効果により、年金給付額が上昇を続ける。しかし、バブル経済が崩壊した1990年代以降、年金改革の給付抑制路線が鮮明になる。

1994年の法改正では、国民年金の将来的な給付開始年齢の引き上げ（2001年度から段階的に60歳から65歳へ）と老齢厚生年金の定額部分に関する支給開始年齢の65歳への引き上げがなされた。また、厚生年金の報酬比例部分（2階部分）の給付額を現役世代の可処分所得にリンクさせる可処分所得スライド制が導入され、給付水準の抑制が図られた。

そして、1997年の消費税率5％の引き上げにより、日本経済が長期不況に突入すると、給付抑制策が先鋭化する。1999年には、厚生年金の報酬比例部分についても、給付開始年齢の将来的な65歳以上への引き上げが決定され、支給開始年齢の引き上げと給付水準の抑制が繰り返されていく。

2000年の法改正では、給付水準の適正化の名のもとに、老齢厚生年金の報酬比例部分の支給乗率を1000分の7・5から1000分の7・25にすることによって厚生年金（報酬比例部分）の給付水準が5％も引き下げられた。1985年改革の時点からみると、実に30％の引き下げである。ついで、老齢厚生年金の定額部分に続いて、報酬比例部分の支給開始年齢も65歳へと段階的に引き上げられた。また、既裁定年金の65歳以降の賃金スライド制度が廃止された。賃金スライドの廃止は、年金受給者を経済発展からとり残し、生活レベルを確実に引き下げるものといえた。さらに、賞与（ボーナス）を含む総報酬制が導入され、これにより、給与が支給されない者や賞与の支給率の少ない者は、年金給付額が減少するとともに、多くの被保険者にとっては保険料負担が増大することとなった。そのほか、学生納付特例制度の創設などの改正が行われた。

†2004年改革とマクロ経済スライドの導入

給付抑制の到達点となった改革が、2004年の国民年金法等の改正である（以下「2004年改革」という）。2004年改革は、給付水準を維持し保険料を引き上げていくという従来の考え方から、保険料水準を固定し（保険料を引き上げず）給付水準を保険料等の収入の範囲内に抑えるという考え方に転換したという点で、給付抑制を徹底したものであった。

2004年改革の主な内容は、①厚生年金と国民年金の保険料を段階的に引き上げ、201

7年度以降は一定水準（厚生年金の保険料率18・3％、国民年金の保険料は1万6900円。2004年度価格）で固定する方式（保険料水準固定方式）を導入、②基礎年金国庫負担割合の2分の1への引き上げ、③積立金の活用、④財源の範囲内で給付水準を調整する仕組み（マクロ経済スライド）の導入というものである。

このうち、中心となるのが、①と④であり、保険料水準を固定し、保険料と国庫負担財源の範囲内で給付を行うため、給付水準をマクロ経済スライドの手法を使って調整する。マクロ経済スライドの具体的な調整率は、平均余命の延び率0・3％（2004年の財政再計算の見込みで、この率で固定）と公的年金被保険者総数の減少率0・6％（同財政再計算の見込みで、その後の実績によって変化）を加えたものである。少子化が進展し年金制度を支える就労世代が減少する分と、余命が延びて年金の受給期間が長くなる分だけ、年金水準を引き下げる仕組みといえる。マクロ経済スライドは、老齢・障害基礎年金にも適用され、これらの給付水準も将来的に低下していくが、後述のように、基礎的生活費を保障する基礎年金部分に適用することには問題がある。

また、年金給付費1年程度の積立金を保有し、2100年度まで100年程度をかけて積立金を取り崩し（有限均衡方式）、それまでの間（財政均衡期間）、少なくとも5年ごとに、年金財政の現況と見通しを作成・公表する（これを「財政検証」という）。この現況と見通しにより、財政均衡を保つことができないと見込まれる場合には、調整期間（調整期間の開始は2005年度から）において、マクロ経済スライドにより給付額を調整することで財政均衡を図るわけだ。

ただし、物価・賃金の上昇が小さい場合には、調整は名目額を下限とし、賃金・物価が下落する場合には、マクロ経済スライドは行われない。これを「名目下限措置」という。マクロ経済スライドによる給付額の調整は、財政検証によって、長期的な負担と給付の均衡が保てると見込まれる状況になるまで続けられるが、少子高齢化が予想を超えて進んだり、経済が不振で賃金の伸びが低下した場合には、調整期間は延びる。そこで、5年ごとに財政検証を行い、次回の検証までに所得代替率が50％を下回ることが見込まれる結果が出た場合には、負担と給付のあり方について再検討し、所要の措置を講ずることになっている。

†旧民主党政権下での改革関連法

2004年改革は、政府の言葉では「100年安心」の制度改革であったが、その後、経済成長が長期にわたり低迷し、物価も上昇せず、いわゆるデフレ経済のもとで、マクロ経済スライドによる調整ができない状態が続いた。そのため、消費税増税分を財源とした年金改革が、社会保障・税一体改革の一環として進められた。

すなわち、2012年8月には、当時の民主党政権のもとで、社会保障・税一体改革関連法として、年金機能強化法（正式名は「公的年金制度の財政基盤及び最低保障機能の強化等のための国民年金法等の一部を改正する法律」。以下同じ）、厚生年金と共済年金を統合する被用者年金一元化法（「被用者年金制度の一元化等を図るための厚生年金保険法等の一部を改正する法律」）が成立した。また、同年11月には、後述する特例水準の解消を行う改正国民年金法（「国民年金法等の一部を改正する法律等の一部を改正する法律。以下「2012年改正法」という）と年金生活者支援給付金法（「年金生活者支援給付金の支給に関する法律」）が成立した。

これら一連の立法の成立で「基礎年金の国庫負担割合の2分の1の恒久化や年金特例水準の解消が行われ、2004年改革により導入された長期的な給付と負担を均衡させるための年金財政フレームが完成をみた」（社会保障制度改革国民会議報告書「確かな社会保障を将来世代に伝えるための道筋」2013年8月、39頁）とされる。

年金機能強化法では、①産前産後休業期間中の厚生年金保険料の免除、②遺族基礎年金の父子家庭への拡大、③短時間労働者への社会保険（厚生年金・健康保険）の適用拡大などが行われた。このうち、③の適用拡大は、従業員数が500人を超す企業で働く労働時間が週20時間以上、一定収入以上（厚生年金で標準報酬月額の下限8万8000円、健康保険で同5万8000円に改定）の短時間労働者を対象とするもので、2016年10月から適用が拡大された。対象者は当初25万人程度と見込まれていたが、実際は36万人程度となった。

†年金生活者支援給付金法と特例水準の解消

年金生活者支援給付金法は、消費税10％引き上げによる増収分を活用し、低年金の高齢者・障害者（住民税が家族全員非課税で、前年の年金収入とその他所得の合計額が老齢基礎年金満額以下である人。約970万人と推計）に対して、保険料納付済期間に応じて、40年満期加入の人に月額5000円（障害等級1級の場合には6250円）を上乗せ支給するものである。同法の施行は、消費税率10％の引き上げ時となっていたため、二度にわたる延期で2019年10月からようやく実施された。ただし、あくまで保険料納付済期間や免除期間とリンクさせた給付であり、無年金者や未納者は対象とはならず、給付額が少額という課題がある（10年ぎりぎりの加入の人だと月1250円の上乗せ）。

一方で、2012年改正法は、物価の下落がみられた2000年度から2003年度にかけて、特例法により、マイナスの物価スライドを行わず、年金額を据え置いた水準（2・5％。これが「特例水準」といわれる）を、2013年度から2015年度の3年間かけて解消するものので、13年10月1％、14年4月1％、15年4月0・5％それぞれ引き下げが実施された。

同時に、年金と同じスライド措置が取られてきた、ひとり親家庭への手当（児童扶養手当）や障害者等の手当の特例水準（1・7％）についても、同じ3年間で解消するとされ（13年10

月0・7%、14年4月0・7%、15年4月0・3%)、これも実施された。特例水準の解消と称した年金減額については、前述のように、全国各地で違憲訴訟が提起されている(序章参照)。

年金積立金で官製相場

国民年金および厚生年金の保険料は、年金給付の支払いに充てられるが、その残りは年金積立金とされ、その額は厚生年金だけで約150兆円にのぼる(2017年度)。年金積立金は、従来は、国の資金運用部に委託され、財政投融資の原資として運用されていたが、2000年の法改正で、厚生労働大臣が自主運用を行うこととなり、2006年からは、年金積立金管理運用独立行政法人(GPIF。Government Pension Investment Fund の略)が設立され、運用を行っている。

年金積立金の運用については、財政検証で想定された必要な運用収入を得るための運用利回りを達成すべく、GPIFが基本ポートフォリオ(資産運用割合)を設定している。2014年10月から、この基本ポートフォリオが国内債券35%(それぞれ一定の乖離許容幅が定められており、国内債券で±10%。以下同じ)、国内株式25%(±9%)、外国債券15%(±4%)、外国株式25%(±8%)に変更された(図表3-2。従前保有していた短期資産については、基本的構成割合を設定せず、各乖離許容幅内で保有することとされた)。国内外債券の構成割合を下げ、国内外

図表3-2　年金積立金のポートフォリオと現状

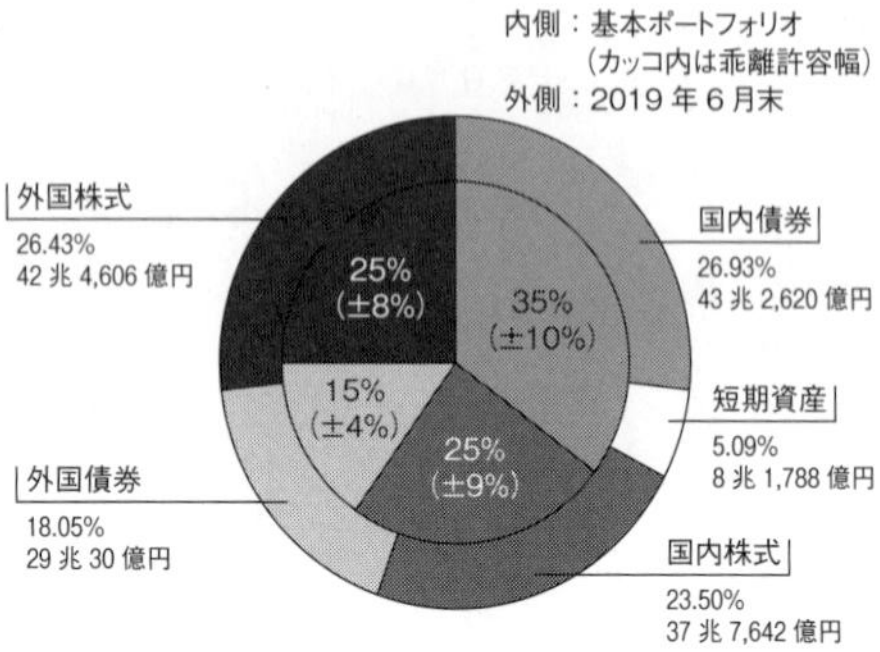

出所：年金積立金管理運用独立行政法人「2019年度第1四半期運用状況」

株式の運用を増やしたわけだが、その結果、現在、GPIFは、日本の上場企業の半数を超える200社で保有比率上位10位以内の大株主となっている。株式市場での占有率が高まるにつれ、GPIFは、日銀とともに株価が下がれば買い支える機関となり、株式市場は、実体経済を反映しないアベノミクスの成果を偽装する「官製相場」と化している。

　年金積立金の運用が投機的なハイリスクに移行するということは、損失のリスクもそれだけ高くなり、株価などが下落した場合には、大きな運用損失が出ることを意味する。実際、新型コロナの影響による株安で、2020年1～3月期の資金運用実績は損失額が17兆円を超え、過去最高を更新、このままでは、20年度全体を通じた運用実績の赤字は、過去最大だった08年度のリーマンショック時の9・3兆円を超えることは確実である。しかし、そうなっても、かつて厚生年金積立金を原資とした保養施設（グリーンピア）が、バブル崩壊後に大きな損失を出したときのように、結局、だれも責任をとらない事態になるのではないか。そもそも、年金積立金は、被保険者から徴収された保険料の一部であり、将来の保険給付の貴重な財源となるものであることから、専ら「被保険者の利益のために、長期的な観点から、安全かつ効率的に行うことにより、将来にわたつて、厚生年金保険事業の運営の安定に資することを目的として行うものとする」と規定されている（厚生年金保険法79条の2）。ハイリスクの運用はただちに中止すべきであろう。

†持続可能性向上法の成立と給付抑制の徹底

その後、2013年6月には、厚生年金基金制度の見直しと、第3号被保険者の記録不整合問題（主婦年金問題）への対応を盛り込んだ年金健全性信頼性確保法（「公的年金制度の健全性及び信頼性の確保のための厚生年金保険法等の一部を改正する法律」）が成立し、2016年12月には、持続可能性向上法（「公的年金制度の持続可能性の向上を図るための国民年金法等の一部を改正する法律」）がそれぞれ成立している。

持続可能性向上法の主な内容は、①従業員が500人以下の企業も、労使の合意に基づき、企業単位で短時間労働者への被用者保険の適用拡大を可能すること（2018年10月施行）、②国民年金の第1号被保険者の産前産後期間の保険料を免除し、免除期間は満額の基礎年金を保障することとし、この財源として、国民年金の保険料を月額100円程度値上げすること（2019年4月施行）、③年金額の改定ルールの見直し、④GPIFの組織等の見直しとなっている。

このうち、③については、2018年4月より、マクロ経済スライドに「キャリーオーバー」制度が導入された。前述のように、物価・賃金の上昇が小さい場合や賃金・物価が下落する場合には、マクロ経済スライドは行われないが、このマクロ経済スライドが行われない分を翌年度以降に持ち越し、名目下限措置を維持したうえで、その持ち越し分を含めてマクロ経済スライドを行う仕組みだ。2019年度のマクロ経済スライド発動の際、このキャリーオーバーが行われ、物価は1%上昇したが、年金額の伸びは0・1%におさえられ、実質0・9%削減された。同時に、名目手取り賃金の変動率が物価変動率を下回る場合は、現在は、年金支給額は据え置きとなるが、2021年4月以降は、名目手取り賃金の変動率により、スライドまたはマクロ経済スライド（名目下限措置は維持）が行われることとなる（つまり、賃金の下落に合わせて年金額が引き下げられる）。賃金と物価がどのような局面であっても、年金給付の抑制と削減が徹底される。

なお、2016年11月には、年金機能強化法の改正法が成立し、老齢年金等の受給資格期間が25年から10年に短縮された（2017年8月から実施）。これにより、約40万人が老齢基礎年金を受給することができるようになった（特別支給の厚生労働年金対象者等を含めると約64万人）。しかし、10年ぎりぎりの加入期間では、基礎年金のみであれば、受給額は月額1万6000円にとどまり、無年金者は減少するものの、低年金の高齢者が増大することは避けられない。

3 2019年財政検証の問題点

†2019年財政検証の内容

2019年8月、厚生労働省は、5年ごとに行われる年金制度の収支や給付の見通しを示す「財政検証結果」を公表した（以下「2019年財政検証」という）。前回2014年の財政検証は、2014年6月に公表されており、2019年財政検証についても、2019年3月には、社会保障審議会年金部会の専門委員会が6通りの前提を示した報告書をまとめていた。しかし、同年6月に「老後資金2000万円不足問題」が浮上し、2019年の参議院選挙で年金問題が争点化することは与党に不利になるとの判断からか、財政検証の発表が先送りされた疑いがある。

2019年財政検証の内容をみていくと、ケースⅠからケースⅥまで6つの将来推計が示さ

図表3-3　マクロ経済スライド調整後の所得代替率の見通し

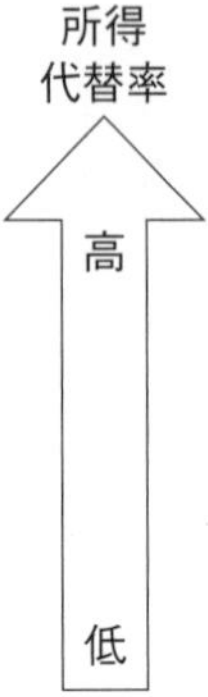

経済前提			給付水準調整終了後の標準的な厚生年金の所得代替率	給付水準調整終了年度	前回検証（2014年）
ケース	経済成長	実質成長率（2029年度以降20〜30年）			
ケースⅠ	経済成長と労働参加が進むケース（内閣府試算の成長実現ケースに接続）	0.9%	51.9%	2046年度	ケースA〜E 51.0〜50.6%
ケースⅡ		0.6%	51.6%	2046年度	
ケースⅢ		0.4%	50.8%	2047年度	
ケースⅣ	経済成長と労働参加が一定程度進むケース（内閣府試算のベースラインケースに接続）	0.2%	（50.0%） （注1）46.5%	（2044年度） （2053年度）	ケースF〜G（注1）45.7〜42.0%
ケースⅤ		0.0%	（50.0%） （注1）44.5%	（2043年度） （2058年度）	
ケースⅥ	経済成長と労働参加が進まないケース（内閣府試算のベースラインケースに接続）	▲0.5%	（50.0%） （注2）38〜36%	（2043年度）	ケースH（完全賦課方式）37〜35%

所得代替率とは公的年金の給付水準を示す指標。現役男子の平均手取り収入額に対する年金額の比率で表す。

2019年度の夫婦2人の所得代替率は61.7%（〔夫婦2人の基礎年金13万円＋夫の厚生年金9万円〕／現役男子の平均手取り収入額35.7万円）。

（注1）機械的に給付水準調整を進めた場合

（注2）機械的に給付水準調整を進めると2052年度に国民年金の積立金がなくなり完全賦課方式に移行。その後、保険料と国庫負担で賄うことができる給付水準は、所得代替率38%〜36%程度

（出所）厚生労働省社会保障審議会年金部会「2019年財政検証結果のポイント」より作成

れている。ケースⅠ〜Ⅲは、経済成長と労働参加が進む推計で、ケースⅠ（2029年度以降20〜30年の経済成長率を0・9%、物価上昇率を2・0%、賃金上昇率を1・6%と想定。以下同じ）で、収支が均衡して給付水準調整（削減）が終了するのが2046年度、給付水準調整後の標準的な厚生年金の所得代替率は51・9%、ケースⅡ（0・6%、1・6%、1・4%）で、終了は2046年度、所得代替率51・6%、ケースⅢ

（0・4％、1・2％、1・1％）で、終了は2047年度、所得代替率50・8％となっている。

ケースⅣ〜Ⅴは、経済成長と労働参加が一定程度進むケースであり、機械的に給付水準調整を進めていくと、ケースⅣ（0・2％、1・1％、1・0％）で、終了は2053年度、所得代替率は46・5％、ケースⅤ（0・0％、0・8％、0・8％）で、終了は2058年度、所得代替率44・5％となる。経済成長と労働参加が進まないケースⅥ（マイナス0・5％、0・5％、0・4％）では、2052年度に国民年金の積立金が枯渇し、保険料と国庫負担のみで賄うことになり、所得代替率は38〜36％にまで落ち込む（図表3-3）。

以上の本体試算には、一定の制度改定を想定した二つのオプション試算が付されている。オプションAは、現在は国民年金加入となっている短時間労働者を厚生年金に移行させる適用拡大による影響試算だ。適用拡大①は、厚生年金の適用要件である現行の企業規模要件（従業員501人以上）を廃止した場合で、125万人の適用拡大となる。適用拡大②は、企業規模要件に加え賃金要件を廃止し、所定労働時間週20時間以上の短時間労働者すべて（学生等は除く）に適用拡大した場合で、325万人の適用拡大となる。適用拡大③は、一定の賃金収入（月収5・8万円以上）がある短時間労働者すべて（学生等も含む）に適用拡大した場合で、1050万人の適用拡大となる。適用拡大にともない保険料を支払う被保険者が増大し、ケースⅢで、所得代替率は、①②③それぞれで51・4％、51・9％、55・7％へ上昇が見込まれている。しかし、ケースVでは、所得代替率は同じく45・0%、45・4%、49・0%と上昇するものの50%に届かない。

オプションBは、①基礎年金の保険料拠出期間を45年（現行は40年）に延長した場合の影響試算で、保険料拠出期間が長くなる分、所得代替率は、ケースⅢで57・6%、ケースVでも51・0%と、全オプション中で最も上昇率が高くなる。②は、65歳以上の在職老齢年金の仕組みを緩和・撤廃した場合で、③は厚生年金の加入年齢の上限を現行の70歳から75歳に延長した場合だ。②は、後述のように、高所得者への給付が増えるため、所得代替率はわずかに低下する。③は、所得比例部分の保険料拠出期間が5年間延びるが、所得代替率の上昇はわずかにとどまる。

†所得代替率50%は維持できるか

2004年改正法附則で、年金の所得代替率が50%を下回ると見込まれた場合、所要の措置を講ずるとされていることもあって、財政検証の見通しにおいて、所得代替率50%を確保することが、一つの目安となっている。ここで、所得代替率とは、モデル世帯（夫が40年間厚生年金の被保険者、妻は40年間第3号被保険者である世帯）の年金収入が「現役男子の手取り収入」の何%に当るかをさす。2019年財政検証では、ケースⅣ～Ⅵについて所得代替率が50%となった時点で（ケースⅣで2044年度、ケースⅤとⅥで2043年度）、所要の措置を講じて、給付水準の調整を終了するとの想定で、いずれのケースでも所得代替率50％の水準を維持できると、厚生労働省は説明している。しかし、これで安心とはいえない。表立って説明されていない以下のような問題があるからだ。

第一に、所得代替率の問題がある。ＩＬＯ（国際労働機構）の勧告では、先進諸国では、年金給付と現役世代の所得を比較する場合、「夫婦の従前所得55％以上」を基準にすべきとされている。多くの人にとって「従前所得」の方が、その時の「現役世代の手取り収入」より高いから、日本の所得代替率は、実際以上に高めに現れる傾向にある。そもそも、「現役世代の手取り収入」と「年金収入」を比較するのもおかしな話で、年金も手取り収入にすべきではないのか（年金から天引きされる介護保険料などの引き上げで、年金の手取りがどんどん少なくなっている現状が考慮されていない！）。また、非正規労働者が全労働者の4割近くに達し、単身世帯も増えている中で、モデル世帯自体が、平均的なモデルではなくなってきている。共働き世帯や単身世帯などモデル世帯にあてはまらない世帯では、所得代替率は4割、場合によっては3割といった水準になりかねない。さらに、想定されているいずれのケースでも、所得代替率50％が維持されるのは、新規の裁定時（65歳で年金を受給しはじめる時）だけで、受給開始後は年齢を重ねるごとに所得代替率が低下していく。

第二に、経済成長率や物価上昇率の前提が楽観的すぎる。これまでみてきたように、2019年10月からの消費税増税による消費不況、そして2020年に入ってからのコロナ不況で、今後1~2年は、経済成長率はマイナスか0%台になる可能性が高く、モノが売れずデフレ経済が続くだろう。これまで過去30年間の物価上昇率が平均0・5%と、近年は1%を切ることも多いことを考えるならば、物価上昇率に限れば、ケースVあたりが現実的なケースであろう。2019年財政検証は「経済成長と労働参加を促進することが、年金の水準確保のためにも重要」と付記しているが、消費税増税は、経済成長を阻害する真逆の政策であり、これでは年金水準の確保は望むべくもない。

第三に、示されている年金見込額は、物価や賃金が上昇するという甘い予測をもとに算定したもので、ある意味、水増しされた金額とみていい。とくにケースⅥは、経済成長率がマイナスでも、物価や賃金が上昇するという、まずありえない想定だ。示された金額ではなく、今の物価水準のままならいくらになるか、現在価格で計算し直す必要がある。そうすると、夫婦2人のモデル世帯で、現在月額22万円の年金が20年後には2割程度削減され17万円程度となる。

†基礎年金の最低保障機能の喪失、高齢者の貧困化

第四の、そして最大の問題は、想定されているあらゆるケースで、マクロ経済スライドの調

整を続けていくと、基礎年金（国民年金）の低下率（いわゆる目減り）が著しいことである。俗な言い方をすれば、ただですら低い年金額がさらに削られるわけだ。

ケースⅢで、２０１９年度と収支が均衡して調整が終了する２０４７年度とを比較すると、基礎年金部分の削減率は26・６％と、報酬比例（厚生年金）部分の２・８％減の実に10倍に及ぶ。同じくケースⅤで、２０１９年度と調整が終了する２０５８年度とを比較してみると、基礎年金部分の削減率は39・８％（約４割の削減！）、報酬比例（厚生年金）部分の10・７％減の４倍近い削減だ。低下率に差はあるものの、基礎年金部分の低下率が著しいことは、他のケースでも同じである。これは、マクロ経済スライドの給付抑制の大部分が基礎年金で実施されることによる。

厚生年金加入者でも、現役時代の給与が低いほど、標準報酬月額が低く、将来の報酬比例部分の給付額が少なくなるため、給付受給額に占める基礎年金部分の割合が高くなり、年金給付水準の低下が大きくなる。低年金の人、不安定・低賃金雇用だった人ほど給付削減が大きい逆進的な給付削減といってよい。まさにマクロ経済スライドは弱い者いじめの年金改革だ。

しかも、基礎年金（国民年金）の場合、40年加入の満額受給額が月６万５０００円であり、現実には、加入期間が短かったり、保険料免除などで満額を受け取れない人が多数いる。それらの低年金の人の給付水準が、受給開始時点から４割も削減されてしまうとなれば（ケースⅤ

で、現在価格におきかえると、満期支給は月6万5000円が月4万5000円に。夫婦で月13万円が9万円になる)、基礎年金は、もはや最低生活保障の機能をまったく果たしえなくなる。

以上のことは、現在、年金を受給している世代だけでなく、将来、年金を受給する世代も、受け取る年金の実質的価値が2割から3割減少することを意味する。とくに非正規雇用の人が多い就職氷河期の世代が老後を迎えるころには、国民年金のみという人が多数になり、年金だけではとても食べていけないので、高齢になっても働き続けるか、生活保護を受けるしかない(後述のように、今でもそうなっているが)。

2019年財政検証が明らかにしたことは、楽観的な経済前提(少なくとも、経済成長率が0・4%を超す)に依拠しないかぎり、所得代替率50%を維持できないこと、できたとしても年金支給開始時点のみであり、基礎年金(国民年金)については、マクロ経済スライドの適用によって、生活保護基準を大きく下回る額になり、老後の所得保障制度としての年金の最低生活保障の機能が完全に崩壊することを示している。少なくとも、基礎年金についてはマクロ経済スライドを適用しないという政策的配慮が必要であったと考える。

4 年金改革のゆくえ

†厚生年金の適用拡大

２０１９年財政検証の結果を受け、国（厚生労働省）は、オプション試算で示した年金のさらなる制度改革にのりだしている。

制度改革の第一が、短時間労働者への厚生年金のさらなる適用拡大である。保険料を支払う「支え手」を増加させようというわけだ。２０２０年の通常国会で、年金制度機能強化法（「年金制度の機能強化のための国民年金法等の一部を改正する法律」）が成立し、法定化された。現在、短時間（パート）で働く人で、社会保険（厚生年金・健康保険）に加入できるのは、①従業員501名以上の企業に勤務、②週20時間以上の勤務、③月収8万8０００円（年収約１０６万円）以上の要件を満たす人だ。改正法は、①の企業規模要件を２０２２年10月に「１０１人以上」、２０２４年10月に「51人以上」に段階的に引き上げるというもので、新たに65万人が厚生年金に加入すると推計されている。

しかし、そうなると労働者には新たに保険料負担が生じ、手取りが15％程度減少する。将来の年金は増えるが、現在の生活は苦しくなる。企業の側も労働者の保険料の半分が事業主負担となっているため、とくに、中小企業では経営に響く。

そもそも、現在の非正規雇用の増大は、企業が事業主負担を回避するため、社会保険に加入しなくていい労働者の雇用を増やしてきたことに一因がある。本来は、企業規模要件を撤廃し、週20時間以上働く短時間労働者すべてに厚生年金を適用拡大すべきであろうが、短時間労働者を多く抱える外食産業や流通産業からの反発、さらには手取りが減る短時間労働者からの反発も予想され（実際に、そうした反発があったため、２０１２年の改正で企業規模要件が設けられた経緯がある）、結果的に厚生労働省案でも適用対象の拡大は限定的になっている。中小企業には、財政的な支援により、事業主負担分を軽減するなどの施策が必要である（終章3参照）。

ついで、保険料拠出期間の延長がある。中でも、２０１９年財政検証の全オプション中で最も所得代替率の上昇率が高くなる基礎年金の保険料拠出期間の65歳までの延長は、政策化される可能性が高い。しかし後述のように、現在ですら国民年金保険料の未納・滞納が多く「空洞化」が顕著になっており、拠出期間の延長は、さらなる未納・滞納者の増大を招くだけである。

†年金受給の繰り下げ延長と在職老齢年金の見直し

そのほかにも、年金受給の繰り下げを75歳まで可能にする案が検討され、先の年金制度機能強化法で法定された。現在の仕組みでは、65歳からの年金受給を60歳から繰り上げ、または70歳まで繰り下げることができる。繰り下げると、年金額が増額される（繰り下げ増加率＝繰り下げた月数×０・７％）。70歳まで5年繰り下げると42％の増額になるが、年金を繰り下げ受給している人は、新規裁定の受給者のわずか1%程度にとどまる（厚生労働省「厚生年金保険・国民年金事業年報」）。定年後に、まったく仕事に就かず、繰り下げ受給で増額されるまで待ち、年金を受給しようとする人はほとんどいないからだ。また、定年後も仕事があり年金を受給しながら働き続けたときでも、在職老齢年金によって年金がどれだけ減額されるかを仮計算して、その減額分を除いた分だけが繰り下げ支給の対象となるため、制度の意義が薄れている。改正法では、年金の受給開始時期が60歳から75歳の間に拡大され、75歳まで繰り下げて受給すると84%の増額になるとされる。しかし、税や保険料負担も増え、マクロ経済スライドによる年金額の目減りで、手取りは繰り下げ支給の方が、むしろ少なくなる。

また、オプション試算にもあった在職老齢年金制度の見直しが打ち出された。在職老齢年金制度は、一定以上の収入がある高齢者の厚生年金を減額するもので、現在、65歳以上で月収（基礎年金を含む）と厚生年金（報酬比例部分）の合計が47万円を超えると、超えた分の厚生年金が半分に減らされる。たとえば、月収35万円、厚生年金16万円の場合、合計で51万円となるが、47万円を超える4万円分の厚生年金が半額の2万円になる。

こうした年金の減額が、高齢者の就労意欲を阻害しているとして、高齢者の就労促進を成長政略に位置付ける安倍政権のもとで、制度の見直しが進められ、2019年10月には、社会保障審議会年金部会に、厚生労働省が、65歳以上について制度の廃止を含めた見直し案を示した。

厚生労働省案は、65歳以上について、減額の基準を47万円超から62万円超に引き上げるか、制度を完全に廃止するというものだ。

しかし、在職老齢年金制度の見直しで、年金が増えるのは、減額基準の引き上げで約18万人、制度廃止でも約41万人と推計され、65歳以上の年金受給者約2700万人の0・6〜1・5％にすぎない。必要な財源は、減額基準の引き上げで約2200億円、制度廃止で約4100億円にのぼり、年金財政が圧迫され、前述の2019年財政検証では、最終的に厚生年金の所得代替率は0・2〜0・4％低下する見込みである。就労で一定の収入を得ている1％の高齢者は年金が増えるが、そのあおりを受けて、所得代替率が低下し、多くの人の年金が目減りすることになる（またしても、高所得者優遇か？）。こうした批判もあり、結局、見直し案は撤回され、前述の年金制度機能強化法では、60歳から64歳に支給される特別支給の老齢厚生年金を対象とした在職老齢年金制度について支給停止とならない範囲を拡大する（支給停止が開始される賃金と年金の合計額の基準を、現行の28万円から47万円へ引き上げる）改正にとどまった。

そもそも、在職老齢年金制度による高齢者の就労抑制効果は確認されておらず、日本で、高齢者の就労率が上昇しているのは、年金給付が低すぎて、働かないと暮らしていけない高齢者が増えているからだ。しかも、65歳以上の高齢者は7割以上が非正規雇用で低収入だ。やはり年金給付水準の引き上げが必要なのである。

†狙われている年金支給開始年齢引き上げ

将来的に考えられるのは、年金の支給開始年齢の引き上げだ。政府試算では、支給開始年齢を1歳遅らせると、5000億円の公費削減効果があるとされている。

現在、老齢基礎年金の支給開始年齢は原則65歳になっているが、老齢厚生年金について、60歳から65歳に段階的に引き上げられている途上にある（男性の厚生年金の報酬比例部分の65歳への引き上げは2025年に、女性は2030年に完了）。しかも、支給開始年齢の引き上げは世論の反発が強く、現在の安倍政権のもとでは、支給開始年齢の引き上げの議論は完全に封印された格好になっている。ただし、社会保障審議会年金部会では、何人かの委員が言及しており、早晩、提案されてくることは間違いない。前述の年金受給の繰り下げを75歳まで延長する改正法も、年金支給開始年齢の引き上げにむけての布石ともとれる。

確かに、先進諸国では、高齢化に伴う年金財政の悪化に対処するため、年金支給開始年齢の引き上げが実施されているが、それはかなり長い時間をかけて行われてきた。雇用に定年制度が存在し、就労希望者を年金支給開始年齢の65歳まで雇用継続する体制が整っているとはいいがたい日本の現状では、年金支給開始年齢の引き上げには問題が多い。

雇用の定年延長を進めるため、65歳以上の雇用継続希望者に対して、企業に雇用を義務づける内容の高年齢者雇用安定法（高年齢者等の雇用の安定等に関する法律）があるが、企業の雇用義務は、あくまでも努力義務にすぎず、65歳定年制度を導入しているのは、現時点でも全企業の4割程度で、希望者全員が、65歳まで働ける企業の割合は、大企業でも、全体の24％程度にとどまっている（厚生労働省「高齢者の雇用状況」）。諸外国のように、支給開始年齢の引き上げのために長い議論を経ていない日本では、まずは、生活保護基準に届かない基礎年金の給付水準の底上げが先決だろう。

5　年金制度の現状

†未納・滞納による空洞化問題

年金の現状をみると、まず、国民年金保険料の未納・滞納が増大し、いわゆる国民年金の「空洞化」問題が深刻化している。

２０１８年度の国民年金保険料の納付率は、前年度より向上したとはいえ、68・1％にとどまっている（厚生労働省調べ。以下同じ）。国民年金保険料は、原則として過去2年さかのぼって徴収することができ、徴収が2年目にずれ込んだ分をあわせた最終納付率は74・6％（２０

16年度分）となる。ここ2〜3年でみると納付率は向上しているものの、依然として3割近い未納（2年の時効が過ぎると滞納から未納になる）が存在する。このほか、低所得による保険料免除を受けている人が約600万人にのぼり（2017年度末）、全体の42％を占め、しかも免除者数は年々増加傾向にある。

保険料未納が多くなれば、保険料収入は落ち込むが、将来、その期間に対応する年金給付が支給されないため、年金財政そのものには大きな影響はなく、「空洞化」がただちに年金財政の破綻に結びつくことはない。しかし、保険料未納の増大は、将来の低年金・無年金を増大させることになる（免除の場合も、給付は国庫負担分だけになるので、低年金となる）。

「空洞化」問題は、厚生年金でも深刻になっている。厚生年金は、法人の全事業所と、従業員5人以上の個人事業所に適用が義務づけられているが、実際には、会社を設立しても厚生年金の適用を受けなかったり、いったん適用を受けた事業所が休業を偽って届出たり、制度の適用を免れる例があとを絶たない。健康保険料にくらべ厚生年金保険料の負担が重く、事業主負担が困難な中小企業などに適用逃れが目立ち、国税庁による企業の税関連情報と公的年金加入事業所の調査から、厚生年金に未加入の事業所は全国で約79万、労働者数でみると約200万人にのぼると推計されている（2016年末。厚生労働省調べ）。これらの人は、老後に厚生年金を受給できなくなるか、国民年金保険料の未納等で低年金となる可能性が高い。国は、悪質な事業所については刑事告発する方針を示すなど、適用対策の強化を進めているが、かりに適用対策が一定の効果を挙げたとしても、今度は、事業所が保険料を滞納したり、保険料負担に耐え切れず廃業に追い込まれる可能性もある。前述のように、中小企業への財政支援など抜本的な改革が必要だ。

†高齢者の貧困は深刻

厚生労働省の2018年の国民生活基礎調査によれば、収入が「年金や恩給のみ」と答えた高齢者世帯は51・8%と過半数に及ぶ。その年金受給者の現状をみると、老齢基礎年金のみの受給者は3056万人、平均支給月額は5万5500円であり、平均的な年金収入だけの高齢者単身世帯の場合、実質的な生活保護基準（高齢者単身世帯で年収160万円）を下回る（2017年度。厚生労働省の年金年報による）。また、皆年金といいつつ、現時点ですら、無年金者は合計で100万人との推計もある。

とくに、基礎年金だけの受給者（女性が多い）の場合、月額5万円程度の年金水準では、資産がなく、単身世帯であれば生活保護を受けなければ生きていけない。実際、2019年4月時点の生活保護受給世帯は162万6930世帯で、そのうち高齢者世帯は89万5247世帯と全体の55%を占め、受給高齢者世帯の9割は単身世帯である。65歳以上の高齢者がいる世帯の貧困率は、女性の単身世帯で高く、過半数の56・2％に及んでいる。高齢者全体でみても、その貧困率は一般世帯に比べて10％以上高くなっている。

年金水準が一般市民の生活費の半分程度に設定されていること、物価下落率の認定が生鮮食料品などを除外し、医療・介護保険料の値上げ分を考慮していないこと、前述のように、現行制度では、マクロ経済スライドが基礎年金、報酬比例年金（厚生年金）に一律にあてはめられるため、基礎年金が最低生活保障の機能を果たしえなくなっているのが現状だ。現在の社会保険方式を前提にして、給付抑制を進める年金改革には大きな問題がある。

†未解決の「消えた年金」問題

年金制度の管理運営の問題もある。長期保険である年金保険が適切に運営されるためには、被保険者の同一性確保に関する情報、就労情報や保険料納付記録が正確に把握され、管理され続ける必要がある。正確な情報管理・処理が可能な組織を備えていること、そのもとで過去の保険料支払いを踏まえた正確な年金給付（支給）が現在行われていること、将来も行われることについての国民の信頼が、年金制度存続のためには不可欠だからだ。

しかし、そうした国民の信頼は、2007年、第一次安倍政権時に発覚した、5000万件以上もの持ち主不明の年金記録、いわゆる「消えた年金」や「宙に浮いた年金」問題によって崩れさった。この事件を契機に、当時の社会保険庁の解体・民営化と日本年金機構への移行が進められたが、その移行過程で、組織のコスト削減が迫られ、年金実務に習熟した職員の大量解雇（分限処分）と職員の非正規化が進められ、業務の外部委託が拡大された。その結果、年金個人情報の流出事件など問題が繰り返し生じている。

ちなみに、年金記録問題の解決に向けての取り組みも、当時、安倍首相は「最後の一人まで記録を回復する」と言っていたが、結局、2015年5月、未解決の年金記録が2000万件以上残ったまま、政府の年金記録確認中央第三者委員会は、所管を総務省に移すとし、事実上の解明作業の打ち切りを宣言している。

社会保険方式を維持するのであれば、年金実務に習熟した正規職員を大量に雇用し、日本年金機構の人員体制の強化をはかることも必要だろう。

6　社会保険方式の限界と最低保障年金の構想

†制度への不信が拡大

序章でみたように、金融庁のワーキンググループの報告書を契機に「老後2000万円問題」が噴出、国民の年金制度への不信感が高まった。麻生太郎財務大臣兼金融担当大臣は「政府のスタンスと異なる」として報告書の受け取りを拒否したが、マクロ経済スライドを導入し、年金を削減していくことは、まさしく「政府のスタンス」となっている。

安倍政権は、2019年7月に、日本共産党の志位和夫議員の質問主意書に対して、2014年の財政検証をもとに、マクロ経済スライドが終了する2043年には、基礎年金の減額が年間で実質7兆円に及ぶとの答弁書を閣議決定し、政府の公式見解としている。

2020年度も、マクロ経済スライドが2019年度に続き2年連続で発動された。物価が0・5%増、名目賃金が0・3%増だったため、上昇率の低い名目賃金が指標となり、マクロ経済スライドの調整によって0・1%を引き、年金の名目改定率は0・2%増となった。物価変動率に比べれば、年金給付は実質0・3%の削減となる。年金を削減し、無年金・低年金受給者の問題を放置してきた年金政策の転換が求められる。ではどのような政策がめざされるべきか。

†もらえる年金が生活保護費に及ばないことがある

公的年金制度、とりわけ国民年金法の趣旨が、受給者の生存権保障にある以上、老後の所得保障（生存権保障）のための老齢基礎年金は、それのみで、受給者の「健康で文化的な最低限度の生活」(憲法25条1項)を保障するものでなければならない。それは厚生労働大臣が定める「健康で文化的な最低限度の生活」水準、すなわち生活保護基準を上回るか、少なくとも同程度のものでなければならない。何よりも、国民年金制度の制定当初は、社会保障としての年金は生活保護基準を上回る定額制度にする必要があるとの提案がなされていた(吉原ほか・前掲『日本公的年金制度史』20頁参照)。老齢基礎年金が、最低加入期間の拠出(保険料負担)を前提として給付される仕組みであることもこの考え方を補強する。

そもそも、40年にわたり国民年金保険料を払いつづけても、年金給付額が生活保護の基準額に及ばない場合があるという事実は、一般の加入者にとって保険料納付意欲を失わせる大きな要因となるし、前述のように、年金給付額が低いために、生活保護を受給する(せざるをえない)高齢者が増大している。

しかし、生活保護法は、自立助長を目的としており(1条)、経済的自立がほとんど不可能な高齢者の支援策として位置づけることは、もともと無理がある。同時に、生活保護法は「他あらゆるもの」の活用(他制度・施策の活用)を原則(補足性の原則)としている(4条1項)。まずは他の制度や施策によって最低生活が保障されるべきで、それでもなお最低生活を維持できない場合に、はじめて生活保護が適用されるというのが、生活保護法の趣旨だ。まずは年金制度によって、老後の最低生活が保障されるべきなのである。

†最低保障年金構想とは

高齢期の所得保障には、①貧困防止のための基礎所得の保障、②現役期の所得（生活水準）の一定程度の保障という側面がある。日本の年金制度は、①については、国民年金として、逆進的な保険料負担を強いつつ、負担と給付をリンクさせる社会保険方式を採用しているが、前述のように、基礎所得すら保障できず、生活保護受給の高齢者が増大し、あわせて国民年金の空洞化など、年金制度は高齢期の所得保障制度としては機能不全の状態に陥っている。空洞化による現在の膨大な保険料滞納者・免除者は、将来的に無年金・低年金者となる可能性が高く、社会保険方式の限界は明らかだ。

これに対して、②の保障については、所得比例負担と所得比例給付により社会保険方式で給付を行う仕組みが適切と考えるが、その場合も、被用者だけでなく、自営業者も含めたすべての人をカバーする方式が望ましい。自営業者の所得をいかに捕捉するかという課題はあるものの、多くの国では自営業者を含めた所得比例年金は存在しており、非現実的なものではない。

以上のことから、①の保障については、税方式による最低保障年金の確立が急がれる。実際に、2013年5月には、国連の社会権規約委員会（経済的、社会的及び文化的権利に関する国際規約委員会）が「日本政府に対する第3回総括所見」において、日本の高齢者、とくに無年金高齢者および低年金者の間で貧困が生じていること、スティグマ（恥の意識）のために高齢者が生活保護の申請を抑制されていることなどに懸念を表明し、最低保障年金の確立と、生活保護の申請手続きを簡素化し、かつ申請者が尊厳をもって扱われることを確保するための措置をとることなどを日本政府に勧告している。

年金生活者の団体である全日本年金者組合も、全額国庫負担による最低保障年金を繰り返し提言しており、直近では2019年4月に「最低保障年金制度第3次提言（案）」をまとめている。それによれば、月額8万円の「老齢保障年金」を、20歳から60歳までの間10年以上日本に在住し、65歳の時点で原則日本に在住している65歳以上の人に支給するなどとなっており、必要な財源は約18兆円と試算されている。

最低保障年金は、スウェーデンやフィンランドにもみられる。民主党政権が提起した月額7万円の最低保障年金案もその一例である。民主党政権の最低保障年金案は財源を消費税とするものであったため（17％の税率引上げが必要と試算）、頓挫したが、その財源は、累進性の強い所得税や法人税などを充てるべきである（終章2参照）。最低保障年金の確立により、生活保護受給の高齢者は確実に激減するはずだ（年金だけで生活していけるのであれば、生活保護を受給する必要はない！）。

†税方式への移行までの改善案、そして年金積立金の活用

税方式への移行期間においても、老後の所得保障制度としての年金制度の趣旨から、保険料免除期間の年金額も満額支給とするなどの制度改革が早急に求められる。また、前述の年金生活者支援給付金の対象者を、納付期間を満たしていない無年金者にも拡大し、支給額も大幅に増額するなどの制度拡充を図るべきであろう。

さらに、年金積立金を計画的に取り崩し、現在の老齢基礎年金のみの受給者の年金額を生活保護基準レベルまで引き上げていく方法もある。そもそも、年金制度を維持するために、厚生年金および国民年金あわせて164兆円もの巨額の積立金を保持する必要があるのか疑問である。前述したような年金積立金の投機的な市場運用をやめ（ちなみに、アメリカでは、年金積立金は、非市場の国債保有に充てられ、市場運用を行っていない）、運用の透明性を確保し安定運用を行うべきである。そのうえで、ヨーロッパ諸国の積立金の残高は給付費1年分が通常であることを考えれば、給付費1年分（約52兆円。2017年度）を残し、積立金を年間10兆円ずつ10年かけて取り崩し支給額に上乗せすれば、低年金受給者の暮らしの改善に役立つはずである（同様の指摘に、山家悠紀夫「社会保障の財源を考える・下——社会保障の支出を賄う財源は十分に生み出せる」『保育情報』475号、2015年、13頁参照）。

年金積立金の投機的運用よりも、積立金の取り崩しによる基礎年金水準の引き上げの方が、年金受給者の生活保障という公的年金制度の目的にかなう選択肢であることは明らかだろう。

第四章

医療を問いなおす

1　医療保険の仕組み

医療保障は、病気やけがなどの傷病とそれによる収入の中断などの生活困難に対応する生活保障の仕組みである。日本では、主に社会保険方式（医療保険）により医療保障が行われ、すべての国民がいずれかの医療保険に加入する「皆保険」が確立している。しかし、保険制度が分立し、制度間の格差（保険料負担などの格差）が大きいなどの問題がある。

消費税との関係では、75歳以上の高齢者が加入する後期高齢者医療制度の公費負担部分（給付費の5割）が消費税収で賄われている。高齢化による高齢者医療費の増加にともない、この公費負担部分が膨らみ、保険料も引き上げが続いており、それを抑えるため、医療費抑制を中心とした医療保険・医療提供体制改革が展開されている。
本章では、医療保険の仕組みと財政を考察したうえで、改革の動向を考察し、新型コロナへの対応も踏まえ、医療の課題を展望する。

†医療保険の沿革

日本では、世界的にみても、比較的早い時期の1922年に、業務上・外の傷病を給付対象とする健康保険法が制定された（制定の翌年に関東大震災が発生し、実施は1927年から）。1947年に、労働者災害補償保険法（労災保険法）が制定され、業務上傷病（仕事中の傷病）については労災保険の対象となり健康保険の対象外となった。1958年には、国民健康保険法が全面改正され、国民健康保険が市町村を保険者とする強制加入の仕組みとなり、1961年4月から、全市町村で国民健康保険事業がはじまり「皆保険」がスタートした。

1973年には、老人福祉法の改正により、70歳以上の老人医療の無料化が実現した（所得制限があったが、実質的に大半の高齢者が対象となった）。しかし、老人医療の無償化は、高齢者医療への公費支出の増大をもたらし、1982年には、老人保健法が制定され（翌年から施行）、定額の一部負担が導入され、無料化はわずか10年で終結した。高齢者の一部負担金（窓口負担）は、2001年からは、定率1割負担とされた。

2000年には、介護保険法の施行により、老人保健施設の給付など高齢者医療費の一部が介護保険の給付に移行し、2008年には、老人保健法を全面改正した「高齢者の医療の確保に関する法律」(以下「高齢者医療確保法」という)が施行され、75歳以上の高齢者を被保険者とする後期高齢者医療制度が導入され、現在に至っている。

さらに、2014年には、急性期病床を削減し、安上がりの医療・介護提供体制を構築することを目的とした「地域における医療及び介護の総合的な確保を推進するための関係法律の整備等に関する法律」(以下「医療介護総合確保法」という)が成立、2015年には「持続可能な医療保険制度を構築するための国民健康保険法等の一部を改正する法律」(以下「医療保険制度改革法」という)が成立し、2018年度から、国民健康保険が都道府県単位化され、一連の医療保険・医療提供体制の改革が実現をみている。

†医療保険の体系

医療保険には、職業・職種などを基準とする被用者保険と居住地域等を基準とする地域保険とがある。職域保険には、①組合管掌健康保険(以下「組合健保」という)、②健康保険協会管掌健康保険(以下「協会けんぽ」という)、③国家公務員共済組合(国家公務員および公共企業体の被用者が加入)、④地方公務員等共済組合(地方公務員および公共事業体の被用者が加入)、⑤日本私立学校振興・共済事業団（私立の学校法人の被用者が加入）、⑥国民健康保険組合（特定の自営業者が加入）がある。このうち、⑥を除いたものを被用者保険という。また、地域保険として、⑦国民健康保険（上記の医療保険に加入していない地域住民が加入）と⑧後期高齢者医療制度がある。

常時700人以上の被保険者を使用する大企業は、健康保険組合（以下「健保組合」という）を設立することができ、健保組合が保険者となる。これが①の組合健保である。同業種の複数の企業が共同で、総合健保組合を設立することや、都道府県単位で、複数の健保組合が合併して地域型健保組合を設立することもできる。②の協会けんぽの保険者は全国健康保険協会である。全国健康保険協会は、組合健保に加入していない健康保険の被保険者が加入する単一の組織で、独立の法人格を持ち、都道府県ごとに「従たる事務所（支部）」をおいている。また、⑦の国民健康保険については、都道府県と市町村が保険者となり、市町村が保険料の徴収、適用・給付などの業務を行っている。

このほか、船員およびその扶養家族を対象に、医療等を給付する船員保険があるが、被保険者の減少にともない、2010年以降、その職務外疾病部門等の支給に関しては、協会けんぽが実施し、職務上の部門は労災保険に、失業給付の部門は雇用保険に統合されている。

†療養の給付と一部負担金

医療保険の医療の給付は「療養の給付」といわれ、①診察、②薬剤または治療材料の支給、③処置・手術その他の治療、④居宅における療養上の管理およびその療養に伴う世話その他の看護、⑤病院・診療所への入院およびその療養に伴う世話その他の看護として法律に列挙されている。いずれも、医師等による治療などを提供する現物給付である。

日本では、保険者が直営の医療機関を有している場合は少なく、多くを民間の医療機関が療養の給付を行い、それに要した費用を保険者から医療機関に支払う仕組みがとられている。療養の給付にかかる費用の一部は患者の一部負担金(窓口負担)とされているので、保険者が医療機関に支払うのは一部負担金を除いた額となる。

一部負担金は、年齢に応じて療養に要した費用の1割から3割となっている。義務教育就学前の6歳児までが2割、義務教育就学児から70歳までは3割、70歳以上75歳未満の者は2割、75歳以上は1割とされている。ただし、70歳以上の高齢者のうち、課税所得が145万円以上あるものは現役並み所得者として3割になる(図表4-1)。一部負担金は、被用者保険の被保険者本人について、1984年に1割負担が導入され、2003年には3割にまで引き上げられ、被保険者の扶養家族と同一にされた(国民健康保険加入者は従来から3割)。

子どもの医療費負担（一部負担金）については、すべての自治体で助成制度があり負担の軽減がはかられている。

なお、前述のように、業務上の傷病については労災保険法による給付が行われるため、健康保険法の療養の給付は、業務外の傷病を対象としている。しかし、雇用形態の多様化にともない、労働者に近い立場で業務に従事する中小企業の役員やシルバー人材センターを通じて請負業務を行う者が傷病を負った場合には、労災保険からも健康保険からも療養の給付が行われないという問題が顕在化した。そこで、2013年に健康保険法が改正され、健康保険の被保険者や被扶養者の傷病が業務災害として労災保険の対象にならない場合には、健康保険の給付対象となっている（健康保険法1条）。

図表4-1　医療保険の一部負担金

	一般・低所得者	現役並み所得者
75歳以上	1割負担	3割負担
75歳まで	2割負担	
70歳まで	3割負担	
6歳まで（義務教育就学前）	2割負担	

出所：筆者作成

†診療報酬の仕組み

医療機関は、医療法によって開業を許可されただけでは療養の給付を取り扱うことができず、厚生労働大臣による保険医療機関の指定を受けなければならない。また、医療機関で診療を担当する医師も登録をした者（保険医）でなければならない（二重指定制）。

保険医療機関の提供する保険がきく診療（療養の給付）の対価が「診療報酬」であり、その内容は、健康保険法にもとづいて厚生労働大臣が制定する診療報酬点数表などで示される。保険医療機関または保険薬局（以下「保険医療機関」と総称）が、法令にもとづいて療養の給付を実施した場合、保険者は、療養の給付に関する費用、すなわち診療報酬を支払うことになる。療養の給付に関する費用は、療養の給付に要する費用から患者が負担する一部負担金に相当する金額を差し引いた額である。

療養の給付に要する費用は、提供された個別の診療行為について点数（1点＝10円）が設定されており、出来高払い方式をとっている。出来高払い方式は、基本的に、必要な医療が治癒するまで提供される点で患者にとっては安心できるが、提供された診療行為がそのまま医療機関の収入になることから、過剰診療を招きやすいという問題もある。

そこで、大学病院など高度先端医療を提供する特定機能病院を中心に、「医師による診断」と具体的に提供された「診療行為」にもとづき診断群分類により報酬を決定する定額払い（包括払い）方式が2003年4月から導入されている。この方式は、手術料や麻酔料などの出来高部分と入院基本料や検査など包括評価部分とから構成される。この包括評価部分は診断群分類包括評価（Diagnosis Procedure Combination。DPC）といわれる。DPCは、1日当たり定額の医療費が支払われる方法で、基本的に入院期間が長くなると減っていく仕組みだ。また、

2006年以降は、療養病床にも包括払い方式が導入されている。

療養の給付を行った保険医療機関は、これに要した費用および報酬の合計額から被保険者の支払った一部負担金を除いた額を、保険者に請求する。その際に利用されるのが、診療報酬明細書（レセプト）である。従来は、紙媒体を利用していたが、現在では、保険医療機関、審査支払機関、保険者の間に「レセプト電算処理システム」が構築され、電子レセプトによる請求となっている。

保険者は、レセプトの審査とその結果にもとづく保険医療機関への診療報酬の支払いの事務を、健康保険等については社会保険診療報酬支払基金、国民健康保険については国民健康保険団体連合会（国保連）へ、それぞれ委託している。これらの組織は審査支払機関といわれる。現在は、すべての保険者が委託を選択している。審査支払機関は、レセプトに記載された診療行為や使用薬剤などが保険診療として適切かを審査し、支払いを行う（以上の診療報酬の支払いの仕組みについては図表4-2）。その際、それらが不適切と判明した場合には、請求の全部または一部について支払いを拒否することもできる（診療報酬点数を減ずる形で行われるので「減点査定」といわれる）。

†診療報酬の決定と政策誘導

診療報酬は、厚生労働大臣が、中央社会保険医療協議会（以下「中医協」という）に諮問して決定する。法律上、中医協は、諮問に応えて診療報酬の決定につき意見を述べる役割を与えられているにすぎないが、実際には、診療報酬額は中医協の提案に全面的にもとづいて決定されており、影響力の大きい会議だ。

図表4-2　医療保険の給付と診療報酬の仕組み（健康保険の場合）

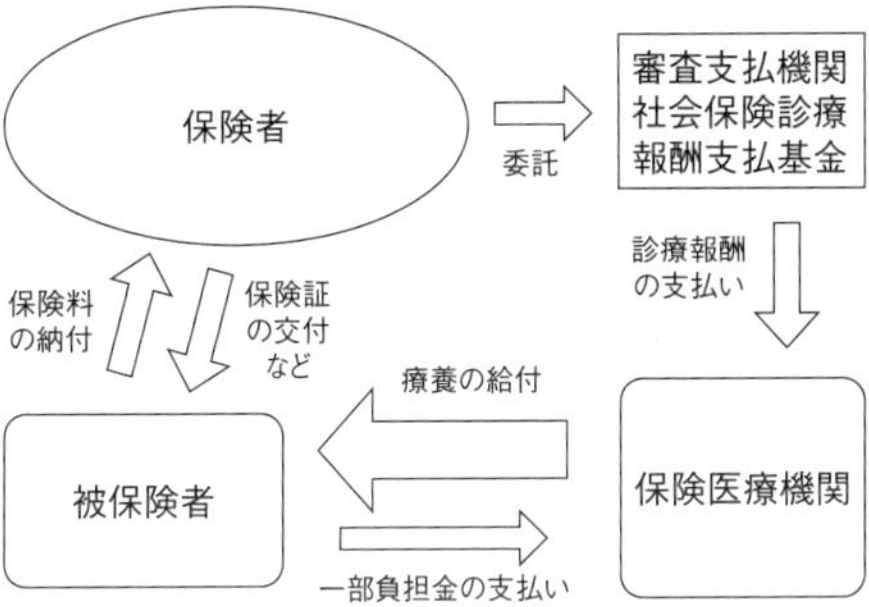

出所：筆者作成

中医協は、①被保険者・保険者・使用者（事業者）の代表7名、医師・歯科医師・薬剤師の代表7名、③公益代表6名から構成されており、医療提供者側（②）と費用の支払側（①）の当事者代表が同数ずつ参加し、医療の価格決定の交渉を行っているともいえる。

診療報酬は2年に一度改定されるが、医療費抑制などの政策目的を達成するためのツールとして用いられることも多い。たとえば、特定の病床の削減という目的のために、特定の病床の算定要件を厳格にする仕組み、長期入院を減らすために、入院期間の長さによって報酬額が減額される仕組みなどがある。

医師が処方する医薬品も診療報酬上の薬価が決めら

れている。医薬品のうち後発医薬品（以下「ジェネリック医薬品」という）は、先発医薬品と同一の有効成分を同一量含み、同一経路から投薬する製剤であり、効能・効果、用法・用量が原則的に同一で、先発医薬品と同等の臨床効果・作用が得られる医薬品だ。開発者が有する特許が切れてから開発・販売されるため、通常は先発医薬品よりも価格が安くなる。そこで、医療費抑制のため、ジェネリック医薬品の普及をうながすべく、処方・調剤等について診療報酬の加算が行われている。日本におけるジェネリック医薬品のシェアは近年大きく上昇してきているが、欧米諸国に比べれば低く、厚生労働省は、遅くとも2020年度末までに数量シェアを80％以上まで引き上げることを目標に掲げて広報活動を行っている。

†混合診療禁止の原則と保険外併用療養費

医療保険では、国民「皆保険」を前提に、国民の生命・健康を守るために必要な医療は、すべて保険から給付することが原則となっている。保険がきく保険診療（療養の給付）と保険がきかない自由診療とを組み合わせた混合診療は、その原則を崩し、患者の経済格差による医療内容の格差をもたらすことから、明文の規定はないが、禁止されていると解されている（混合診療禁止原則）。そのため、混合診療を行った場合は、保険診療相当部分についても給付が行われず、患者の全額自己負担となる。

混合診療をめぐっては、小泉政権の時代（2001〜06年）に、全面解禁すべきという議論が執拗に繰り返されてきた。2006年の法改正により、厚生労働大臣が指定する一部の高度先進医療を対象とした「評価療養」と特別の病室等の提供などを対象とした「選定療養」について、混合診療を例外的に認め、保険診療部分を保険外併用療養費の支給対象とする仕組みが導入された。

2015年4月からは、患者申出療養が保険外併用療養費に新たに加えられた。これは患者からの申出を起点に、保険外の医療を初めて実施する場合に、臨床研究中核病院が開設者の意見書とともに、実施計画、安全性・有効性等の根拠、患者の申出を示す文書を添付し国に申請する仕組みである。国は、それを審議し、原則6週間で実施の可否を判断して実施となる。対象となった医療、実施施設を国はホームページで公開、定期的に国に実施報告させる。また、前例がある医療を実施する場合は、その医療機関が前例を取り扱った臨床研究中核病院に、患者の申出を示す文書を添付して申請し、臨床研究中核病院は、国が示す考え方をもとに、原則2週間で個別に審査して実施となる。保険外併用療養費の先進医療Bは実施までの審査が原則6か月であるのに比べると異例の速さだ。

患者申出療養の拠点となる臨床研究中核病院（医療法に法定）は、東京大学医学部附属病院など全国で13病院あるが（2020年3月末現在）、他の大学病院や特定機能病院（全国で86。

2019年4月現在）、がん拠点病院など「身近な医療機関」での実施が予定され、一般の病院や診療所などの「かかりつけ医」も含まれる。対象となる保険外の医療は、①先進医療の対象とならない医療、②治験の対象外の患者への未承認薬使用が示されているが、これらは明らかに「臨床研究の倫理指針」からの逸脱であり、実施計画や医薬品の臨床試験の実施省令に違反する。臨床研究や治験は、被験者に実施するもので、治療でないことの同意の下で行われるべきものだからである。

もともと、患者申出療養は、患者の申出が起点といっても、医療・医学知識に圧倒的な差がある医療機関の側からの教示が不可欠であり、患者の申出を名目にして、未確立な医療や実験段階の医療が横行し、事故や副作用が生じても患者の責任とされる可能性も否定できない。何よりも、審査期間が極端に短く、安全性・有効性に問題が残る。

2 医療保険財政と保険料

†医療保険財政と運営方式

医療保険の財源は、被保険者と事業主（被用者保険の場合）が納付する保険料と公費負担、患者の一部負担金からなる（一部負担金分を除いた部分が「医療給付費」といわれる）。

医療保険の運営方式は、国民健康保険の場合は、保険者である都道府県・市町村に一般会計から独立した特別会計（国民健康保険特別会計）を設定して運営を行う。保険料は市町村が条例で定めるが、国民健康保険事業にかかる費用の支払いは、都道府県が行う。

健保組合の場合、保険料率は規約で決める。健保組合には議決機関である組合会がおかれ（事業主や被保険者を代表する委員によって構成）、規約を変更する場合には、組合会の議決を経なければならない。

これに対して、協会けんぽの保険財政は都道府県支部ごとに独立し、支部を単位として保険料率を定めるため、都道府県ごとに保険料が異なる。都道府県ごとに設置される協会支部には評議会が設置され、労使代表および公益の委員で構成され、支部の保険料率などを決定する。協会けんぽには国庫補助が行われており、健康保険法本則は、国庫補助の割合を13％から20％までの範囲内で、政令で定める割合としているが、附則で当分の間16・4％とされている。

†健康保険の保険料

健康保険の保険料は、被保険者の標準報酬月額と標準賞与額を定め、それに保険者が定めた一般保険料率（基本保険料率と特定保険料率を合算した率）を掛けて算出され、所得に応じた保険料設定になっている（応能負担）。総報酬制が導入されており、賞与（ボーナス）にも標準報酬月額と同率の保険料率がかかる。もっとも、一定以上の高額所得者に対しては、同一の標準報酬が適用されるため（健康保険の場合は、月額135万5000円以上の収入を得る者については、すべて50級＝月額139万円の標準報酬が適用される）、保険料負担には上限が設定されているわけだ。

事業主は、被保険者と折半で保険料を負担し、保険者に保険料を納付する義務を負う。通常は、事業主が被保険者の給与から保険料を天引きし、事業者負担分と合わせて保険料を納付する。健康保険組合連合会（以下「健保連」という）が発表した2018年度決算見込みでは、組合健保の平均保険料率は9・035％で、保険料率が10％を超す組合も291組合と全組合の20・7％にのぼっている。協会けんぽの場合は、都道府県支部ごとに保険料率が設定されるため、都道府県によって保険料率が異なる。平均の保険料率は、2012年度に、保険料率が8・2％から10・0％と大幅引き上げとなり、それ以降、政府の財政支援措置（期限を設けずに、当分の間、国庫補助率を16・4％とし法定化）と準備金の取り崩しにより、現在まで、各支部（都道府県）で10％台に据え置かれている。

なお、前述の年金機能強化法（第3章2参照）により、2016年10月から、一部の短時間労働者の厚生年金・健康保険加入が実現している。もっとも、厚生年金はともかく、これまで健康保険の被扶養者であったような短時間労働の人からみれば、加入により新たな保険料負担が発生しただけで医療の給付は同じで、傷病手当金の支給が可能になったということ以外、あまりメリットはない。

†国民健康保険の保険料

国民健康保険の保険料は、国民健康保険組合の場合を除いて、地方税法の規定に基づき国民健康保険税として賦課することができる。保険料よりは税方式が収納率の向上が期待できると考えられたためか、大都市以外では、保険税を用いているところが多い。2018年3月末時点で、保険税方式1505、保険料方式236で、保険税方式が全体の86・4%を占めている(総務省自治税務局調査)。ただし、国民健康保険料と国民健康保険税とでは、保険税の方が徴収権の優先順位が高くなる(国税・地方税→社会保険料の順)、消滅時効が5年になる(社会保険料は2年)などの相違のほかは、本質的な違いはみられない(以下「国民健康保険料」で総称)。

国民健康保険料は、世帯を単位に賦課され、世帯主に保険料の納付義務が課せられる。支払能力に応じて課す応能割と支払能力に関係なく一定の条件に当てはまれば課す応益割がある。応能割には所得に応じて課す所得割と資産に対して課す資産割があり、応益割には加入人数に対して課す均等割と世帯に対して課す平等割がある。平等割は、子どもの数など世帯の人数が多いほど、保険料が高くなる（少子化対策に逆行！）。応能割と応益割の組み合わせ比率は、従来は7対3と、応能割の比率が多かったが、現在では、大半の自治体で5対5となっており、低所得者への保険料負担が過重になっている。

現在の国民健康保険は、加入者に高齢者や非正規労働者が多く、無職者が約45％を占めるなど、医療保険の中では、加入者の所得水準が最も低く、「所得なし」世帯も約28％にのぼる（2015年。厚生労働省調べ）。国民健康保険料には、被用者保険にある事業主負担がなく、国庫負担も削減されてきたため、他の被用者保険の保険料に比べ突出して高く、最も平均所得が低い国民健康保険加入者が最も高い保険料を納めている状態が続いている。なお、保険料には賦課限度額が設定されており、2020年度で、医療分82万円（基礎分63万円、後期高齢者支援金分19万円）と介護分17万円を合わせて年額99万円となっている。

†国民健康保険料の減額賦課・減免

国民健康保険料のうち、応益負担部分については、低所得者に過重な負担となる可能性があるため、所得の低い者に対して7割、5割、2割の保険料の軽減制度がある（国民健康保険法81条の委任にもとづく保険料の軽減制度で、法定軽減制度といわれる）。減額された保険料が賦課され、その部分については、市町村がいったん一般会計から財源を繰り入れ、そのうちの4分の

1を国、4分の3を都道府県が負担する仕組みだ。

さらに、自治体は、条例または規約の定めるところにより、特別の理由がある者に対し保険料を減免し、または徴収を猶予することができる（国民健康保険法77条）。しかし、この「特別の理由」は、災害などにより一時的に保険料負担能力が喪失したような場合に限定され、恒常的な生活困窮は含まないと解されている。そのため、恒常的な低所得者については、保険料の一部減額は認めるものの、全額免除を認めていない市町村がほとんどだ。

恒常的な生活困窮者に対して国民健康保険料の免除を認めていないことが憲法25条・14条に違反しないかが争われた旭川市国民健康保険条例事件で、最高裁は、恒常的生活困窮者については生活保護法による医療扶助等の保護を予定していること、国民健康保険料の軽減制度があることなどを理由に、違法とはいえないと判示した（最高裁大法廷2006年3月1日判決）。しかし、生活保護基準以下の所得しかない被保険者、さらには保険料が賦課されれば、確実に「健康で文化的な最低限度の生活」水準を下回る生活状態の被保険者に対して保険料を賦課することは、被保険者の生存権侵害にあたり適用違憲となろう（介護保険料につき第五章3参照）。恒常的な生活困窮者がすべて生活保護を受給しているわけではないことを考えれば、前述の市町村の条例減免で保険料の全額免除も認めるべきと考える。

†保険料滞納と保険料引き上げの悪循環

国民健康保険は、前述のように、皆保険の下支えになっており、加入者に無職者が多く、保険料負担能力が低いうえに、高い保険料負担のために、保険料の滞納世帯は全国で269万3920世帯、全加入世帯の14・7％にのぼる（2018年6月現在。厚生労働省調査。以下同じ）。

保険料を滞納した被保険者には、自治体（保険者）が被保険者証（保険証）の返還を求め、被保険者資格証明書（以下「資格証明書」という）を交付する措置が行われている。1年間保険料を滞納している者については保険証の返還と資格証明書の交付が義務化され、滞納期間が1年未満の場合には、自治体は有効期間が短い短期保険証を交付することができる。国民健康保険法令では、①世帯主がその財産につき災害を受け、または盗難にかかったこと、②世帯主または生計を同じくする親族が病気にかかり、または負傷したこと、③世帯主がその事業を廃止または休止したこと、④世帯主がその事業につき著しい損失を受けたことなど、保険料滞納に「特別の事情があると認められる場合」は、資格証明書は交付されないが、「特別の事情」については、世帯主から届出をする必要があり、この届出がなされないと、機械的に資格証明書が交付されている事例が多い。短期保険証と資格証明書の交付世帯は約92万5000世帯（短期保険証75万3410世帯、資格証明書17万1455世帯）にのぼる。

資格証明書保持者は、医療の給付を受けた場合、支払うべき自己負担金が10割となり、事後的に保険者に請求すれば給付分が返還される償還払いとなるが、保険料滞納分と相殺されて返還されない場合が大半である。保険料を払えず滞納している人が、窓口で医療費を全額負担できるはずもなく、受診は困難で、実質的に無保険者の状態に置かれているといってよい。資格証明書保持者の中には、十分な医療が受けられず手遅れにより死亡する人も出ている。

皆保険を揺るがす事態であり、とくに資格証明書交付世帯の子どもたちの存在が問題となり、議員立法で、国民健康保険法が改正され、現在は、高校生以下の被保険者に対しては、資格証明書ではなく6か月の短期保険証が交付されることとなっている。もっとも、短期保険証の場合も、有効期間が切れた場合には、自治体の窓口に新規の保険証を取りに行く必要があり、その際に、国民健康保険料の納付を求められるため、窓口に足を運ぶことなく、有効期間が切れた短期保険証を保持したままの人もいる。窓口には、こうした「留め置き」された短期保険証が多数ある自治体もある。

しかし、資格証明書の交付義務化以降も、収納率の向上はみられていない。滞納問題は国民健康保険の構造的問題といえ、多くの自治体で、保険料滞納者の増大→保険財政の逼迫→保険料の引き上げ→保険料滞納者の増大という悪循環に陥っている。そのため、資格証明書の交付は、収納率改善の手段ではなく、保険料滞納者への見せしめ的な制裁措置に化しており、交付制度そのものが意義を失っており、廃止すべきと考える。かりに資格証明書を交付する場合でも、自治体は、状況を調査し、悪質な滞納者と認定したうえで、はじめて交付などの手続きに移るのが、国民健康保険法の趣旨に合致するはずだ。調査の過程で、生活保護が必要な困窮状態にある保険料滞納者であることが明らかになれば、医療扶助を行う責任が行政の側に生じよう。近年では、批判の高まりの中で、資格証明書の交付は減ってきているが、一方で、財産調査の徹底化と財産の差押が増大している。

3 高齢者医療と特定健診・特定保健指導

†後期高齢者医療制度

高齢者の医療制度としては、2008年に、高齢者医療確保法に基づき、75歳以上の高齢者を加入者とする後期高齢者医療制度が創設され、現在に至っている。

後期高齢者医療制度の被保険者は、75歳以上の者および65歳以上75歳未満の者であって、政令で定める程度の障害のある者で、後期高齢者医療広域連合（以下「広域連合」という）の認定を受けた者である。75歳に達すると、それまで加入していた医療保険（主に国民健康保険）から離脱し、同制度に強制加入となる。実施主体は、各都道府県の全市町村が加入する広域連合である。保険料の徴収（特別徴収の場合は年金保険者が行う）、資格関係届の受付、給付の申請受付などの業務は市町村が行う。

後期高齢者医療制度の財政は、1割の高齢者の窓口負担を除く給付費を、75歳以上の高齢者からの後期高齢者医療保険料（約1割）、各医療保険者からの後期高齢者支援金（約4割）、公費（約5割）で賄う仕組みである。

後期高齢者医療制度の給付の種類は、健康保険の療養の給付とほぼ同じであるが、一部負担金は、原則として医療費の1割負担である（ただし、現役並所得者は3割負担）。保険料は、介護保険料と同様、年金額が月1万5000円以上の被保険者については、特別徴収（年金からの天引き）となる。普通徴収の被保険者については、世帯主や配偶者の一方に連帯納付義務が課されている。保険料滞納世帯に対して、資格証明書の交付が義務付けられているものの、現在までのところ、同証明書の交付はなく、短期証の交付にとどまっている（それでも、全国で約2万人に交付されている）。また、保険料を滞納した人に対する差押などの滞納処分が、制度発足1年後の2009年度から2017年度までの9年間で、834件から6816件と約8倍に跳ね上がっている（厚生労働省資料による）。

後期高齢者の保険料は、2年ごとに、各都道府県の広域連合が見直すが、引き上げが続いている。2020～21年度の保険料は、1人あたり平均で7・4%（439円）増の月6397円になる見込みだ。導入以来、最大の上げ幅で、初めて全47都道府県で引き上げとなった。

†後期高齢者医療制度の問題点

後期高齢者医療制度のような高齢者のみを被保険者とする独立の医療保険制度は世界でも類をみない。75歳以上の高齢者は、病気になるリスクが高いうえに、年金生活者が大半で保険料負担能力が低く、リスク分散が十分機能しないからだ。実際、後期高齢者医療制度は、高齢者の保険料負担だけでは給付費の1割程度しか賄えず、財政的には、公費や支援金に大きく依存する構造になっている。

とくに、後期高齢者支援金は年々増大し、健康保険など被用者保険の財政を悪化させる大きな要因となっている。当面の改革として、2017年度から、後期高齢者支援金に全面総報酬割が導入された。総報酬割は、従来は加入者数に応じて拠出していた支援金を、賃金水準（平均収入）に応じて拠出するもので、これにより、所得が高い大企業の従業員が加入している健保組合の負担は増大し、所得の低い中小企業の従業員が加入している協会けんぽの負担は減少したため、所得格差を平準化するために投入されていた協会けんぽへの国庫補助（約2400億円）が削減された。負担が増大した健保組合などからは、全面総報酬割の導入にともなう国庫補助の削減は、国の財政責任を現役世代の保険料負担に「肩代わり」（被用者保険による国庫補助の「肩代わり」）させるものとの批判が出ている。

後期高齢者支援金は、後期高齢者医療制度の被保険者でもない健康保険の被保険者などが特定保険料という形で負担している（事業主も負担している）。しかし、後期高齢者医療の給付を受けるのは、あくまで後期高齢者医療制度の被保険者（原則75歳以上の高齢者）であり、特定保険料を支払っている健康保険の被保険者にはまったく給付はない。したがって、特定保険料は実質的には租税と同じである。

†前期高齢者の財政調整制度

一方、65歳から74歳までの前期高齢者の医療費については、財政調整制度が導入されている。これは、保険者間の前期高齢者の偏在による負担の不均衡を調整するために、国民健康保険・被用者保険の各保険者が、その加入者数に応じて負担する費用負担の調整制度である。前期高齢者が多く加入する国民健康保険に、加入者が少ない被用者保険から徴収した交付金を支給し（一方的な資金移転を行い）、財政調整を行う仕組みである。

具体的には、どの保険者にも同じ率の前期高齢者が加入していると仮定して（各医療保険への前期高齢者の加入率は、全国平均で12％。これを調整対象の基準とする）、前期高齢者の加入率の低い協会けんぽ（平均加入率5％。以下同じ）や健保組合（加入率2％）から納付金を徴収し、加入率の高い国民健康保険（加入率28％）に交付金として支給する。

健保組合など前期高齢者の加入が少ない医療保険者は、後期高齢者支援金のみならず、前期高齢者納付金の負担も加わり（協会けんぽの場合、納付金につき給付費同様に16・8％の国庫負担が行われる）、拠出金等による大幅な支出増で、赤字に転落する健保組合が続出している。健保組合の義務的経費に占める高齢者医療への拠出金負担割合は平均47・0％（2018年度予算ベース）となっており、一部の健保組合ではすでに50％を超えている。健保組合の被保険者の保険料が加入者の医療給付費よりも、高齢者のための拠出金に多く使われているわけで、健保連は、後期高齢者支援金・前期高齢者財政調整制度への公費負担導入など見直しを提言しているが実現していない。

†医療費適正化計画と特定健診・特定保健指導

高齢者医療確保法では、医療費の適正化を総合的かつ計画的に推進するため、厚生労働大臣が医療費適正化基本方針を定め、6年を1期とする全国医療費適正化計画を策定することとされ、都道府県にも医療費適正化計画の策定が義務付けられている。

同時に、40歳以上75歳未満の被保険者に対して、糖尿病など生活習慣病の予防に着目した特定健康診査（以下「特定健診」という）・特定保健指導を行うことを医療保険者に義務付けている。特定健診は、メタボリックシンドローム（内臓脂肪症候群）の該当者・予備群をセレクトし、医師等による特定保健指導につなげるもので、特定保健指導は、積極的支援、動機付け支援、情報提供の3段階に分けられる。メタボリックシンドロームの該当者・予備群の診断基準は、腹囲が男性85センチ以上、女性90センチ以上で、①空腹時高血糖110 mg/dL 以上、②中性脂肪150 mg/dL 以上か、低HDLコレステロール40 mg/dL 未満、③血圧130/85 mmHg以上、のうち二つを満たす場合に、メタボリックシンドロームと診断（三つのうち一つを満たす場合には、メタボリックシンドローム予備群と診断）される。しかし、腹囲の基準値が国際的な基準値と異なるなど問題点が指摘されている（詳しくは、伊藤周平『後期高齢者医療制度――高齢者からはじまる社会保障の崩壊』平凡社新書、２００８年、１９５-１９７頁参照）。

特定健診・特定保健指導の受診率、メタボリックシンドロームの該当者・予備群の減少については目標値が設定され、達成状況に応じて、後期高齢者支援金が加算・減算される。２０１8年度から、特定健診は57・5％（総合健保組合と私学共済は50％）未満、特定保健指導は10％（同5％）未満の医療保険者に対象範囲を拡大し、加算率も２０２０年度で特定健診5％、特定保健指導5％の計10％に引き上げられている。

†健康自己責任論と特定健診・特定保健指導の限界

2000年代に、WHO（世界保健機関）が、健康の社会的決定要因の改善を各国政府に呼びかけた時期に、日本では、病気の原因と対策を個人に求める逆の動きが強まった。

特定健診・特定保健指導の制度化は、個人の努力・自己責任によって、生活習慣病を予防できるという前提に基づいた健康自己責任論の具体化であった。長時間労働などの労働環境を軽視し、特定健診によるハイリスク者の早期発見を起点に、メタボリックシンドロームを引き起こす生活習慣に着目した特定保健指導だけで、つまり個人への健康教育とそれによる個人の健康管理・行動だけで、生活習慣病が予防できるという前提で政策化されたといえる。ハイリスクの人をスクーリングして、その人たちに介入することで予防を進めようとする考え方は「ハイリスク・アプローチ」といわれるが、特定健診・特定保健指導はその典型とされる（近藤克則『健康格差社会への処方箋』医学書院、2017年、182頁参照）。これは、国民に行動変容を要請し、感染症予防を個人の自己責任・自助努力に転嫁しようとする現在の安倍政権の政策と酷似している。

しかし、特定健診・特定保健指導の導入から10年以上が経過したが、膨大な予算と人員を投下したにもかかわらず、メタボリックシンドロームは減少しておらず、政策的には失敗したというほかない。具体的な失敗の原因としては、社会経済的に不利な層ほど、健康状態が悪いにもかかわらず、健診を受診していないこと(特定健診の受診率は、中小企業の人が加入する協会けんぽ、無職や非正規雇用の人が多い国民健康保険では半分にも満たない)、メタボリックシンドロームは、予備群を含めると14万人をこえ、健康教育による健康行動の変容やそれによる疾患による死亡が抑制できるというエビデンス(証拠)がない、長期間にわたる有効な治療法が確立していないことなどが指摘されている(近藤克則「健康格差社会の病理と処方箋」『月刊保団連』2017年12月号、7頁および近藤・前掲『健康格差社会』184-185頁参照)。正鵠を得た指摘であり、健康自己責任論に立脚した政策の破綻は明らかであろう。

4 医療保険改革の動向

†国民健康保険の都道府県単位化

医療保険改革の動向についてみると、前述の医療保険制度改革法により、2018年4月から、国民健康保険が都道府県単位化された。

都道府県は、国民健康保険の財政運営の責任主体となり、市町村とともに国民健康保険の保険者と位置付けられた。都道府県が保険給付に要する費用の支払いなどを行い、市町村が保険料の徴収、資格管理・保険給付の決定、保健事業などを担う。その意味では、都道府県と市町村が共同して国民健康保険を運営する方式といえる。

国民健康保険料の設定は、都道府県が、域内の医療費全体を管理したうえで、市町村ごとの標準保険料率と都道府県全体の標準保険料率を定め、各市町村は、標準保険料率を参考にしながら、納付金を納めるのに必要な保険料率を定め、保険料を徴収して、都道府県に国民健康保険事業費納付金として納付する。したがって、保険料は、従来どおり市町村ごとに条例で定め、市町村ごとに異なる（都道府県単位での統一保険料を志向する自治体もあるが、現在までのところ実現していない）。そのうえで、市町村は、保険給付等に要する費用のうち市町村負担分を国民健康保険給付費等交付金として都道府県に請求し、交付を受ける。交付金の財源は、市町村の納付金のほか、国や都道府県の公費負担で賄われる。また、給付増や保険料収納不足により財源不足となった場合に備え、都道府県に総額2000億円の財政安定化基金が創設されている。

都道府県が示す標準保険料率は一般会計からの国民健康保険会計への繰入をしないことを前提としているため、標準保険料に沿って、市町村が繰入をせず国民健康保険料を決定した場合、ほぼ確実に、国民健康保険料が引き上げとなる。また、市町村は、都道府県から割当てられた納付金を100%納める必要があり、全国の保険料収納実績は平均で約90%のため、市町村は、納付金を賄えるよう保険料の引き上げが必要となるし、もしくは財政安定化基金から納付金の不足分を借り受け、のちに保険料に上乗せして返済する必要がある。いずれにしても保険料の引き上げは避けられない。国民健康保険料が引き上げられれば、さらに保険料の滞納世帯が増えることとなり、給付制限や徴収が強化され、徴収業務の外部委託もすすむ可能性が高い。

国民健康保険の都道府県単位化に際しては、財政基盤の確立を図るため、3400億円の公費が投入された。このうち1700億円は、各保険者における保険料7割・5割の法定軽減対象者の人数に応じて交付されている仕組みを2割軽減の被保険者にも拡大するなど、低所得世帯を多く抱える保険者への支援策（国民健康保険基盤安定制度のなかの保険者支援分）を強化するためのものである。残る1700億円は、財政調整交付金の実質的増額、保険者の責めによらない要因による医療費増・負担への対応（精神疾患、子どもの被保険者数、非自発的失業者数の増加など）、保険者機能を発揮し、後発医薬品の普及促進など医療費適正化に向けた保険者努力支援などの内容で、後期高齢者支援金の被用者保険の負担を総報酬割に移行することで生み出された財源（2400億円）から一部が充てられた。また、一定の医療費を都道府県レベルで、共同で負担する保険財政共同安定化事業などがあったが、これらは廃止された。

†都道府県単位化で、国民健康保険料はどうなったか

　制度改正後の2018年度は、全国的に、国民健康保険料の大きな引き上げはなかった。これは国民健康保険の財政基盤安定のための公費投入と激変緩和措置によるところが大きい。しかし、公費3400億円の投入は、一時的な措置で、将来的に医療費が増大していけば（高齢化の進展により増大は不可避だが）、国民健康保険料の引き上げは不可避となる。激変緩和措置には、保険料（納付金）水準に伸び幅の上限を設け、上限を超える部分を都道府県繰入金から補塡する、もしくは特例基金・財政調整交付金の暫定措置から補塡するなどの方法があり、前者は財源を市町村の共同出資で賄っているが、後者は激変緩和のため別途設けられた臨時的公費（総額700億円）を財源としたもので、段階的に財源が減少していく。加えて、市町村が国民健康保険料の軽減のため行っている前述の一般会計からの独自の繰入（厚生労働省は「法定外繰入」と呼んでいる）が大幅に削減されなかったことも一要因だ。ただし、独自繰入の金額は、2015年度と2016年度でみると、全国で3039億円から2537億円と16・5%も減少している。繰入金削減の方向に変化はなく、今後の国民健康保険料の引き上げの要因となりうる。しかも、安倍政権は、2020年4月から、独自繰入を行っている市町村に対して、保険者努力支援制度の交付金を減らすペナルティ措置を導入し、圧力を強めている。

実際、各都道府県が発表した2020年度の標準保険料率に基づいて、国民健康保険料を算出したところ、「給与年収400万円・4人世帯（働き手1人の30代の夫婦＋子ども2人）」のモデル世帯では、26都道府県872市区町村の77・3％に当たる674市区町村で値上げとなるとの試算がある（日本共産党の試算による）。

そもそも、国民健康保険財政の赤字は、加入者に高齢者や低所得者、無職者が集中していることによる構造的問題であり、保険規模を大きくしたところで、赤字が解消されるわけではなく、国民健康保険をあえて都道府県単位化する必要はなかったはずである。

国民健康保険の都道府県単位化の真のねらいは、市町村の独自繰入のような財政補塡のための公費支出を廃止し、都道府県ごとに保険料負担と医療費が直結する仕組み、つまり介護保険や後期高齢者医療制度と同様の仕組みを構築することにある。こうした仕組みのもとでは、都道府県としては、保険料の引き上げを抑制するには、医療費抑制を図るしかない。そして、前述の医療介護総合確保法で、都道府県は医療費適正化計画とともに地域医療構想を策定することとされ、病床削減などについての都道府県知事の権限を強化し医療供給体制をコントロールする仕組みが導入された。国民健康保険の都道府県単位化は、都道府県間で医療費削減を競わせる仕組みを構築することを意図したものといえるだろう。

†患者負担・保険料負担の増大

ついで、医療保険における患者負担・保険料負担の増大が断行されている。

第一に、一般病床や65歳未満の療養病床の入院患者に対する入院時食事療養費が縮小され、患者の負担が２０１６年度から１食３６０円、２０１８年度からは１食４６０円となった。低所得者および難病患者、小児慢性特定疾病患者の負担額は据え置かれているが、入院時の食費は高額療養費の対象とならず、食費の引き上げは、入院患者の負担増に直結する。

第二に、紹介状なしで大病院を外来受診する場合に、保険外併用療養費制度の選定療養として定額負担（５０００円以上）を患者から徴収することが義務化された。２０２０年４月からは、後述の診療報酬改定で、対象が２００病床以上の病院に拡大されている。定額負担の導入は、小泉政権のときに導入が検討された受診時定額負担（医療費窓口の自己負担分にさらに定額を上乗せする）の一種といえる。２００２年の健康保険法の改正法附則２条１項では「医療保険各法に規定する被保険者及び被扶養者の医療に係る給付の割合については、将来にわたり１００分の70を維持するものとする」と、窓口３割負担を維持することが規定されているが、今後、大病院でなくても受診する際に定額負担が課されれば、窓口負担増に歯止めをかけたこの規定が実質的に形骸化していく可能性がある。

第三に、政令改正で、後期高齢者医療保険料の特例軽減措置も段階的に廃止された。まず、2017年4月から、所得に応じて支払う所得割の軽減が5割から2割に引き下げられた。均等割については、最大で7割軽減のところが、特例軽減措置により、75歳以上で基礎年金収入額80万円までの人は9割軽減（現在、月額380円）、同168万円までの人は8・5割軽減（同560円）とされてきた。これが、消費税率引き上げによる財源を原資とした、低所得者に対する介護保険料軽減の拡充や年金生活者支援給付金の支給とあわせて見直され、2019年10月から、給付金等の支給額が超過する基礎年金収入61万円から78万円の世帯について、軽減特例が廃止された（負担の方が超過する同155万円から168万円の世帯は、消費税増税による負担増とのダブルパンチとなるため、廃止は2020年10月から）。軽減措置の廃止により、それぞれの人の保険料月額は平均で1130円に跳ね上がり、前述の保険料の大幅引き上げの一因ともなっている。

第四に、70歳以上の高齢者の高額療養費の月額負担上限が引き上げられた。2017年8月より、年収370万円未満の外来の負担上限が月額2000円上がり1万4000円に、入院を含む負担上限も1万3200円増の5万7600円に引き上げられた。同時に、療養病床に入院中の65歳以上の高齢者について、光熱水費である居住費も、同年10月より、日額320円が370円に引き上げられた。

そして、安倍政権のもと、2022年の実施に向けて、さらなる患者負担増が提案されている。具体的には、75歳以上の高齢者の医療費窓口負担の原則2割化（現在は原則1割負担）、花粉症の薬や痛み止め、湿布、漢方薬など薬局で買える市販品類似の医薬品については保険から外す（保険がきかなくなるので全額自己負担になる！）、かかりつけ医以外を受診した場合の追加負担（毎回500円）の導入などである。消費税が増税されたのに、患者負担増が連続して断行されれば、受診を控える患者が増え、将来不安はますばかりだ。

†子ども医療費助成の見直しと健康保険法改正

なお、厚生労働省令の改正により、子どもの医療費助成など地方単独事業による医療費助成にかかる国民健康保険の減額調整措置が見直された。従来、自治体が医療費を助成し、法定割合よりも窓口負担を減額するなど助成措置を行った場合、医療費が増加するとの理由で、増加した医療費分の公費負担が減額調整されてきたが、こうした減額調整は、自治体から反発が強く、少子化対策に逆行するとの批判が出ていた。これを受け、2018年度から、未就学児までを対象とする医療費助成については減額措置が行われないこととされた。

また、日本に在留する外国人の増大に伴い（2017年末には約256万人となり、過去最高を記録）、国外居住にもかかわらず健康保険の被扶養者として給付を受ける外国人の存在が問題視されるようになり、2019年5月に健康保険法が改正された。

この改正で、健康保険法上の被扶養者について、海外に留学する学生等、国外に居住していても日本に生活基盤があると認められる一部の者を除いて、日本国内の居住要件が導入された（2020年4月より施行）。被保険者との間で生計維持関係にある家族であっても、国外に居住していれば、原則として被扶養者とは認められないこととなったわけだ。同時に、被保険者の資格管理の観点から、市町村が関係者に報告等を求めることができる対象として、被保険者の資格の取得・喪失に関する事項を追加し、市町村における調査対象を明確化した（2019年5月施行）。しかし、健康保険法の被扶養者に対する家族給付の趣旨が、被保険者の負担軽減にもあることからすると疑問は残る。

5　医療提供体制改革と診療報酬改定の動向

†病床機能報告制度と地域医療構想

一方、医療提供体制の改革では、医療費抑制のため、病床数の削減と医師数の抑制が行われてきた。まず、病床削減についてみると、前述の医療介護総合確保法により医療法が改正され、

２０１４年10月から病床機能報告制度が創設され、それを受けて、都道府県が地域医療構想を策定する仕組みが導入された。

病床機能報告制度は、各病院・有床診療所が有している病床の医療機能（高度急性期、急性期、回復期、慢性期）を、都道府県知事に報告する仕組みで、各医療機関は「現状」報告と「今後の方向」の選択（たとえば、今は回復期だが、今後は急性期とするなど）、構造設備・人員配置等に関する項目などを報告する。報告内容を受けて、都道府県は、構想区域（各都道府県内の二次医療圏を原則とし、現在３３９区域ある）において病床の機能区分ごとの将来の必要量等に基づく「必要病床数」を算出した地域医療構想を策定する。

あわせて、都道府県は、構想区域ごとに、診療に関する学識経験者の団体その他の医療関係者、医療保険者などとの調整会議を設け、協議を行う。また、都道府県知事は、病院の開設等の申請に対する許可に地域医療構想の達成を推進するため必要な条件を付すことができ、病床削減（転換）などの要請、勧告（公立病院の場合は命令）、それらに従わない医療機関名の公表などの措置を発動できる。

†地域医療構想の問題点

地域医療構想のねらいは、看護師配置の手厚い（つまり診療報酬が高い）高度急性期の病床を他の病床機能に転換させ、もしくは過剰と判断された病床開設は認めないなどして計画的に削減し、入院患者を病院から在宅医療へ、さらに介護保険施設へと誘導することで、医療費を抑制することにある。削減のターゲットは、看護師配置が手厚い急性期一般入院料1算定の病床（旧7対1の入院基本料算定病床）であり、厚生労働省は、現在約36万床ある病床を、2025年までに18万床に削減する方針といわれる。

2018年までにすべての構想区域で、地域医療構想が出そろったが、地域医療構想の完遂による「必要病床数」を実現した場合、全国で15万6000床（2013年時点の必要病床数との差引）もの病床削減が必要となり、地域に必要な医療機関や診療科の縮小・廃止がおきかねない。厚生労働省は、地域医療構想の実現は、前述の調整会議で、都道府県と地域の医療機関の協力のもとで進めていくことが原則と説明しているが、法改正により都道府県知事の権限が強化されており、上からの機能分化が進められる懸念は依然払拭できない。機械的に病床削減を実施していけば、必要な医療を受けることができない患者が続出することになり、地域医療は崩壊する。

†医師数の抑制

地域医療構想で算出された「必要病床数」は医師や看護師の需給推計にも連動しており、急性期病床の削減で、とくに病院看護師の需要数は現状より大幅に少ない人員で足りるとの推計となっている。医師についても、地域医療構想と働き方改革を名目に、病院を再編し、医療体制を集約化して医師数は増やさない方針で、このままでは、医師・看護師の不足とそれによる過重労働で、現場の疲弊が進むことは避けられない。

そもそも、国は、医療費抑制のために医師数を抑えてきた。日本の医師数は、人口1000人当たりでみると2・43人で、OECD（経済開発協力機構）加盟国のうちデータのある29か国中の26位にとどまり、医師の総数でみても、同加盟国の平均約44万人に対し約32万人で12万人と、不足が顕著である（OECD, *Health Statistics 2019*）。人手不足は長時間労働を招く。厚生労働省の「医師の働き方改革に関する検討会」では、過労死ラインの月平均80時間を超える時間外労働（休日労働を含む）で働いている勤務医が約8万人にのぼることが明らかになっている。

医療現場の人員不足は、まさに政策的に生み出されてきたものといえ新型コロナの感染拡大による医療崩壊を現実化させる一要因となった。

†再編・統合の必要のある公立・公的病院名を公表

自治体が運営する公立病院や日本赤十字社・済生会などが運営する公的病院に対しては、国

（厚生労働省）は、前述の調整会議において、公立病院には「公立病院改革プラン」、公的病院には「公的医療機関等２０２５プラン」の策定を義務付け、率先して病床削減の対応を求めてきた。しかし、調整会議で「合意済み」とされた公立・公的病院の２０２５年の病床計画では、ほぼ現状維持の計画となった。

病床削減が進まないことに業を煮やした厚生労働省は、２０１９年９月、公立・公的病院のうち地域医療構想において再編・統合の必要があるとする４２４の病院（公立２５７、公的１６７）の名称を公表し、病院の統合や診療科の縮小、入院ベッドの削減など、地域医療構想の具体的方針を１年以内に見直すよう求めた。２０１７年度時点で、１６５２の公立・公的病院のうち、人口１００万人以上の地域に存在する病院などを除き、病床機能報告で高度急性期・急性期と報告した１４５５の公立・公的病院を対象に、手術件数などの「診療実績が特に少ない」と「類似かつ近接」という二つの基準に該当するとされたのが、全体の３割にあたるリストアップされた４２４病院だ。

名指しされた病院の多くは地方の中小病院で、医師偏在や看護師不足などの診療体制の不備が考慮されていないなど、機械的、恣意的な分析との批判がある（詳しくは、塩見正「『診療実績データの分析』の概要と問題点」『住民と自治』２０２０年２月号、13頁以下参照）。また、２０１７年のデータのみに依拠していたため、公表された病院の中にはすでに廃止されて存在しない病院も複数含まれており、公表リストの杜撰さも明らかになっている。

各病院が地域医療を支えてきた経緯や感染症、難病など特別な医療提供において果たしてきた役割を無視した公表に、病院のみならず自治体も猛反発、全国知事会など地方3団体は「地域住民の不信を招いている」とする意見書を提出した。2019年10月に、福岡市で開催された国と地方との意見交換会の場では、橋本岳厚生労働副大臣が、医療機関に強制するものではないとの釈明をしているが、対象病院の統廃合の議論を進める方針は変更しておらず、今後は民間病院も対象として公表することが検討されている。なお、2020年1月に、厚生労働省は再検証結果を発表、7病院を対象から外し、新たに約20病院を追加している（今回は、地域医療への影響などを考慮し、病院名は公表せず）。

†保健所機能の低下

病床削減と並行して、公衆衛生を担う保健所も、「官から民へ」や「行政の効率化」の名目で、保健所数、保健師数ともに削減されてきた。

保健所は、憲法25条2項に規定された「公衆衛生の向上及び増進」を担う公的機関として設置された。現行法では、都道府県、政令指定都市、中核市、東京都の特別区などが設置する。公衆衛生は公的責任で担うという趣旨のもと、国が補助を行ってきたが、その負担（公費）を削減する目的で、保健所の削減が行われてきたのである。とくに、1994年に、従来の保健所法が地域保健法に改められ、担当地域が広がり、保健所の統廃合が進められた結果、保健所数は、2020年には、全国で469か所となり、1992年の852か所から激減している（厚生労働省地域保健室調べ）。

保健師の役割も公衆衛生から国民の健康づくりの推進、生活習慣病対策に重点が置かれるようになり、2008年からの特定健診・特定保健指導では、結核検査が外され、糖尿病検査が入れられた。経済的利益を生まない（だからこそ公的責任で担うべきなのだが）公衆衛生は軽視され、感染症対策の柱に据えられたのは、経済的効果や製薬企業にとって膨大な利益が期待できるワクチンや抗ウイルス剤の開発であり、まさに、企業のための「健康・医療政策」（天笠啓祐「国がつぶしてきた感染症対策――感染爆発に対応できない保健所の現状」『週刊金曜日』、2020年4月17日号、39頁）が展開されたといってよい。

こうした医療政策により、公的責任による感染症対策がおろそかにされ、保健所の機能が大きく低下したところに、今回の新型コロナの感染拡大が直撃、保健所の機能がマヒし、地域の公衆衛生体制が崩壊する事態に陥ったのである。

†2018年度の診療報酬改定

医療提供体制の改革と関連の深い診療報酬改定の動向をみると、2018年度の診療報酬の改定は、介護報酬との同時改定で、医療計画などの見直し時期とも重なり「惑星直列」とまでいわれる大改革が予想された。しかし、薬価も含めた全体（ネット）はマイナス改定（1・47％）となり、本体はわずかにプラス改定（0・55％）と、微々たる改定にとどまった。

具体的にみると、入院医療では、入院料全般を再編・統合し、①急性期医療、②急性期医療～長期療養、③長期療養の3段階に整理、各段階で看護職員配置や平均在院日数などの施設基準に基づく「基本部分」と、診療実績や患者の状態に応じて段階的に評価する「実績部分」を組み合わせた評価体系とされた。このうち、①では、急性期の患者に対応する従来の7対1・10対1一般病棟入院基本料が「急性期一般入院基本料」に組み替えられ、入院料1～7の7段階とされた。看護配置は入院料1が7対1、入院料7が10対1の従来の入院基本料とそれぞれ同じで、入院料2～6は、1と7の範囲内で、重症度、医療・看護必要度（以下「看護必要度」という）の患者の入院割合に応じて加算する仕組みとなった。急性期病床を削減し、患者を入院から在宅医療・介護へと誘導することで、医療費削減をはかろうとする政策意図に基づく改定だが、中医協の分科会の調査結果では、旧7対1入院基本料を届け出た病棟で、他の入院基本料に転換した病棟は3・5％にとどまり（2018年11月現在）、急性期病床の転換は進んでいない。ただし、今後、患者の選別と絞り込み（看護必要度の高い患者へのシフト）が加速し、きめ細かな医療をめざす医療機関ほど経営に深刻な打撃を受けることが予想される。

薬価については、価格設定の改革が議論されている。改革議論の発端は、オプジーボ（がん免疫療法剤）の適用拡大に伴う医薬品費の高騰問題で、オプジーボについては2016年11月の緊急薬価改定において、薬価が2017年から50％引き下げられたものの、2019年5月には過去最高薬価（3349万3407円）となるキムリア（急性リンパ性白血病薬）が保険適用された。高額な新薬の保険適用が続くなか、費用対効果評価の導入や保険適用の可否も含めた対応の議論が進められ、前者については、財政影響の大きい医薬品・医療機器等を主な対象として、いったん保険適用したうえで価格調整を行う運用がはじまっている。

†2019年度の診療報酬改定

消費税率10％引き上げにともなう2019年度の診療報酬改定は、診療報酬本体0・41％のプラス、薬価は0・5％マイナス（消費税対応分プラス0・42％、実勢価格改定分マイナス0・93％）、材料価格は0・03％プラス（実勢価格改定分を含む）の改定となった。

具体的には、初診・再診料や入院料などの基本診療料を中心に、初診料は288点（従来よりプラス6点）、再診料は73点（同1点プラス）、外来診療科は74点（同1点プラス）、急性期一般入院料1は1650点（同59点プラス）などとなっている。

前述のように、保険医療機関は、仕入段階での消費税分を上乗せして診療を行うことができないため、消費税増税時に、保険医療機関に支払われる診療報酬を引き上げることで、それを補塡している（第一章2参照）。しかし、医療機関によっては、その補塡が十分ではなく、しかも、診療報酬単価の1〜3割は患者の窓口負担になるため、結局、消費税が患者の負担に転嫁されているともいえる。社会保険診療は、非課税ではなくゼロ課税として、仕入れに要した消費税分を還付する制度を設けるべきだろう。

†2020年度診療報酬改定

ついで、2020年度の診療報酬改定では、診療報酬（本体）0・55％のプラス、薬価0・99％マイナス（実勢価格改定分マイナス0・43％、材料価格0・02％マイナスなど）の改定となった。ここ数年の改定では、薬価などの引き下げにより捻出された財源をすべて診療報酬本体に回すことはなされず、今回の改定からは「本体」という言葉自体が消えた。厚生労働省は、全体（ネット）での改定率は算出していないとしているが、全体では0・46％のマイナス改定であり、これで、14・16・18年度改定に続き4回連続のマイナス改定となった。

具体的には、重点課題に位置付けられた「働き方改革の推進」に本体改定率0・55%のうち0・08%が充てられ、地域医療体制確保加算が新設された（患者の入院初日に4680円加算）。年2000件以上の救急車または救急用ヘリコプターによる搬送を受け、勤務医の時間外労働を減らすなどの負担軽減に取り組む病院が算定できる。

急性期入院医療では、「看護必要度」の割合が見直され、急性期一般入院料1～4における該当患者割合の基準値が従来の30～27%（看護必要度Ⅰの場合）が31～22%に変更された（看護必要度Ⅱでは29～20%）。

6 医療の課題

†新型コロナの感染拡大による医療崩壊の現実化

新型コロナの感染拡大は、以上のような医療費抑制策、さらにこれに安倍政権の失策が重なり、医療崩壊を現実化させた。

新型コロナの感染拡大を防止し、医療崩壊を防ぐためには、医療従事者や患者も含め感染しているかどうかの見分けがつくよう検査体制の拡充が不可欠だが、日本での現行の仕組みでは、医師が当該患者の検査が必要と判断しても、保健所に設置される「帰国者・接触者相談センター」を介してでないと、PCR検査（ポリメラーゼ連鎖反応検査）が受けられない。しかし、前述のように、保健所は数も人員も減らされてきており、相談者の急増で、「電話がつながらない」などたちまちパンク状態に陥った。また、厚生労働省の事務連絡にあった「37・5度以上の発熱と呼吸器症状」などの検査の目安が、最近まで保健所の業務マニュアルに踏襲されていたため、目安が事実上の検査要件となり、この目安に該当しない人は（たとえば、味覚がなくなるなど感染の典型的な症状が出ていても）、医師が検査必要と判断しても、保健所段階ではねられPCR検査が受けられない事例が続出した（5月8日には「37・5度以上の発熱が4日以上続く」という指標はなくし、「軽い風邪症状が続く」場合も対象とされた）。かくして、日本の検査件数は、人口100万人当たりで117人にとどまり、ドイツ（2023人）の17分の1、最も多い韓国（6148人）の52分の1と、極端に少なくなっている（オックスフォード大学などのグループ Our World in Data による。2020年3月20日までの推計）。その後、検査数は増大しているとはいえ、他国にくらべ少ない状況に変わりはない。

検査数が少ないことで、感染の拡大がみえにくくなり、軽症や無症状の感染者が感染を広げ、感染経路不明の感染者が増大、人々が疑心暗鬼に陥り、不安心理の連鎖が生じ、医療従事者など感染可能性のある人への差別や偏見が助長された。2020年4月3日には、アメリカ大使館がホームページで「罹患率の評価が難しい」などと、日本の検査数が極端に少ないことに不信感をつのらせ、アメリカからの一時滞在者らに帰国を促した。

すでに、2020年4月、日本医師会は、医療体制が危機的状況に陥りつつあるとする「医療危機的状況宣言」を発表、日本集中治療学会の理事長声明も出された。後者の声明は、新型コロナによる死亡率がドイツ1・1%、イタリア11・7%と大きな開きがある点に触れ、集中治療室(ICU)の人口10万人あたりのベッド数がドイツは29~30床に対して、イタリアは12床程度と差があることを指摘、ベッド数がイタリアの半分以下の日本(5床程度)では、深刻な状況になりかねないと、集中治療体制の脆弱さに警鐘を鳴らしていた。

医療崩壊は、まず救急医療からはじまった。新型コロナの感染の可能性のある発熱や呼吸器症状を訴える患者を受け入れる病院が少なくなり、救急搬送が困難な事例が増えた結果、肺炎疑いの患者などはほとんどの場合、生命の危機にある重症患者を受け入れる救命救急センターで受け入れざるをえなくなり、本来の重症緊急患者の受け入れができなくなる事態が生じた。しかも、検査体制の不備で、心不全や別の病気で入院したり、搬送された患者の中に感染者がみつかる事例が続出、医師や看護師の感染と院内感染が相次ぎ(医療従事者の感染が判明すれば治療はできず、その部署の医療機能はストップする)、医療崩壊が現実のものとなった。

†遅れた病床確保と医療機関の経営危機

そもそも、新型コロナによる感染は、感染症予防法（感染症の予防及び感染症の患者に対する医療に関する法律）の指定感染症に指定されたため、検査の結果、陽性と判定された感染者は、同法に基づき、感染症指定病院に入院することになる。しかし、前述のように、医療費抑制策として病床削減が進められ、とくに感染症病床が極端に少ない状況のもと、感染拡大地域では病床はすぐに満床となり、埼玉県では、入院できる病床や収容施設が不足し、自宅待機の感染者が、容体が急変し、自宅で死亡する事態も生じた。病床が足らないために必要な治療が受けられず死亡するという状況は医療崩壊そのものであろう。厚生労働省の調査では、新型コロナ感染者のうち自宅療養者は全体の２割、１９８４人にのぼる（２０２０年4月28日現在）。

病床の不足とともに、医療機関の経営も苦しくなっている。医療機関では感染を防ぐための医療用マスクや防護服、消毒液などが不足しているうえ、感染を恐れてか、外来患者を中心に深刻な受診抑制が生じ、医療機関が経営困難に陥り、閉院や休業、従業員の解雇を検討する医療機関が増大している。

†医療崩壊を防ぐ緊急提言

現在は、現場の医療従事者の懸命の努力で、また感染者数の減少で、医療崩壊に歯止めがかかっているが、今後の第2波の感染拡大に備えて、次のような対策が早急に必要である。

第一に、何といっても、検査体制の充実が急務である。保健所を介さず、医師が必要と判断した患者はすべて検査が受けられる体制の整備、具体的には、東京都など一部の自治体がはじめているPCR検査センターを全国の自治体に設置し、必要な予算を国が確保すべきである。PCR検査とともに簡易な抗原検査も導入し、少なくとも、医療機関の医療従事者、入院患者（できれば外来患者も含めて）すべてに、定期的に検査を実施すべきである。検査体制が拡充されるまでは、早急に、国が財政支援し、新型コロナ感染疑いの発熱外来を設置し、従来の一般患者対応との役割分担を明確にすべきである。

第二に、不足しているサージカルマスクなど医療用マスク、消毒液、フェイスシールド、防護服を国の責任で確保、製造し、医療機関に対して安定供給ができるようすべきである。

第三に、診療所など医療機関に対して、感染者が発生した場合の減収、および外来患者や健康診断受診者の減少に伴う損失を補償すべきである。同時に、医療従事者が新型コロナに感染した場合の補償制度を創設すべきである。

第四に、重症患者の集中が予想される感染症指定医療機関に対しては、国が物的・人的支援を強化する必要がある。軽症者については、容体の急変があることを考慮し、医師・看護師が常駐する施設での療養を原則とし、療養費にかかる費用は公費で支給すべきである。

†医療提供体制の課題

新型コロナ後の今後の医療の課題としては、まず医療提供体制の強化・拡充が必要だ。地域医療の実態を無視した病床の削減をさせないため、自治体レベルで、地域医療構想に医療関係者や地域住民の意見を十分に反映させることが求められる。調整会議などへの参加、さらに、医療関係者が中心となってどの程度の病床が必要かを具体的に提言していく取り組みが重要となる。

そもそも、稼働していない病床が多数存在しているのは、病床自体が過剰というより、必要な医師・看護師が確保されないことに原因があるとも考えられ、まずは医師・看護師の確保を図る施策が求められる。現在、勤務医不足、勤務医の長時間・時間外労働が問題となっており、2024年からは、勤務医の残業時間に上限が設定されるが、病院勤務医を増やすこと、その医師の労働を診療報酬で評価することが必要な対策だ。

公立・公的病院については、多くが感染症対策、地域医療の重要な拠点となっており、厚生労働省は、前述の再編統合リストを撤回し、削減ではなく拡充を図っていくべきである。新型コロナの感染拡大で問題となった検査体制の不備は、保健所での人員削減が大きく影響しているし、2017年には、総務省が、感染症指定医療機関の体制の不備を指摘し、病床数の確保をうながす勧告を出している。公的責任で、保健所の人員体制を拡充し、地域の医療提供体制を確立していくべきである（それは感染症対策にも有効なはずだ）。

†医療保険と高齢者医療の課題

医療保険の制度設計については、現在の国民健康保険、被用者保険の並列状態を維持しつつ、とくに国民健康保険への公費投入を大幅に増やしていくべきである。前述のように、国民健康保険は構造的問題を抱えているにもかかわらず、国庫負担は減らされてきた。現在の国庫負担は保険給付費に対して定率40％とされているが、かつては患者負担分を含む医療費全体に対する定率負担で、1984年まで医療費の40％であり、約1兆円の国庫負担が削減された。

国民健康保険への国庫負担をもとの医療費40％の水準に戻せば、1兆円の公費投入となり、国民健康保険料を協会けんぽ並みの保険料水準に引き下げられる。また、被用者保険についても、前期高齢者の医療費調整制度に対して公費負担を導入し、協会けんぽの国庫補助率を本則の上限20％にまで引き上げる必要がある。

高齢者医療については、まずは後期高齢者医療制度を廃止し、老人保健制度に戻すべきである。老人保健制度には、後期高齢者医療制度のように高齢者医療費と高齢者の保険料が直結する仕組みは組み込まれておらず、75歳以上の高齢者も国民健康保険などに加入することになるため、拠出金の根拠も明確となる。生活習慣病予防に特化した問題の多い特定健診・特定保健指導を廃止し、すべての住民を対象にした市町村の基本健診などの老人保健事業を復活できる点でもメリットがある。健康自己責任論からの脱却をはかり、自治体責任による健診体制を強化すべきであろう。ただし、拠出金の増大による被用者保険の財政悪化など、現在の後期高齢者支援金と同様の問題があるが、それについては公費負担割合を増やし、拠出金負担の軽減をはかっていく必要がある。

そのうえで、当面は70歳以上の高齢者と乳幼児について、一部負担金を廃止し無料化を国レベルで実現すべきである。将来的には、政府が保険者となり、すべての国民を対象とする医療保険制度を構築し、生活保護基準以下の低所得者については保険料を免除し、公費負担と事業主負担を増大させることで、自己負担なしの医療保障を実現すべきと考える。

第五章

介護を問いなおす

1 介護保険のあらまし

介護分野では、家族介護に頼っていた介護を社会全体で支える（「介護の社会化」の実現）として、介護保険が2000年からスタートし、介護給付費の公費負担部分に消費税が充てられている。

しかし、実施から20年を経過し、介護保険はきわめて使いにくい（使わせない）制度に変貌している。また、介護を担う人材不足が深刻化し、制度の存続すら危ぶまれている。本章では、介護保険の問題点をみたうえで、「介護崩壊」ともいうべき介護保険の危機的現状を指摘し、安心できる介護保障の確立に向けての課題を探る。

†介護保険法の目的と基本理念

介護保険法は、要介護者等が、自らの尊厳を保持し、その有する能力に応じ自立した日常生活を営むことができるよう、必要な保健医療サービスおよび福祉サービスにかかる給付を行うことを目的としている（介護保険法1条）。給付の内容・水準は、要介護状態になっても可能な限り居宅において自立した生活を営むことができるよう配慮すべきものとされており、居宅での生活が優先される（同2条4項）。同時に、給付は、要介護状態の軽減または悪化の防止に力点を置くこと、被保険者の選択に基づくことが要求される（同条2、3項）。

一方で、介護保険法は、自ら要介護状態となることを予防するため、加齢に伴って生ずる心身の変化を自覚したうえでの国民の健康保持増進義務、要介護状態になった場合の能力の維持向上義務を定めている（介護保険法4条1項）。この規定が根拠となって、後述する介護予防事業等が実施されている。しかし、要介護状態になることは、ある意味で、人間の自然の「老い」による必然的結果であり（人間、年を重ねていけば、今までできたこともできなくなる！）、国民に要介護状態にならないための健康増進義務を法律で明記するのは行き過ぎだろう。要介護状態になった人に、憲法25条1項にいう「健康で文化的な最低限度の生活」を保障するのが、本来の社会保障としての介護保険だからである。

同時に、介護保険法は、国民は共同連帯の理念にもとづき、介護保険事業に要する費用を公平に負担するものと定める（同条2項）。憲法25条の生存権の理念ではなく、この「共同連帯の理念」が介護保険法の基本原則とされ、後述のように、低所得者への介護保険料賦課や保険料滞納者への給付制限を正当化する理念として用いられている点に問題がある。

図表5-1　介護保険の仕組み（要介護者の場合）

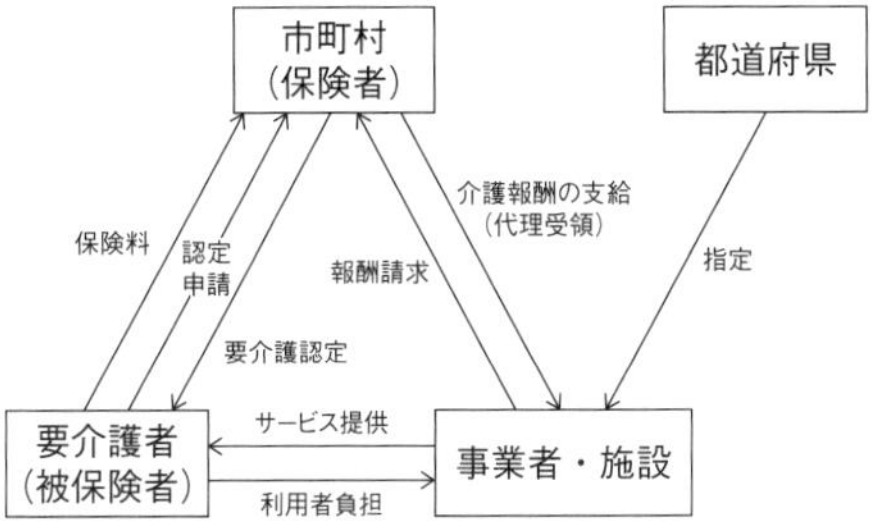

出所：筆者作成

†介護保険の利用の仕組み

介護保険の被保険者が、介護保険の給付を受けるには、①被保険者として介護保険料を納付し、②保険者である市町村の行う要支援・要介護認定（以下「要介護認定」と総称）を受け、給付資格を認められ、③介護（予防）サービス計画を作成して市町村に提出し、④指定居宅サービス事業者や介護保険施設（指定介護老人福祉施設、介護老人保健施設など）と利用契約を結び、それにもとづいてサービスを利用する必要がある（図表5-1）。

①の被保険者は、市町村（東京23区も含む）の区域内に住所を有する65歳以上の者（第1号被保険者）と、市町村

図表5-2　居宅サービスにおける支給限度額（2019年10月〜）

区分に含まれるサービスの種類	限度額の管理期間	要介護度	支給限度額
訪問介護 訪問入浴介護 訪問看護 訪問リハビリ 通所介護 通所リハビリ 短期入所生活介護 短期入所療養介護 福祉用具貸与 介護予防サービス（訪問介護通所介護は除く）	1か月（暦月単位）	要支援1	5,032単位
		要支援2	10,531単位
		要介護1	16,765単位
		要介護2	19,705単位
		要介護3	27,048単位
		要介護4	30,938単位
		要介護5	36,217単位

注：1単位は10〜11.26円（地域やサービスにより異なる）
出所：厚生労働省資料より筆者作成

の区域内に住所を有する40歳から64歳までの医療保険加入者（第2号被保険者）からなる。65歳以上の生活保護受給者も、住所を有する市町村の第1号被保険者となるが、この場合は、保険料分が保護費に加算して支給されるので、実質的な負担はない。第2号被保険者の場合は、医療保険加入が被保険者の要件となっているので、国民健康保険に加入していない生活保護受給者は、介護保険の被保険者とならない。

②の要介護認定は、保険者である市町村が、認定を申請した被保険者が要支援・要介護状態にあるか否か、ある場合にはその程度（介護保険法上は要支援・要介護状態区分。以下「要介護度」という）を判定するもので、要支援は1・2の2段階、要介護は1〜5の5段階があり、要介護度に応じて支給限度額（給付の上限）が設定されている（図表5-2）。要支援・要介護状態にあると判定された被保険者は、それぞれ「要支援者」と「要介護者」といわれる。第1号被保険者の場合には、要支援・要介護状態になった原因は問われないが、第2号被保険者の場

合は、加齢に伴う特定疾病により要支援・要介護状態になったことが必要とされる。この要件に該当し介護保険の給付を受けている第2号被保険者は現在、約15万人、被保険者全体（約4200万人）の0・3%にすぎず、大半の第2号被保険者は介護保険料を払うだけで給付はなく税金と一緒である。第2号被保険者には介護保険証も交付されず（第1号被保険者には市町村から各人に交付される）、要介護認定は医療保険証を付して申請し、要支援・要介護に認定された後に介護保険証が交付される。

③の介護サービス計画（介護予防サービス計画を含め、以下「ケアプラン」という）のうち、在宅の要介護者に対する居宅サービス計画については、居宅介護支援事業者に所属する介護支援専門員（以下「ケアマネージャー」という）が計画を作成する。作成の費用は、居宅介護サービス計画費として、保険給付の対象となり、10割給付で利用者負担はない。要支援者に対するケアマネジメント（介護予防支援）と介護予防サービス計画の作成は、地域包括支援センターの保健師などが行う。施設サービス計画は、介護保険施設に所属するケアマネージャーが作成し、作成費用は、施設サービス費の給付の中に含まれ、独立の保険給付の対象とされていない。

以上の手続きを経たうえで、要介護者が、指定居宅サービス事業者や介護保険施設（以下、両者を総称し「介護事業者」という）と介護保険契約を結び、③の計画に基づき介護給付の対象となるサービスを利用することで、介護給付（「要介護」判定の場合）を受給することができる。

同様の手続きで、要支援者は予防給付を受給することができる。この場合、当該サービスの費用（厚生労働大臣が定める基準により算定する支給額。以下「介護報酬」という）の9割が給付されるが（したがって1割が自己負担となる）、その費用は、要介護者・要支援者に代わり介護事業者に、介護報酬として直接支給される（これを「代理受領」という。以上の仕組みにつき図表5−1参照）。

†介護保険の対象となるサービスと地域支援事業

介護給付の対象となるサービスには、居宅サービスとして、訪問介護（ホームヘルプ）や通所介護（デイサービス）などが、地域密着型サービスとして、定期巡回・随時対応型訪問介護看護、認知症対応型共同生活介護（グループホーム）などが、施設サービスとして、特別養護老人ホーム（介護保険法上は介護老人福祉施設、以下、老人福祉法上の名称の「特別養護老人ホーム」で統一）や老人保健施設など介護保険施設でのサービスがある。予防給付には、施設サービス費が含まれていないので、要支援者は施設の利用はできない。

介護保険の第1号被保険者を対象とする市町村の事業として、地域支援事業が導入されている。2011年の法改正により、要支援と非該当を行き来する高齢者を対象として、一定の予防給付と介護予防事業とを総合的・一体的に行う介護予防・日常生活支援総合事業（以下「総合事業」という）が地域支援事業の中に盛り込まれた。そして、2018年4月より、すべての保険者で、要支援者の訪問介護と通所介護が予防給付から外され、この総合事業に移行している。総合事業の内容は市町村に委ねられているが、訪問・通所介護のほか、栄養改善を目的とした配食、住民ボランティアが行う見守り、自立支援に資する生活支援などがある。

地域支援事業には、総合事業のほかに、認知症施策の推進などの包括的支援事業（必ず実施すべき必須事業）、家族介護者の支援などの任意事業もある。ただし、任意事業については実施している市町村は少ない。

包括的支援事業の実施機関は、地域包括支援センターであり、前述のように、介護予防支援も担っている。地域包括支援センターは、市町村直営または委託を受けた法人により設置され、すべての市町村で設置されており、第1号被保険者数に応じて、原則として保健師、社会福祉士、主任介護支援専門員が配置されている。しかし、量的に足りているとはいえず、人員体制も不十分で、介護予防支援に忙殺されて役割が十分果たせていないなどの問題がある。

2　介護保険財政と介護保険料

†介護保険財政の仕組み

介護保険の費用は、利用者負担部分を除いた給付費（保険給付に必要な費用）と事務費に区分される。給付費の50％を公費で賄い、残りを保険料で賄う。50％の公費負担の内訳は、国が25％（定率20％と調整交付金5％）、都道府県12・5％、市町村12・5％となっている。ただし、介護保険施設および特定施設入居者生活介護にかかる給付費については、国庫負担は20％で、都道府県の負担が17・5％となっている。調整交付金は、75歳以上の高齢者人口の割合などによる市町村間の財政力格差を調整する仕組みである（図表5-3）。

また、給付費の増加や第1号被保険者の保険料収納率の低下による介護保険財政の悪化に備えて、都道府県ごとに財政安定化基金が設置され、資金の貸付・交付を行っている。交付の場合は災害などの場合に限られ、ほとんどが貸付となっており、その場合は、市町村は次期介護保険料に上乗せして返還する。財政安定化基金の財源は、国、都道府県、市町村がそれぞれ3分の1ずつの拠出による。

一方、地域支援事業のうち総合事業は、給付費の財源構成と同じ（保険料50％、公費50％）だが、包括的支援事業は第1号被保険者の保険料と公費（国39・5％、都道府県19・75％、市町村19・75％）で賄う。ただし、総合事業の事業費には、事業開始の前年度の介護予防訪問介護と介護予防通所介護、介護予防支援の総額をベースとしつつ、伸び率は、各市町村の75歳以上高齢者数の伸び率以下とする上限が設定されている。

図表5-3　介護保険財政の仕組み

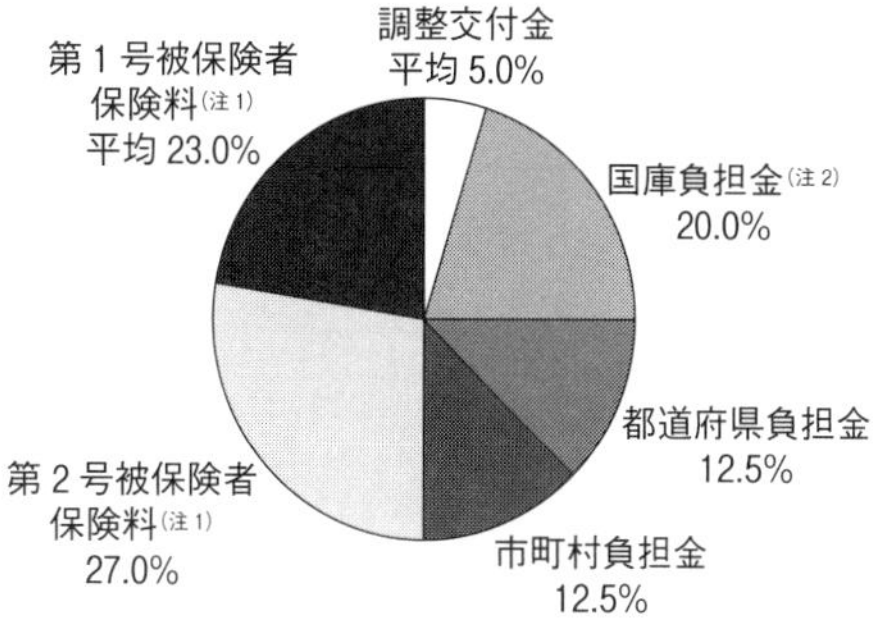

注1：第1号・第2号被保険者の負担割合は、2018年4月以降のもの
注2：居宅サービス等の給付費。介護保険3施設等の給付費は、国庫負担金（国）15%、都道府県17.5%
出所：社会保険研究所編『介護保険の実務・平成27年8月版』（社会保険研究所、2015年）18頁。一部修正

†介護保険料負担の仕組み

介護給付費の半分は介護保険料で賄い、第1号被保険者と第2号被保険者の保険料負担割合は、それぞれの総人口で按分して算定し3年ごとに政令で定める。2018年度から2020年度までの負担割合は、第1号被保険者が23％、第2号被保険者が27％となっている。この負担方式では、65歳以上の高齢者数の増大とともに、高齢者の負担が重くなっ

ていく仕組みだ。

第1号被保険者の介護保険料は、市町村介護保険事業計画に定めるサービスの見込量に基づく給付費の予想額などを参考に、3年を通じ財政の均衡を保つことができるよう算定され（つまり3年ごとに改定され）、政令の定める基準に従って、市町村の条例で定める。介護保険サービスの利用者が増える（高齢者数の増大に伴い、当然増えていくが）など、かかった費用が増大するに伴って保険料が高くなる仕組みである。実際、制度創設時に3・6兆円であった介護保険の総費用（利用者負担分も含む介護費用）は、2019年度は12兆円と4倍近くに膨らみ、それに伴い第1号被保険者一人当たりの介護保険料の全国平均は、第1期（2000〜02年度）は月額2911円であったが、第7期（2018〜20年度）は月額5869円となり、18年間で2倍以上に跳ね上がり上昇し続けている。厚生労働省の試算では、2025年度には月額8000円を超えると推計されている。

保険料額の上昇に伴い、2014年の法改正で、保険料の所得段階は6段階から9段階に細分化されたものの、基本は定額負担のため、低所得者ほど負担が重く逆進性が強い。しかも、月額1万5000円以上の年金受給者の保険料は、年金から天引きされる（特別徴収）。所得がなくても、無年金であっても介護保険料は賦課され、この場合は市町村が個別に徴収する（普通徴収）。普通徴収では、世帯主および配偶者が連帯納付義務を負う。年金からの保険料の天引きは、介護保険料がはじめてであり、導入当初は、高齢者から大きな批判があったが（詳しくは、伊藤周平『介護保険を問いなおす』ちくま新書、2001年、序章参照）、その後、65歳以上の高齢者の国民健康保険料や後期高齢者医療保険料にも拡大された。

第2号被保険者の介護保険料は、それぞれの医療保険の保険者が医療保険の保険料とあわせて徴収し、市町村に介護給付費納付金として交付するという仕組みだ。第2号被保険者の介護保険料も増加しており、2020年度の一人当たりの保険料は、月平均で5659円（年額平均6万7909円）となっている。健康保険など被用者保険加入者の場合は、労使折半で負担し、国民健康保険加入者の場合は、半分が公費負担となる。

†介護保険料の減免

介護保険料については、2019年10月からの消費税増税の増収分を用い、国民健康保険料と同様に、保険料の7割、5割、2割軽減の仕組みが設けられた。

また、市町村は、条例で定めるところにより、「特別の理由がある者」に対して保険料の減免または徴収の猶予を行うことができる（介護保険法142条）。行政解釈では、国民健康保険料と同様（第四章2参照）、減免等の要件となる「特別の理由」は、災害など突発的な事情により著しい損害が生じた場合に限定され、恒常的な生活困窮は含まないとされている。制度実施当初は高齢者の生活実態に配慮して、一定基準以下の収入しかない低所得者について独自の減免措置を実施する市町村が相当数出てきた。これに対して、国（厚生労働省）は、①保険料の全額免除、②収入のみに着目した保険料の一律減免、③一般財源の投入による保険料減免分の補塡は、介護保険の制度趣旨に反し不適当との見解を示し（これらを行わないことが「三原則」といわれる）、全国の担当課長会議の場や都道府県を通じ「三原則」を遵守するよう市町村を指導したため、独自減免を行う市町村は減っている。しかし、介護保険料の減免も含めた介護保険事務は市町村が独自に行う自治事務であり、国（厚生労働省）のこうした指導は、地方自治の趣旨から問題がある。

†保険料滞納の場合の給付制限

被保険者が介護保険料を滞納している場合には、給付制限がなされる。具体的には、第1号被保険者に対して、①1年間滞納の場合は、保険給付が償還払いとなる（いったん、サービス費用を全額立て替え、後で保険者に請求して9割分が戻ってくる支払方法の変更）。②1年6か月滞納の場合は、保険給付の一時差止、一時差止をしている保険給付額からの滞納保険料額が差し引かれる（保険料滞納額が多いと、償還払いすらなくなる）。③2年間滞納し、保険料を徴収する権利が消滅時効となった場合でも、保険給付7割へ減額され（サービスの利用者負担が1割から

3割になる。3割負担の人については、保険給付6割減額で4割負担となる）、高額介護サービス費用も支給されない。

被保険者が原爆一般疾病医療や厚生労働省令で定める公費負担医療を受けることができる場合には、①の償還払化は行われない。また、生活保護の境界層該当者（介護保険料を賦課すると、生活保護基準以下の生活状態になると認定された人。ただし、生活保護を申請することが前提となる）には、③の給付減額等は行われない（公費負担医療の受給者には行われる）。保険料滞納について「特別な事情」がある場合には償還払化などの給付制限は行われないが、この事情は、災害など突発的事情により一時的に収入が減少した場合に限定され、恒常的な生活困窮（低所得）である場合は含まれない。

第2号被保険者については、医療保険料を滞納している場合に（介護保険料は医療保険料と一体で徴収される）、第1号被保険者と同様の給付制限が行われる。また国民健康保険の加入者に対しては、1年間納付がない場合の国民健康保険の被保険者証の返還が義務的措置とされるなど、制裁措置が強化されている。

3 介護保険の問題点

†上限のある介護保険給付

介護保険の給付は「居宅介護サービス費」(介護保険法41条1項)のように、費用支給の形態をとっており、医療保険の「療養の給付」のような現物給付ではなく、サービス費用の償還給付(現金給付)といえる。ただし、実際は、要介護者が介護事業者から介護保険サービスの提供を受けた場合に、代理受領の方式をとるため、要介護者にとっては、医療保険のような現物給付と同じにみえる(サービス費用の原則1割負担でサービスを利用できる)。もっとも、この場合も、介護保険法上は、保険者である市町村が、サービス費用(9割)を要介護者に支給し、本人が自己負担分(1割)と併せて、介護事業者に費用を支払う方式が基本とされており、保険給付それ自体は現金給付である(詳しくは、伊藤周平『介護保険法と権利保障』法律文化社、2008年、第2章参照)。

医療保険の場合は、被保険者が保険医療機関に被保険者証を提示し、医師が治療の必要性を判断し、医師が必要として行った治療は、療養の給付として現物給付され、その治療については、薬の投与も含めすべて保険がきく。ところが、介護保険では、要介護認定を受けなければならず、医療保険にくらべて使いづらい制度であるうえに、在宅サービスを利用する場合には、要介護ごとの支給限度額を超えるサービスを利用した場合には、保険がきかず全額自己負担となる。たとえば、要介護1（支給限度額月額16万円）のAさんが、身体介護の訪問介護を利用する場合、サービス単価が1時間4000円とすると、月40時間の利用で、支給限度額16万円に達する（4000円×40時間＝16万円）。Aさんには妻のBさんがいるが、高齢で、Aさんの介護が十分できないため、月40時間のサービスでは足らず、あと4時間の訪問介護を利用した い場合には、4時間分のサービスは全額自己負担（1万6000円）となる。自己負担できない場合には、サービスの利用をあきらめ我慢するか、Bさんが無理して介護するしかない。

†1割負担による利用抑制

それどころか、介護保険サービスの利用には、原則1割の自己負担があるため、それが負担できなければ、サービスそのものが利用できない。1割負担による利用抑制である。

先の例でいえば、Aさんが支給限度額一杯のサービスを利用するためには、月1万6000円の負担ができなければならない。もし、Aさんが月1万円の負担しかできない場合には、月10万円分のサービスしか利用できず、身体介護の訪問介護を月25時間の利用に減らすしかない。

ケアマネージャーが立てたケアプランには、本人の同意がいるため、ケアマネージャーとしては、まず、本人（世帯）がどこまで支払えるかを確かめなければならない。ニーズを把握するのではなく、支払能力を把握する必要があるわけだ（これでは「ケアマネジメント」ではなく、「マネーマネジメント」ではないか！）。現場では、高齢者世帯が1か月に支払うことが可能なのは、通常1万円程度であり「1万円の壁」といわれている。実際、支給限度額一杯にサービスを利用している在宅高齢者はほとんどおらず、制度開始以来、支給限度額に対する平均利用割合は4割から6割の範囲にとどまっている。

これに対して、施設サービスの場合は、在宅サービスと異なり、要介護ごとに設定される支給限度額は施設に支払われる介護報酬額となり、入所者には、要介護度にかかわらず、24時間365日の介護が保障される。この仕組みだと、要介護度の高い人（最重度の要介護5の人の支給限度額は月36万円）を多く入所させた方が施設に入る収入は増えるため、施設としては重度の人を入所させる傾向がある。また、在宅サービスの給付水準では、重度の人が在宅で暮らすには、家族介護者の負担が大きすぎる。最重度の要介護5の人でも、身体介護の訪問介護を1日3時間、毎日利用すれば支給限度額に届いてしまうからだ（4000円×3時間×30日＝36万円）。家族介護者のいない独居の高齢者も増加しており、施設入所の希望者が増えるのも当然である。しかし、特別養護老人ホームなどの施設は不足しており、膨大な待機者が放置されている。老後不安は増すばかりだ。

†混合介護の承認

医療保険では、前述のように、保険給付部分と自由診療部分を組み合わせる「混合診療」は原則禁止されている（第四章1参照）。これに対して、介護保険では、保険給付の支給限度額を超えた部分のサービス利用は全額自己負担となるものの、介護保険サービスと自費によるサービスとの併用、いわゆる「混合介護」が認められている。上記の例で、Aさんが月4時間分の全額自己負担でのサービス利用を追加した場合がこれにあたる。

ただし、現在は、保険がきくサービスと保険外サービスとの「同時・一体的提供」は認められていない。上記の例でいうと、Aさんが生活援助のサービスも利用し、Aさんの食事を作ってもらっているが、妻のBさんも食事が作れないので、ヘルパーさんに一緒にBさんの分も作ってもらうこと（この部分は全額自己負担）はできない。不明朗な形で利用料が徴収され、保険外の負担をしないとサービスを受けられなくなるおそれがあるからだ。

2016年には、公正取引委員会が「混合介護の弾力化」として「家族の食事や洗濯などの提供」「ヘルパーの指名（指名料）の導入」などを提言している（「介護分野に関する調査報告書」）。いまのところ、厚生労働省は、上記の理由から「混合介護の弾力化」には慎重姿勢を崩していないが、規制緩和を主張する経済界からの圧力で、将来的に弾力化が進められる可能性も否定できない。

†消えた「介護の社会化」の理念

介護保険法の制定当時には、介護保険の導入により、これまで家族介護に依存してきた日本の介護保障制度が大きく転換され、「介護の社会化」が達成されると語られてきた。介護保険の導入で、介護を担ってきた女性が介護労働から解放されると主張する評論家もいた。しかし、前述のように、介護保険の給付水準は、在宅で24時間介護を保障するものには程遠い。

介護保険では、保険がきくサービスで不足するサービスについては、自費で購入することが想定されているわけだが、それが可能なのは一部の富裕層に限られ、支給限度額を超えるサービスを利用しているのは、利用者全体の1・5％にすぎない。

大多数の要介護者は、介護負担を無償で担う家族介護者がいないと、在宅生活は不可能である。結果的に、介護保険がはじまってからも、家族介護者の負担は依然として重い。2004年以降、年間約10万人が親族の介護を理由に離職しており、安倍政権の「介護職ゼロ」の目標とは裏腹に、その数に減少は見られない（第二章3参照）。2016年から2017年にかけて総務省が実施した調査でも、介護が理由の離職者は年間約9万9000人で、離職者全体の

1・8％にのぼる。

介護保険は、高齢者の所得格差が介護格差に直結する仕組みといってよく、介護保険の導入で恩恵を受けたのは、利用料が難なく支払える比較的高所得の高齢者であり、住民税非課税の低所得の高齢者は、従来は、サービス利用は無料であったのに（訪問介護についていえば、利用者の83％は住民税非課税者で無料であった）、介護保険になって、新たに保険料が取られるようになったうえに、1割負担が払えなければ、必要な介護サービスすら利用できなくなった。低所得の高齢者は、サービスの利用の幅が広がった高所得者のために介護保険料を払っているようなものだ（介護保険はお金持ちのための保険か！）。

とくに低所得世帯では「介護の社会化」から「介護の家族化」への逆流現象が生じている。家族介護者がいない独居の高齢者の場合は孤立死の危機にさらされ、介護者がいても高齢である「老老介護」の場合は、共倒れや虐待、介護心中事件などにつながりかねない。実際、重い介護負担を裏付けるように、厚生労働省の「高齢者虐待の防止、高齢者の養護者に対する支援等に関する法律に基づく対応状況等に関する調査」（「対応状況調査」）によると、家族や同居人らによる高齢者の虐待は1万7249件と過去最多を更新している（2018年度）。介護心中事件も減るどころか増大傾向にある。

介護保険で実現されたのは「介護の社会化」ではなく、お金がある人しか介護が買えない

「介護の商品化」といったほうが適切だろう。もっとも、厚生労働省内でも介護保険の見直しを検討する国の審議会の場でも、近年では、「制度の持続可能性」ばかりが言われ、「介護の社会化」という言葉は使われなくなり死語になりつつある。

†深刻化する介護現場の人手不足

さらに、後述する介護報酬の引き下げなどで、介護を担う人手不足が深刻化している。

公益財団法人介護労働安定センターの「平成30年度介護労働実態調査結果」(2019年8月発表)によると、介護職員の離職率(2017年10月1日〜2018年9月30日までの1年間)は15・4%と、前年度16・2%より低下、採用率は18・7%で前年度の17・8%をやや上回っている。離職率は、ここ数年は16〜17%で推移しているが、採用率は減少傾向にあり、人材確保の厳しい現状が見て取れる。また、離職者のうち勤務年数「1年未満の者」が38・0%、「1年以上3年未満の者」が26・2%と、離職者のうち実に6割以上が勤続年数3年未満の者である実態が明らかになっている。新規に職員を採用しても、定着する前に多くが辞めてしまうのが現状といえる。

介護現場の人手不足は、もともと余裕のない介護現場の正規職員の労働を一層過酷なものとし、介護職員を疲弊させ働き続けることを困難にしている。職員間の引き継ぎも十分できない状態にあり、特別養護老人ホームで月に6〜7回の夜勤をこなす介護職員も珍しくなく、健康を害する介護職員も増大している。人手不足への応急的な対応として、人材派遣・紹介会社を利用する施設が激増、派遣労働者による介護が増えつつある。また、介護の仕事は、ある程度の経験と技能の蓄積が必要だが、必要な経験を積む前に多くの職員が仕事を辞めてしまっており、介護の専門性の劣化が進んでいる。すでに学生が集まらずに廃校に至った介護福祉士養成学校もあり、養成の基盤の毀損も回復困難な程度に達している。経験を積んだ介護職員の減少は介護の質の低下をもたらし、介護事故も増大している。

中でも、人手不足が深刻なのは、在宅介護の要であるホームヘルパー（以下「ヘルパー」という）だ。ヘルパーの有効求人倍率は、2019年平均で14・75倍（厚生労働省集計）を記録、全職業平均1・45倍（同年）の実に10倍以上と、破局的な人手不足に陥っている。ヘルパーの大半は短時間労働の主婦層だが、これらの主婦層が他産業の短時間労働に流れていることも大きい。現在のヘルパーの時給は身体介護で1300〜1500円（生活援助で1100〜1300円）が相場だが、コンビニやスーパーのバイトの時給も、都市部では1000円を超えることが珍しくなってきた。1日単位の労働時間でみると、ヘルパーは、多くても1日3人程度をこなすのが精一杯で、これだと5時間コンビニ等で働いた方が収入面では多くなる（結城康博「訪問介護なくして地域包括ケアはありえない」『週刊社会保障』2019年11月4日号、

47頁参照)。ヘルパーの労働自体が過酷なうえに、労働市場で劣勢に立たされているのだから、人手不足になるのも当然といえる。

†「措置控え」と市町村の専門能力の低下

一方、65歳以上で身体上または精神上の障害があるために日常生活や在宅生活が困難な高齢者が、やむを得ない事由により、介護保険サービスを利用することが著しく困難な場合には、市町村の責任で、その高齢者を老人ホームに入所させるなどの措置を行わなければならない。老人福祉法に規定されている「福祉の措置」である(同法10条の4、11条)。

国(厚生労働省)は、この「やむを得ない事由」を①本人が家族等の虐待・無視をうけている場合、②認知症等の理由で意思能力が乏しく、かつ本人を代理する家族等がいない場合、と限定的に解している。この解釈だと、要介護の高齢者が家族と同居している場合には、その家族が虐待をしていなくてはならないことになる。実際、複数の同居家族がいて、そのうちの一人が要介護高齢者を虐待しており、ケアマネージャーが市町村に通報したところ、他に家族がいるからといって措置にならなかった事例もある。あまりに限定的すぎる解釈と運用だ。いわゆる「老老介護」で、家族介護者が虚弱であったり、一人暮らしでお金がなく1割の利用者負担ができずに介護保険サービスを利用することができない場合も「やむを得ない事由」に含め、市町村による措置を行うべきと考える。

また、認知症がひどく、成年後見制度の利用が必要な場合には、後見人の選任までに時間がかかるので、サービスの中断なしに、同制度につなげていくためにも、福祉の措置が積極的に活用されるべきである。福祉の措置の拡充は、判断能力が不十分な要介護者や虐待を受けている要介護者の権利擁護の仕組みとしても大きな意義をもつ。

しかし、現実には、老人福祉法による措置の事例はごくわずかで、介護保険がスタートした2000年度から措置の予算的裏付けをしていない市町村も多い。何より、介護保険がはじまって、高齢者担当の自治体ソーシャルワーカーが激減、高齢者福祉行政における市町村の専門能力が低下し、行政が虐待を受けている高齢者を見つけることすらできなくなり（多くは、民間のケアマネージャーからの通報だ）、措置入所に大半の市町村が消極的な現状がある（いわゆる「措置控え」）。老人福祉法による介護保障は、現状ではきわめて不十分といわざるをえず、市町村責任の強化が課題となる（本章6参照）。

†低所得者に過酷な保険料負担と厳しい給付制限

介護保険料についても、とくに第1号被保険者の保険料が、低所得者に過酷なまでに重い負担となっている。逆進性の強さは、消費税以上といってもよい。

この問題は、裁判でも争われてきた。年金以外に収入がなく、生活保護基準以下で住民税非課税の被保険者に対して介護保険料を免除する規定を設けていないことは、憲法14条および25条に違反しないかが争われた旭川市介護保険条例事件では、最高裁は、ほとんど何も説明することなく、合憲性をあっさり認定した。しかし、保険料を賦課したならば、確実に「健康で文化的な最低限度の生活」水準を下回ることになる高齢者については、当人に介護保険法令を適用する限りで適用違憲の可能性がある（詳しくは、伊藤周平『「保険化」する社会保障の法政策――現状と生存権保障の課題』法律文化社、2019年、第3章参照）。

また、公租公課が禁止されている遺族年金や障害年金（国民年金法25条など）からも特別徴収（年金天引き）が行われていることも違法の可能性が高い。さらに、第2号被保険者の介護保険料率の設定は、その算定過程が行政内部の作業に委ねられており、法令の規制をまったく受けず、租税法律主義（憲法84条）の趣旨に反すると考えられる。

加えて、保険料滞納の場合の給付制限の厳しさが際立っている。介護保険料の場合、保険料滞納者は、基本的には、年金天引きとならない月額1万5000円未満のきわめて低年金か、無年金の高齢者だ。食生活、生活環境などから低所得者ほど、要介護状態になりやすい。にもかかわらず、そうした人ほど保険料が負担できず、給付制限を受ける可能性が高い。保険料滞納者に対する給付制限は、滞納が悪質であるような場合に限って必要最小限にとどめられるべきと考える。しかし、介護保険の給付制限は、保険料徴収権が時効消滅した部分も給付制限の対象としていることなど、必要最小限の範囲を超えており、給付制限というより、保険料滞納に対する制裁（ペナルティー）と化している。とくに、時効消滅した部分まで給付制限の対象とする措置は、介護保険料の後納ができないため（すでに時効で消滅している）、設定された一定期間は、サービスの3割負担化と高額介護サービス費の支給停止が続き（給付制限が解除されるのは、災害で突発的に収入が激減した場合などに限定される）、事実上、サービス利用を断念せざるをえない事例が増えている。現在、介護保険料の引き上げが続き、普通徴収の保険料の滞納が増加し、給付制限を受けた人も増加し、のべ1万3263人にのぼり、市町村から差押処分を受けた高齢者も1万人を超えている（2014年度）。介護保険料については、賦課徴収や給付制限において違憲・違法がまかりとおっているといえる。

4　介護保険制度改革の展開

†介護保険制度改革の特徴

もともと、介護保険は、介護保険料と給付費が直接に結びつく仕組みであり、介護保険施設や高齢者のサービス利用が増え、また介護職員の待遇を改善するため、介護保険施設や事業者に支払われる介護報酬を引き上げると、介護費用が増大し、介護保険料の引き上げにつながる。介護報酬単価の引き上げは、1割の利用者負担の増大にもはねかえる。

しかし、現在の介護保険の第1号被保険者の保険料は、前述のように、定額保険料を基本とし、消費税と同様、いやそれ以上に逆進性が強いうえに、月額1万5000円以上の年金受給者から年金天引きで保険料を徴収する仕組みのため、保険料の引き上げを抑えるべく給付抑制へと向かわざるを得ない（介護保険料が月額1万5000円になってしまえば、年金すべてが介護保険料として天引きされる人も出てくる！）。また、介護分野では、医療分野の日本医師会のような強力な圧力団体がなく、当事者団体も脆弱なことから、制度見直しのたびに、徹底した給付抑制と負担増が進められ、介護現場の疲弊が進んでいる。

介護保険法は、予防重視を標榜し、新予防給付を導入するなどの大幅改正となった2005年の法改正からはじまって、3年ごとの介護報酬改定に合わせる形で頻繁に改正が繰り返されてきた。とくに、近年の改革では、介護保険法単独ではなく、医療法の改正などとともに一括法案の形で国会に法案が提出され、重要な改正が断行されている点に特徴がある。

具体的には、2014年6月に、急性期病床を削減し、安上がりの医療・介護提供体制を構築することを目的とし、医療法など19法律を一括して改正する医療介護総合確保法が成立し

（第四章5参照）、介護保険法も改正され（以下「2014年改正法」という）、2015年4月から実施されている。2017年5月には、11の法律を一括で改正する「地域包括ケアシステムの強化のための介護保険法等の一部を改正する法律」が成立し、介護保険法が改正され（以下「2017年改正法」という）、2018年4月から順次施行されている。

こうした一括法案による法改正は、国会に一挙に膨大な資料が提出されるため、国民にほとんど知られることがなく、しかも、わずかな審議時間で法案が成立している。しかも細かな内容は政省令に委ねられる形で、重要な改正が行われており、国会審議の形骸化を招いている。

†引き下げ連続の介護報酬

3年ごとに改定される介護報酬も、2018年の改定まで6回の改定のうち、3回はマイナス改定であり（介護報酬に処遇改善加算を組み入れ、実質的にマイナス改定となった2012年の改定を入れると4回）、抑制ぶりが顕著である。介護保険がはじまってから20年間で、基本報酬は平均で20％以上も下がり続けている（図表5-4）。とくに、2015年の改定は、全体2・27％のマイナス改定、介護職員処遇改善加算の拡充分（プラス1・65％）などを除くと基本報酬は4・48％のマイナス改定で、過去最大の引き下げ幅となり、その影響で、2016年の老人福祉事業者の倒産は108件と急増した。従業員数5人未満の小規模事業者の倒産が

図表5-4　介護報酬の改定率と老人福祉事業者の倒産件数

	2000	2001	2002	2003	2004	2005	2006	2007	2008		
改定率				▲2.3%→			▲2.4%→				
年間倒産数	3	3	8	4	11	15	23	35	46		
	2009	2010	2011	2012	2013	2014	2015	2016	2017	2018	(2019年)
改定率	+3.0%→			+1.2%(▲0.8%)→			▲2.27%(▲4.48%)→			+0.54%	+0.39%
年間倒産数	38	27	19	33	54	54	76	108	111	106	111

注：改定率は、厚生労働省資料、老人福祉事業者の倒産件数は東京商工リサーチ調査より

出所：林泰則「介護保障につなぐ制度改革」岡崎祐司・福祉国家構想研究会編『老後不安社会からの転換―介護保険から高齢者ケア保障へ』（大月書店、2017年）332頁・表1、一部加筆

目立ち全体の７割を占めている（東京商工リサーチ調べ。以下同じ）。その後、２０１７年と２０１９年には、倒産件数は過去最多の１１１件を記録しており（図表5-4参照）、２０２０年は、新型コロナの影響でさらなる増加が懸念される。

介護報酬の引き下げは、介護現場で働く介護職員の賃金の抑制をもたらし、前述のように、介護現場の深刻な人手不足を加速している。厚生労働省の「賃金構造基本統計調査」によると、２０１６年の介護職員の所定内平均賃金（月給の者。施設長のうち事業所管理者を除く）は、22万８３００円（前年比４８００円増）で、全産業平均の33万３７００円より約10万円低く、２００４年度の21万２２００円（２００５年発表の同調査結果）から１万円程度しか上がっていない。同省は、２００９年度から２０１５年度までの４回の介護報酬の改定により、合計４万３０００円（月額）引き上げ効果があったと説明し、２０１７年には、介護職員の給与を月平均１万円程度引き上げる処遇改善加算を新設した臨時の報酬改定が行われた。しかし、２０１５年度の介護報

酬実態調査では、手当や一時金を除くと、基本給の増額は月額2950円にとどまり、過去4回の改定でも、基本給は合計で月額1万3000円増えたにとどまる。これは、特別の加算を設けても、加算を算定できる事業者は限られていること、基本報酬本体が削減されているため、介護職員の基本給の引き上げにまで回っていないことによる。また、介護現場でかなりの割合を占める非正規・パートの労働者（ヘルパーだと約8割）の賃金は制度開始の2000年以降、ほとんど上がっていない。

介護現場では、慢性的な人手不足への対応として、前述のように、人材派遣・紹介会社からの人材（派遣の介護職）の確保が常態化しつつある。それに伴い、事業者が派遣会社などに支払う派遣料が増大、事業者の経営を圧迫するようになっている。

†要支援者の保険外し

介護保険制度改革の具体的な内容をみていくと、2014年改正法では、第一に、要支援者（約160万人）の訪問・通所介護を保険給付から外し市町村の総合事業に移行する改革が行われた。

2018年3月末までに、すべての市町村（保険者）で総合事業への移行が完了したが、総合事業には統一的な運営基準はなく、現行の介護報酬以下の単価で、利用者負担も1割負担を下回らない範囲で市町村が決め、ボランティアや無資格者などを活用して低廉なサービスを提供することが想定されていた。しかし、ボランティアなどによる住民主体サービスは事業を組織できていない市町村がほとんどであり、できたとしても市町村全域をカバーするには至らず、事業の継続性に欠けている（同様の指摘に、増田雅暢「介護保険『総合事業構想』の破綻」週刊社会保障2961号、2016年、27頁参照）。多くの市町村では、従来の事業者を総合事業の指定事業者として利用し続けているのが現状だ（伊藤周平・日下部雅喜『新版・改定介護保険法と自治体の役割――新総合事業と地域包括ケアシステムへの課題』自治体研究社、2016年、第5章参照）。そして、将来にわたって現行の単価設定を維持できなければ、これらの事業者の撤退が懸念される。

保険給付の場合は、被保険者に対して受給権が発生するので、市町村（保険者）には給付義務が生じる。これに対して、市町村事業は、市町村には給付義務はなく、予算の範囲内で行うもので、予算が足らなくなったら、そこで事業は打ち切りになる。財政的には、きわめて不安定な仕組みといってよい。しかも、前述のように、総合事業の事業費には75歳以上の高齢者数の伸び率以内という上限が設定されている。75歳以上の高齢者数の伸び率の平均は年間3〜4%であるのに対して、従来の予防給付の自然増は年間5〜6%の伸びを示しており、この上限設定は、実質的に、要支援者に対する事業費を年間2〜3%ずつ抑制していくことを意味する。

このままでは、事業の縮小を余儀なくされる市町村が多数出てくると思われる。少なくとも、事業費の上限は撤廃し、必要な財源を確保すべきであろう。

もともと、総合事業に該当する予防事業などは、自治体が責任をもつ保健事業として行われてきたが、2005年の介護保険法改正で、これを介護保険に一部取り込み（つまり介護保険料と公費で行い）、事業の再編・縮小が行われ、保健事業に対する公的責任が縮小されてきた。保健事業は介護保険とは別枠の公費で、国や自治体の責任で行うべきである。

†施設利用の制限

第二に、特別養護老人ホームの入所資格が、要介護3以上の認定者に限定された。厚生労働省の調査結果（2013年10月1日時点で、都道府県が把握している入所申込状況。14年3月に発表）では、特別養護老人ホームの入所待機者は、52万1688人で、そのうち要介護1・2の認定者は17万7526人（34％）にのぼっていた。これらの人は、改正介護保険法の施行で、もはや待機者にすらカウントされなくなった。後述する施設費用の負担増もあり、特別養護老人ホームの入所待機者は、2018年4月時点で約32万人に激減している。

要介護1・2の認定者も、やむを得ない事情があれば、特例的に入所を可能とする「特例入所」が認められてはいる。厚生労働省は、市町村の適切な関与のもと施設ごとの入所検討委員会を経て「特例入所」を認めると説明し、その要件として、①知的障害・精神障害等も伴って、地域での安定した生活を続けることが困難、②家族等による虐待が深刻であり、心身の安全・安心の確保が不可欠、③認知症高齢者であり、常時の適切な見守り・介護が必要、④単身世帯である、同居家族が高齢または病弱である等により、家族等による支援が期待できず、かつ地域での介護サービスや生活支援の供給が十分に認められないことにより、在宅生活が困難な状態であるの四つを列挙している。しかし、これらは、②のように市町村の責任による措置入所の必要な事例も含まれており、限定的すぎる。毎日新聞社の特別養護老人ホーム全国アンケート調査では、2015年4月から2017年1月まで、特例入所を実施していない施設が72・4%にのぼり、入所者数も249人と、有効回答施設の定員総数のわずか0・93%にすぎない。厚生労働省の特別養護老人ホームの調査でも、2016年4月〜9月の新規入所者のうち要介護1・2の人は合計で2・2%にとどまる。特例入所はほとんど機能していないといっても過言ではない。

これまで、国は、特別養護老人ホーム建設への国庫補助を廃止して一般財源化し、介護保険の施設給付費への国の負担を減らし自治体の負担を増大させるなど、特別養護老人ホームの増設を抑制してきた。かわって進めてきたのが、公費投入の必要がないサービス付高齢者向け住宅などの有料老人ホームの整備だ。特別養護老人ホーム抑制の流れを受け、サービス付高齢者向け住宅は、登録制度発足の2011年11月時点で、全国に30棟・994戸数だったものが、2017年6月時点で、6668棟・21万8195戸数に急増している。しかし、同住宅は、家賃、共益費、食費などに加え外付けサービスの利用料が必要で、自己負担は月20万円程度に及び、住民税非課税の低所得の高齢者が入所できる負担水準ではない。低年金の高齢者が増える中、公費を抑制するため、特別養護老人ホームの増設を抑制し、入所者を限定する政策では、それらの高齢者が行き場を失うだけである。

†2割負担の導入と補足給付の見直し

第三に、年金収入で年間280万円（年間所得では160万円）以上の第1号被保険者にかかる利用者負担の割合を1割から2割に引き上げ、同時に、補足給付（特定入所者介護サービス費）の支給要件について見直しが行われた。

このうち、補足給付は、特別養護老人ホームなど介護保険施設入所者や短期入所利用者に対して、食費や居住費を軽減するもので、特別養護老人ホームの入所者の約8割の人（住民税非課税の人）が受給していたが、補足給付の支給要件に資産なども勘案されることとなった（2015年8月より）。補足給付の申請時に、預金通帳の写しなどの提出が求められ、市町村は必要に応じて預貯金額を金融機関に照会できることとされたため、補足給付の申請を断念する人が続出した。非課税年金（遺族年金や障害年金）も収入とみなされ（2016年8月より）、世帯分離して施設入所しても、一方の配偶者に所得があり課税されている場合は、補足給付の対象外になるという徹底ぶりである。実際に、この要件に該当し、補足給付が打ち切られたため、入所費用が負担できなくなり、特別養護老人ホームに入所していた妻を退所させ自宅に引き取り、先のみえない「老老介護」をはじめた高齢者もいる（2016年11月14日の熊本県高齢者大会での当事者発言）。

補足給付の対象外となれば、月4万円程度の負担が一挙に10万円超の負担となり、通常の年金生活の高齢者の負担能力を超える。結果として、「終《つい》の棲家《すみか》」であるはずの特別養護老人ホームからも退所しなければならないという異常な事態が生じている。

†3割負担の導入と障害者の「65歳問題」

ついで、2017年改正法の内容をみると、2割負担の導入に続き3割負担が導入された。

3割負担の対象となるのは、年金収入等とその他の合計所得金額（給与や事業収入から諸控除や必要経費を差し引いた額）が単身世帯で340万円以上、夫婦世帯で463万円以上の場合である。年金収入のみの単身世帯の場合で、年収344万円に相当する。月額の負担上限である高額介護サービス費があるものの、その自己負担限度額も引き上げられている。

2割負担に引き続く、3割負担の導入は、介護保険の利用者負担を、将来的に、すべての利用者について2割負担（一定所得者は3割負担）にするための布石といえる。しかし、2割負担の導入でサービスの利用抑制が拡大しており、その実態調査もなされていない。サービス利用の抑制を目的とした負担増は、生存権侵害の疑いがある。

また、2017年改正法では、児童福祉法上の指定事業者または障害者総合支援法上の指定事業者から、介護保険法の訪問介護・通所介護等の居宅サービス事業に申請があった自治体の基準を満たせば、介護事業者の指定を受けられる仕組みが導入された。これら指定事業者が提供するサービスが「共生型サービス」と呼ばれる。ただし、報酬単価は、障害福祉事業者が共生型の介護保険サービスをはじめる方が低めに設定されている。

障害者が65歳になると、介護保険法が適用され、介護保険との給付調整が行われ（障害者総合支援法7条。「介護保険優先適用」ともいわれる）、これまで障害福祉サービス利用のときは負担がなかった住民税非課税の人でも応益負担が発生し、しかも要介護認定により給付上限が設定されるため、65歳以前より必要なサービスが十分利用できなくなるなどの問題が生じている。これが障害者の「65歳問題」といわれる問題だ。共生型サービスの創設により、障害者が65歳以上になっても、これまでと同じ事業所からのサービスが継続できるようになったとメリットが強調されているが、利用者負担の増大でサービス利用そのものを抑制せざるを得ないのであれば意味がなく、「65歳問題」の根本的な解決には程遠い。共生型サービスの導入のねらいは、介護保険優先適用を固定化する点にあり、介護保険法と障害者総合支援法の統合の布石とみるべきであろう。

障害者の高齢化にともない、「65歳問題」は深刻な問題となっている。65歳に達した障害者が介護保険の要介護認定の申請をしなかったことを理由に、重度訪問介護給付費の不支給決定がなされたことを違法として取消訴訟が提起されるなど（浅田訴訟）、介護保険優先適用条項の違法性を争う裁判にまで発展している。浅田訴訟では、不支給決定が取り消され、重度訪問介護の介護給付費支給決定の義務付け、不支給決定による国家賠償請求が一部認められ、原告が勝訴している（広島高裁岡山支部2018年12月13日判決）。

†介護医療院の創設

さらに、介護医療院が創設された。長期療養の患者のための介護療養病床（介護保険適用の療養病床。正式名称は介護療養医療施設）は、2011年の介護保険法改正で、2018年3月末で廃止されることになっていたが、2017年改正法で、廃止をさらに6年間延長し2024年3月末とし、その間に、新施設である介護医療院への転換をうながすこととされた。

介護医療院には、介護療養型相当のI型（利用者48人に医師一人）と介護老人保健施設相当以上のⅡ型（利用者100人に医師一人以上）以上の二つ基準が設けられている。医師が24時間配置され、従来の介護施設に比べ医療必要度の高い要介護者を受け入れることができるとされているが、「生活施設としての機能重視」を掲げるものの、利用者一人あたりの床面積は、老人保健施設（8㎡）相当で、特別養護老人ホーム（10・3㎡）に比べ狭い。また、従来の介護療養病床では、夜勤や認知症患者に対応するため、看護師や介護職員を国の基準より増員している医療機関が多かったが、介護医療院が医療機関に併設された場合には、人員配置基準の緩和がなされる。しかし、人員配置基準の引き下げは、現場の介護職員や看護師の労働強化を意味し、それらの職員の離職や人員不足を加速すると予想される。

現在、介護医療院は全国で223施設（Ⅰ型146施設、Ⅱ型75施設、Ⅰ型およびⅡ型の混合2施設）にのぼっている（2019年6月30日現在。厚生労働省調査）。介護療養病床からの転換が最も多く、ついで医療療養病床、介護老人保健施設からの転換の順となっている。

そのほか、2017年改正法では、第2号被保険者が介護保険料として支払う介護給付費納付金（介護保険財政へ拠出する負担金）について、総報酬割が段階的に導入された（2020年度から全面総報酬割になっている）。これにより協会けんぽへの国庫補助1450億円が削減された。後期高齢者支援金の場合と同じ手法による国庫補助の削減であり、国の財政責任を現役世代の保険料負担に「肩代わり」させるものにほかならない（第四章5参照）。

†2018年介護報酬改定

一方、医療保険の診療報酬改定と同時改定となった2018年の介護報酬改定は、0・54%のプラス改定にとどまり、これでは介護職員の処遇改善と人材確保は絶望的といってよい。

具体的な改定内容をみると、第一に、訪問介護の生活援助が見直され、利用回数が基準を超えるケアプランを作成する場合には、ケアマネージャー（介護支援専門員）の市町村への届出が義務付けられ、市町村の地域ケア会議で検証・是正を行うこととされた。しかし、これはケアマネージャーがケアプランの生活援助を抑制する利用制限につながる可能性がある。訪問介護の生活援助には、高齢者の生活全体を支援し、状態維持や改善をはかり、とくに認知症高齢者の場合は、見守りという役割を担っている。利用回数が減らされれば深刻な影響が懸念され、要介護者の重度化や認知症状の悪化が進むことが予想される。

第二に、通所介護（デイサービス）では、2015年改定で、小規模事業所の基本報酬を引き下げたのに続いて、大規模事業所（月利用のべ571人以上）の基本報酬が引き下げられた。また、2時間ごとの算定だったサービス提供時間が1時間ごととされたため、減収となった事業所も多く、事業所の運営が苦しくなっている。財務省は、要介護1・2の人の通所介護の利用（通所介護費の約半分を占める）を介護保険の給付から外し、総合事業に移行させるよう執拗に求めている。しかし、通所介護には、社会的孤立感の解消や利用者の家族の身体的・精神的負担の軽減（レスパイトケア）の役割もあり、それを総合事業化すれば、ただでさえ苦しい運営の事業所の撤退が相次ぎ、通所介護そのものが崩壊してしまう。

第三に、高齢者の自立支援をうながすと称して、通所介護に、身体機能の回復実績に応じた「成功報酬」の仕組み、また訪問介護の生活援助でも基本報酬を引き下げた上で（45分以上で、2025円→2007円）、ヘルパーと利用者が洗濯や掃除などを一緒に行う場合に報酬をアップする仕組みが導入された。現在、進められている自立支援は、介護保険サービスの利用からの離脱を意味しているが、要介護者が介護保険サービスを利用しなくてすむまでに状態が改善することはまれで、現状維持が精一杯である。介護の目的を改善に一面化することは、改善が見込めない利用者が選別され、制度から排除されることにもなりかねない。身体的自立度に偏向した要介護度の改善の義務化や「自立支援」の強制は、高齢者への虐待といっても過言ではないとの指摘もある（全国老人施設協議会の意見書、2016年12月）。高齢者の「尊厳の保持」を定めた介護保険法の理念（1条）にも反するだろう。

介護保険の「保険者機能の強化」をうたって、「保険者機能強化推進交付金」（インセンティブ交付金）を拡充し、各自治体の「自立支援・重度化防止」の取り組みを国が評価し、目標達成の評価に応じて、自治体に交付金（約200億円）を配分する仕組みも導入された。交付金というニンジンをぶらさげて、自治体に介護給付費の抑制を競わせるものといってよい。すでに、要介護認定の更新時に、認知症の症状が多少でも改善していれば、また疾病や外傷などによる心身の状態が安定していれば、「要支援」や「非該当」の判定になる人が続出している。給付費抑制を目的とした要介護認定の意図的な軽度化シフトが行われているといえる。

†2019年介護報酬改定

消費税10％の引き上げに対応した2019年10月の介護報酬改定では、序章でみたように、増税による増収分1000億円程度を投じ、介護施設などに勤続年数10年以上の介護福祉士に月額平均8万円の処遇改善を行う福祉・介護職員等特定処遇改善加算が創設された。

同加算の配分対象は、①経験・技能のある介護等現場職員、②その他の介護等現場職員、③その他の職員の三つに区分され、①の中で、勤続年数10年以上の介護福祉士を基本に、最低一人は月額8万円以上の賃金改善を行うこと、もしくは、賃金改善後の年収が440万円（全産業の平均）以上とすることを原則とする。そして、①の賃金改善の平均額が②の2倍以上、②の賃金改善の平均額が③の2倍以上であることを要件としている。

しかし、実際の特定加算額は、年間介護報酬8000万円（通所介護25人定員）で、ようやく月額8万円相当の一人分の改善額が確保できる換算にすぎない。他の介護職員などの処遇改善にこの収入を充てることもできるため、対象者が4人になれば、一人当たり平均2万円の賃上げにとどまる。また、事業所で職員一名のみが全産業平均の年収440万円を超えればよいとする制度設計のため、職種や経験による職員間の分断をもたらすばかりでなく、事業所全体の介護職員の平均賃金は全産業平均に届かないこととなる。加算ではなく、公費を投入し、福祉職俸給表に基づいた基本給の引き上げを行い、事業所の職員全体の平均年収を440万円に引き上げる必要がある。

†「箱もの」を整備しても担い手がいない!

安倍政権は、「介護離職ゼロ」を掲げ、2020年までに50万人分以上の介護サービスの整備を行う予定だが、50万人分といっても、すでにある38万人分の計画に12万人分を上積みしただけで、そのうち2万人分は、高額の自己負担がかかるサービス付き高齢者向け住宅であり、入所待機者が多い特別養護老人ホームは、15万人分の増設にとどまる。

また、いくら施設などの「箱もの」を増やしたとしても、介護の担い手が集まらないのでは要介護者の受入れはできない。特別養護老人ホームの中には、職員の不足で受入れ人数を制限し、待機者が多数いるにもかかわらず、空きベッドが生じている施設も出てきている。厚生労働省の委託調査でも、特別養護老人ホームで職員不足など体制の不十分さを理由にベッドに空きがある施設が1割以上あることが明らかになっている。

現場の人手不足に対応するため、介護保険施設の基準省令が改正され、人員配置基準の緩和がなされたが、介護職員にとっては労働強化となり職員の離職や介護事故の増大、さらには、ストレスから利用者への虐待の増大をもたらす可能性が高い。実際、前述の厚生労働省の「対応状況調査」によると、介護施設等の職員による虐待は、調査の公表がはじまった2006年度が54件であったものが、2018年度は621件と12倍近くに激増し、過去最多を更新している。

†新たな在留資格の創設と外国人労働者確保策の限界

介護人材の不足に対応するため、2018年12月に、入国管理法が改正されて、新たな在留資格として「特定技能1号」と「特定技能2号」が創設され、前者の外国人労働者を介護領域で、約6万人確保する方針が打ち出された。「特定技能1号」は「特定産業分野の属する相当程度の知識や経験を必要とする技能を要する業務に従事する外国人向けの在留資格」とされ、技能水準・日本語能力水準を試験等で確認して入国し、その後、介護施設等で通算5年の就労が可能となるが、家族の帯同は基本的に認められない。

とはいえ、現在の介護現場の劣悪な労働条件を放置したままでは、この制度も、人権侵害が横行している特定技能実習生制度のように、外国人を安上がり労働として搾取することになりかねない。そうした実態が明らかになれば、外国人労働者も集まらないだろう。実際に、①フィリピン以外のアジア諸国では、急速に高齢化が進むため、他国に介護人材を派遣する余裕がなくなる、②アジア諸国の介護人材はヨーロッパ諸国や北米などの先進諸国に流れており、日本は人気がない、③アジア諸国の介護福祉士候補者が国家試験に合格するためには、受入法人・施設は人的にも、金銭的にも相当の「持ち出し」をする必要があり、そうした法人は限定されるという理由から、外国人介護士の受け入れにより、日本の介護人材不足を補うことは不可能との指摘もある（二木立『地域包括ケアと医療・ソーシャルワーク』勁草書房、２０１９年、80-81頁）。

外国人介護士の受け入れよりも、まずは介護職員の待遇改善が先決ではないか。現在、介護福祉士資格の有資格者は１５０万人だが、実際に介護現場で働いている有資格者は83万人と推計され（厚生労働省「介護福祉士の登録者数と介護職の従事者数の推移」）、66万人以上が資格を持ちながら介護の仕事をしていない潜在介護福祉士である。待遇を改善し、そのうち1割でも介護現場に戻ってくれれば、7万人近くの人材確保が可能となるはずだ。

†2021年介護保険制度改正に向けて

一方、さらなる給付抑制・負担増の改革を進めるべく、安倍政権は、2021年の介護保険制度改正に向け、①ケアプランの有料化（利用者負担の導入）、②介護保険サービスの利用者負担の原則2割化、③要介護1・2の人に対する生活援助の市町村事業化（保険給付外し）、④補足給付の見直し、⑤高額介護サービス費の見直しなどの改革案を提示した。これを受け、社会保障審議会・介護保険部会で審議が進められ、2019年12月に「介護保険制度の見直しに関する意見」が取りまとめられ、2021年の制度改正の大枠が固まった。そして、2020年の通常国会で、介護保険法や社会福祉法などを一括改正する「地域共生社会の実現のための社会福祉法等の一部を改正する法律」が成立した。

このうち、①のケアプラン作成などの居宅介護支援に対する利用者（自己）負担の導入は長らく議論されてきており、2018年度には、居宅介護支援にかかる介護費が5000億円を突破したものの（介護予防支援を含む。「介護給付費等実態統計」による）、介護支援専門員の団体や自己作成プランの増大により事務作業の増大を懸念する保険者（市町村）からの反対などもあり、導入は見送られた。同様に、②の利用者負担増も見送られた。

また、③は、要介護認定を受けている人のうち平均して半分が要介護1・2の判定であり

（厚生労働省「介護保険事業状況報告月報」による）、影響が大きい。介護保険部会でも「総合事業はまだ住民主体のサービスなどが十分に整備されておらず、地域ごとに進捗のばらつきがある。そんな中で、要介護1・2も移行させるのは時期尚早」という意見が優勢となり、こちらも見送られた。

結局、今回の制度改正で実施が決まったのは④と⑤である。④の補足給付の見直しでは、区分を細分化する。具体的には、所得基準で現行の第三段階（世帯全員が市町村民税非課税かつ本人年金収入等が80万円超）を「第三段階⑴（本人の年金収入等が80万円超120万円以下）」と「第三段階⑵（同120万円超）」の二つに区分し、前者は現行と同じで、後者は食費を引き上げ、補足給付額を引き下げる。たとえば、特別養護老人ホームの多床室の場合、自己負担額は月約2万2000円増える。資産（預貯金）基準は、現行制度では第一～三段階とも1000万円だが、これを第二段階650万円以下、第三段階⑴550万円以下、第三段階⑵500万円以下とより厳しくなる。⑤の高額サービス費では上限を医療保険の高額療養費に合わせて引き上げる。これにより補足給付が受けられない人が増大し、特別養護老人ホームからの退所も増えるのではないかと危惧される。

5　介護保険の本質と危機的状況

†高齢者医療費の抑制と介護による医療の安上がり代替

以上、介護保険の仕組みと問題点、介護保険制度改革の動向についてみてきたが、そもそも、介護保険はなぜ導入されたのか。その本質は何かについて改めて検討してみよう。

介護保険導入の目的の第一は、医療費の抑制と介護保険による医療の安上がり代替にある。介護保険法1条にもあるように、介護保険の給付対象者は、介護のみならず「その他医療を必要とする者」であり、「保健医療サービス」にかかる給付を行うとされている。老人保健施設や介護医療院が介護保険施設とされ、訪問看護も介護保険サービスの対象とされている。つまり、介護保険は、従来は医療保険の給付で行っていた保健医療サービスの一部を介護保険の給付で行うことで、増え続ける高齢者医療費を抑制するために構築された制度といえる。

実際、介護保険制度が始まった2000年には、高齢者医療費が減少した。高齢者医療費の一部が介護費として介護保険の給付に移ったのだから当然ではある。しかし、その後、高齢化の進展などにより、再び高齢者医療費が増大に転じたので、2008年から、介護保険の財政構造をモデルとした後期高齢者医療制度が導入されたのである（第四章4参照）。

同時に、介護保険には、医療の安上がり代替という狙いもあった。同じ医療行為を、医師や看護師など医療・看護職が行うのと、介護福祉士など介護職が行うのとでは、診療報酬と介護報酬の差をみれば、後者の方が安上がりなのは一目瞭然である。また、医師が必要と判断した治療には原則すべて保険がきく医療保険の給付と異なり、介護保険の給付には、保険がきく上限（支給限度額）が存在するため、給付費を抑制することができる。この目的に沿って、2011年に、社会福祉士及び介護福祉士法が改正され、介護福祉士も、たんの吸引などの一部の医療行為を業務として行うことが可能となった。しかも、業務として行える医療行為は「たんの吸引、経管栄養等」となっており、省令で定めるため、法改正なしに、医療行為の範囲が際限なく拡大されていくおそれがある。

†現金（金銭）給付化と市町村責任の縮小

第二の目的は、従来の福祉措置制度（市町村委託・補助金方式、自治体責任による入所・利用の仕組み、利用者負担は所得に応じた応能負担、財政方式は税方式）を解体し、①個人給付方式（要介護者にサービス費用を支給する金銭給付）、②直接契約方式（要介護者の自己責任による利用の仕組み）、③利用者負担は所得に関係なく利用に応じた応益負担、④社会保険方式（主要な財源は社会保険料）という仕組みに転換することで、市町村の直接的な介護サービス提供義務をなくし、公的責任を縮小し、公費負担を削減することである。

こうした個人給付・直接契約方式への転換により、市町村が、直接的な高齢者福祉サービスを提供の責任を負わなくなった結果、市町村担当課の多くは、高齢者支援や介護サービス提供に関わることがなくなり、個々の相談や支援を民間のケアマネージャーや地域包括支援センターに丸投げする傾向が強まり、市町村が高齢者の生活実態をつかめなくなっている。さらに、この間の市町村職員の削減や非正規化、業務の外注化なども加わり、高齢者福祉現場の専門性が大きく低下した。介護保険制度導入から20年がたち、措置時代のように高齢者福祉担当のケースワーカーや公務員ヘルパーが配属されている自治体は極めて少なくなり、こうした専門性の喪失は常態化している。

介護保険のもとでも、措置制度は存続しているものの、前述のように、大半の市町村が、措置入所・利用に消極的となり、困難を抱えている高齢者が放置されている現状がある。

†企業参入の促進と制度必然といえる介護職員の労働条件の悪化

第三に、在宅事業への企業参入をうながし、供給量の拡大を図るという目的がある。

個人給付・直接契約方式をとる介護保険のもとでは、介護事業者・施設が代理受領する給付費は、本来は、サービスを利用した要介護者に支給されるものであるから、従来の補助金のような使途制限はない。つまり、事業者が株式会社であれば、給付費収入を株主の配当に回すことが可能となる。同時に、社会保険方式にすることで、介護保険財政を特別会計化し、厚生労働省が独自財源（天下り先も？）を確保できるというメリットもあった。

確かに、介護保険の導入で、在宅事業には多くの株式会社が参入し、供給量の増大がはかられた。しかし、株式会社のみならず、社会福祉法人などの非営利法人も、介護保険法のもとでは、介護報酬と利用者の利用料で運営していくことが基本となるので、介護報酬の引き下げが続く状況では、事業の効率化とコスト削減を迫られる。介護事業は労働集約的で、事業支出の大半を人件費が占めるため、コスト削減とは、人件費の削減を意味し、それは必然的に介護職員の労働条件の悪化をもたらす。介護保険のもとでの前述したような介護職員の劣悪な労働条件と人手不足は、まさに制度的にもたらされたものなのである。

一方、介護保険施設については、株式会社の運営が認められていないので、在宅事業のような供給量の増大はみられていない。とくに需要の大きい特別養護老人ホームは、前述のように、国が建設の国庫補助を廃止して一般財源化し増設を抑制してきたこともあり、不足が顕著だ。

いずれにせよ、このままの改革を進めていけば、許容可能な介護保険料の範囲まで給付水準を徹底して切り詰めることとなり、いま以上に、必要な介護サービスが利用できない高齢者が増え、家族介護の負担が増大し、介護殺人など悲惨な事件が増大することとなろう。

†介護保険の危機的状況

いま介護現場は、家族介護者のみならず施設などの介護職員の献身的努力によって、なんとか支えられているのが現状である。しかし、それにも限界がある。2015年・2018年改定のように、人員配置基準の緩和など小手先の対応策に終始し、基本報酬は引き下げ、よくて据え置きといった施策を続けていけば、早晩、施設・事業者不足が深刻化し、介護保険は制度崩壊の危機に直面するだろう（いや、すでに直面しているともいえる）。

†新型コロナの直撃で、介護崩壊が決定的に

制度崩壊の危機にあった介護保険は、新型コロナの直撃で、介護崩壊が決定的となった。

高齢者施設や通所介護（デイサービス）での新型コロナの集団感染がすでに各地で発生しており、もともとの人手不足もあり、感染を警戒して、デイサービスの事業所などの休止が、全国で900以上に急増している（2020年4月24日、厚生労働省調べ）。厚生労働省は、介護

事業所が休業した場合、ケアプランをつくる居宅介護支援事業所を中心に、訪問介護などの代替サービスを検討・提供するよう求めている。しかし、代替しようにも、どこの訪問介護事業所もヘルパー不足で、とても対応しきれていない。

また、訪問介護について、厚生労働省は、利用者に発熱等の症状があっても感染防止対策を取り「必要なサービスが継続的に提供されることが重要」と通知しているが、現場ではマスクや消毒液が圧倒的に不足しており、感染リスクが高まっている（前述のように、ヘルパー自身が多くは感染すると重症化しやすい高齢者だ）。しかも、必要なマスクなども介護事業所が自前で揃えても、その出費に対する補償もない。

一人暮らしの高齢者や老老介護の世帯、認知症のある高齢者の世帯では、サービスの中止や外出自粛で、状態の悪化、認知症の進行、身体機能の衰えが起きている。家族介護者の負担が増大し、虐待も増えている。在宅事業者の側も、利用者のキャンセルが相次ぎ、収入が激減、小さな事業所は閉鎖が相次いでいる。新型コロナの収束が長引けば、さらに廃業や倒産が増え、介護サービス基盤は完全に崩壊する。

介護施設も深刻だ。すでに、特別養護老人ホームでも集団感染が起き、死亡者が出ている。病床の不足で、感染者を入院させずに施設内で隔離しケアしている介護施設もあり、職員は少ない人手で極度の緊張を強いられている。厚生労働省は、感染対策として、施設を運営する法人同士の応援を求めるだけで、このままでは、次の感染拡大が生じた場合、介護施設での集団感染と入所者の死亡が増える可能性が高い。厚生労働省は感染者や死者の詳細な分析結果を公表していないが、共同通信の調査では、高齢者が入所する介護施設で新型コロナに感染した入所者、職員は、少なくとも計700人おり、このうち79人（すべて入所者）が亡くなっていたことが明らかになっている（2020年5月8日時点）。

6　介護保険から介護保障へ

†介護崩壊を防ぐための緊急提言

こうした深刻な介護崩壊を食い止めるため、次のような対策が早急に求められる。

第一に、検査体制を強化し、介護施設・事業所の介護従事者、利用者すべてに、症状のあるなしにかかわらず、定期的にPCR検査を実施すべきである。

第二に、感染予防に必要なマスク、消毒液などを国の責任で確保し、介護施設・事業者に対して安定した供給ができるようにする必要がある。

第三に、介護施設・事業所で感染者が発生した場合には、ただちに入院治療に移し、それにともなう減収、利用者の減少に伴う損失を補償すべきである。

第四に、第2次補正では、新型コロナの感染者や濃厚接触者に対応した介護施設・事業所の施設職員に慰労金20万円、それ以外は5万円の支給が盛り込まれたが、より増額した恒常的な危険手当を創設し、ヘルパーについては、潜在ヘルパーの復帰や現職への臨時手当の支給など増員のための財政措置を行うべきである。

そして、何よりも介護保険について、次に見るような抜本的な制度改革が不可欠と考える。

†介護保険の当面の抜本改革

まず、社会保険方式（すなわち介護保険方式）を維持するのであれば、介護保険料を所得に応じた定率負担にし、賦課上限を撤廃するなどの抜本改革が不可欠となる。実際、ドイツの介護保険では、保険料は所得の2％程度の定率負担になっている。そのうえで、住民税非課税の被保険者については介護保険料を免除とすべきである。そもそも、住民税も課税されないような低所得の人から保険料を徴収すべきではない。

同時に、コンピューター判定と身体的自立度に偏向した現在の要介護認定を廃止し、医師や介護職を構成員とする判定会議による認定の仕組みに改める必要がある。ドイツでは、認知症高齢者の増大にともない、介護保険の要介護認定の抜本的見直しを行い、認知症高齢者の独自の基準を設定している。認知症高齢者の増大が続いている日本でも、要介護認定の見直しが検討されてしかるべきであろう。

介護人材の確保については、人員配置基準を引き上げたうえで、介護報酬とは別枠で、介護職員だけでなく看護職員や事務職員も対象とした公費負担による処遇改善交付金を創設すべきと考える。なかでも、人材不足が深刻なヘルパーについては、訪問介護部門を介護報酬の仕組みから切り離し、介護保険制度創設前のように、市町村の直営・委託で行う方式にして、公務員化する必要がある（同様の提案に結城・前掲「訪問介護なくして地域包括ケアはありえない」48－49頁参照）。さらに、施設建設費補助への国庫補助を復活させ、不足している特別養護老人ホームの増設を進めるべきと考える。

加えて、家族介護者に対する現金給付を介護保険の給付として制度化すべきである。日本の介護保険は、サービスを利用したときの給付しかないが、ドイツでは、現金給付が制度化されており、現金給付とサービス給付とは選択でき、あるいは併用することも可能である。現金給付を選択した場合でも、保険者である介護金庫は、適切な介護がなされているかを調査するため、介護等級に応じて、定期的にソーシャルステーションの職員を、現金給付の受給者宅に派遣することが義務付けられている。さらに、家族介護を社会的に評価し、家族介護者と要介護者との間に就労関係を認め、自治体が介護者の労災保険料を全額負担することで、介護者が介護に基づく傷病に遭遇した場合には、労災の給付対象とする仕組みが導入されている。

日本では、家族などの介護者に対する支援は、地域支援事業の中に位置づけられているが、任意事業のため、自治体によってばらつきがあり、内容も介護者交流会の開催や相談などにとどまり、家族介護慰労金のように事業として存在していても、要件が厳格なため、ほとんど利用者がいないなど、さまざまな問題点が指摘されている。実効的な介護者支援は皆無といっても過言ではない。ドイツのような現金給付を導入すれば、家族介護者の労働の権利を保障することができるし、介護者の支援にもなる。それに伴う介護保険料の高騰については、定率保険料の導入のような抜本改革で対応すべきである。

†社会保険方式の破綻と総合福祉法の構想

すでに、介護保険そのものが、これまでみてきたような給付抑制と負担増の連続で、「保険料あって介護なし」の状態に陥り、「国家的詐欺」と称されるまで(伊藤・日下部・前掲『新版・改定介護保険法と自治体の役割』141頁)、制度としての信頼を失っている。社会保険方式で介護保障を行うことの限界は明らかで、将来的には、介護保険法は廃止し、高齢者や障害者への福祉サービスの提供は、自治体の責任(現物給付)で全額公費負担により行う総合福祉法を制定すべきと考える(総合福祉法の構想について詳しくは、障害者生活支援システム研究会編

『権利保障の福祉制度創設をめざして――〔提言〕障害者・高齢者総合福祉法』かもがわ出版、2013年、第3章（伊藤周平執筆）参照）。前述した障害者の「65歳問題」も、根本的に解決するには、介護保険法・障害者総合支援法の廃止と総合福祉法の制定しかない。

現在、医療制度改革により、必要な医療やリハビリが受けられなくなった高齢者の受け皿として介護保険の給付を再編していく方向がみられるが（いわゆる「地域包括ケアシステム」）、こうした政策は介護保険の給付抑制策により破綻している（第四章5参照）。介護保険の給付のうち、訪問看護や老人保健の給付などは医療の給付に戻すべきである。そうすれば、特別養護老人ホームや老人保健施設の入所者への診療の制約もなくなり、福祉サービスと同時に必要な医療を受けることができるようになる。また、介護保険による医療の安上がり代替も防げる。ただし、医療保険の負担が増えることになるので、それについては、公費負担や事業主負担の増大により対応していくべきだろう（終章2参照）。

個人給付・直接契約方式を廃止し、市町村と高齢者・障害者との契約という形で、市町村が直接的な福祉サービス提供の責任を負う方式にする必要がある。これにより社会福祉事業は、給付費を代理受領するのではなく、委託費を受けて運営することになり、運営の安定性を確保できる。委託費（公費）を増額していけば、職員の基本給の底上げなど労働条件の改善も可能となる。そして、財源は消費税ではなく、所得税や法人税に求めるべきである（終章1参照）。

第六章

子育て支援・保育無償化のゆくえ

1 待機児童問題と保育制度改革

子育て支援・保育の分野では、2015年4月、戦後の公的保育制度を大きく転換する子ども・子育て支援新制度が、消費税を財源としてスタートした。また、2019年10月より、これまた消費税増収分を財源として幼児教育・保育の無償化がはじまった。

本章では、待機児童対策を中心に、これまでの保育制度改革の展開をみたうえで、子ども・子育て支援新制度の仕組みと問題点を考察する。そのうえで、幼児教育・保育の無償化の問題点を検討し、安心して子どもを育てることのできる保育制度の構築に向けた課題を探る。

なお、本章では、「子ども」は「児童」と同じ意味で用い、一般に用いられている「保育園」

は、引用の場合を除いて法律上の名称の「保育所」で統一する。

†問題が顕在化した後も保育所抑制

現在、社会問題となっている待機児童問題は、いつごろから深刻化したのだろうか。

1960年代の高度経済成長期に、既婚女性の就業が進み、子育て世代の女性を中心に「ポストの数ほど保育所」をスローガンに、各地で保育所づくりの運動が広がった。当時、各地で成立した革新自治体が、それを後押ししていった。1970年代には、国も、こうした保育所づくりの運動の拡大におされて、保育所緊急整備計画を策定し、年平均で、保育所800か所程度の創設、入所児童約9万人の増大を実現、1970年代末には、保育所2万3000か所弱、在籍児200万人弱の水準に達し、現在の保育所保育の基礎が築かれた。

しかし、1980年代に入ると、日本経済が低成長期に入り、個人や家族の自助努力を強調する「日本型福祉社会」論のもと、福祉関係費の国庫負担割合が大幅に引き下げられるなど（8割→5割）、福祉予算の削減が進んだ。保育所についても、子どもが3歳になるまでは親のもとで育てた方がよいという、いわゆる「3歳神話」の影響もあり増設から抑制策がとられる。保育所数は一転して減少傾向となり、1990年代を通じて減少が続き、2000年時点で2万2000か所にまで減少した（減少前の1980年代初頭の水準を回復するのは2008年である）。こうした圧倒的な保育所不足により、保育所定員に空きがないため、保育が必要であるにもかかわらず、保育所に入所できない「待機児童」問題が顕在化、とくに、バブル崩壊後の1990年代後半から待機児童の数が激増し、社会問題化した。

1990年代以降は、地方行財政改革の一環として、公立保育所の廃止や民営化が各地で進められ、現在に至っている。待機児童問題が深刻化しているのに、公立保育所は減らされ続けてきたのである。公立保育所と私立保育所の数を比較すると、とくに公立保育所の運営費が一般財源化され、国の補助がなくなった2004年以降、公立保育所数は激減、2010年では全体の45・6％であったものが、2017年には同36・9％にまで低下している（厚生労働省「社会福祉施設等調査報告」）。在籍している園児がいるにもかかわらず、強引な保育所の民営化が行われている自治体もあり、子どもの権利の視点が欠けている。

†既存施設への詰め込み、小規模施設の整備

一方、合計特殊出生率（一人の女性が一生のあいだに産む子どもの数の平均）が、丙午《ひのえうま》であった1966年の1・57を下回った1989年を起点に（「1・57ショック」といわれる）、低下が続き、少子化問題への対応が政策課題となってきた。そして、少子化対策の一環として、待機児童問題への取り組みがはじまる。

国がはじめて、待機児童数を公表したのは、1994年からだが、目標数値を定め、本格的に待機児童解消に乗り出したのは、2001年の小泉政権のときの「待機児童ゼロ作戦」からであった。しかし、公費のかかる保育所増設ではなく、規制緩和による既存保育所の定員を超えた詰め込み中心の施策であったため、待機児童解消には至らず保育の質が低下した。

待機児童の解消は、歴代政権に引き継がれ、安倍政権も「待機児童解消加速化プラン」を打ち出した。同プランでは、2013～14年度を「緊急集中期間」として約20万人分の保育施設を整備したうえで、2015～17年度を「取組加速期間」として、さらに20万人分の受け皿を確保し、2017年度末までに、待機児童解消を実現するという目標を掲げた。しかし、これまた認可保育所の整備ではなく、小規模保育事業など安上がりな保育施設の整備が中心であったこと、各自治体の整備計画の前提が過小な保育需要であったことなどから、2018年3月末までの待機児童解消は実現できず、同プランは失敗に終わった。待機児童問題は20年以上にわたって解消されないまま今に至っているのである。

安倍政権になってからは、少子化問題が将来的な労働力の減少、社会保障の支え手の減少と現役世代の負担の増大の観点から論じられるようになる。そして、待機児童問題への対応も、経済・財政政策とくに労働力確保策の一環として進められる傾向が強まった。

†認定こども園の設立と社会保障・税一体改革

保育制度改革については、2000年代から、地方分権改革の流れの中で、児童福祉財政の再編が進み、2004年度には、公立保育所運営費補助金と障害児保育補助金が廃止された。これにより、公立保育所の運営費などについて国からの補助がなくなり、自治体が全額負担することになった。国の補助金廃止により生じる自治体負担分については、地方交付税における基準財政需要額の算定に反映されたとはいえ、児童福祉の基幹的事務に対する国の財政責任が後退したことは否定できない。しかも、地方交付税は使途を限定しない一般財源のため（公立保育所運営費等の一般財源化といわれる）、増額分を保育所以外の別の用途に用いる自治体もあり、結果として、公立保育所の民営化が各自治体で加速する事態を招いた。

2006年には、就学前の子どもに関する教育、保育等の総合的な提供の推進に関する法律（以下「認定こども園法」という）が制定され、一定の要件を満たした幼稚園・保育所を都道府県知事が、認定こども園として認定する仕組みが導入された。幼稚園・保育所双方の機能をあわせもち、保護者と施設との直接契約方式をとる認定こども園の設立は、幼保一体化（当時は「幼保一元化」といわれていた）への機運を高めた。

第二章でみたように、2012年2月、消費税率を10％へ段階的引き上げ、それを財源として子育て支援を充実させる社会保障・税一体改革が決定され、新たな子育て支援の制度に0・7兆円程度（それ以外の財源も含め1兆円程度）の財源を確保することが打ち出された。そして、同年3月、子ども・子育て関連3法案（総合こども園法案、子ども・子育て支援法案、関連法律の整備法案）が、社会保障・税一体改革関連法として国会に提出された。

同法案については、幼稚園と保育所を一体化する案を中心に、保育・幼児教育関係の団体に強固な反対意見があり、2012年6月、民主党（当時）と自民党・公明党の3党合意が成立し、法案は大幅に修正された。具体的には、総合こども園法案は廃案とされ（これにより、保育所と幼稚園を、総合こども園として統合する幼保一体化案は頓挫した）、代わりに認定こども園法が一部改正され、また、市町村の保育実施義務が、保育所保育について復活することとなった（この間の経緯については、伊藤周平『子ども・子育て支援法と社会保障・税一体改革』山吹書店、2012年、70頁以下参照）。この修正案がそのまま成案となり、同年8月、①子ども・子育て支援法、②認定こども園法の一部改正法、③児童福祉法の改正など関係法律の整備に関する法律の三法が成立した。これら子ども・子育て関連三法の施行により、子ども・子育て支援新制度（以下「新制度」という）が、消費税率10％への引き上げは延期になったものの、当初の予定どおり2015年4月から実施された。

†解消されない待機児童

しかし、新制度スタートから5年たっても、待機児童は解消されていない。直近の2019年4月1日時点で、保育所等に入所できなかった待機児童数は1万6772人で、2万人を割り込んだ前年からさらに減少し（厚生労働省「保育所等関連状況取りまとめ」。以下の数値も同じ）、新聞各紙は、1994年の調査開始以来、過去最低と報じた。ただ、待機児童の定義など集計のあり方が複数回変更されており、単純な比較はできない。

また、保育所等に申し込みながら入所できず、「地方単独の認可外施設を利用している者」「育児休業中の者」「特定の保育園等のみ希望している者」「求職活動を休止している者」は、国の定義では待機児童とはカウントされていない。本来は、これらの理由で入所できなかった児童も待機児童に含めるべきだが、こうしたいわゆる「隠れ待機児童」は7万3927人近くにのぼり、前年度比6028人増で過去最高となっている。なかでも、国の定義で「通常の交通手段により、自宅から20〜30分未満で登園が可能」な施設があっても入所しない「特定園のみ希望」の該当者が前年より約5700人増えているのが目立つ。理由は、兄弟が別々の保育所になるからなど、切実なものが大半だ。

「保育所等」と総称される保育所や認定こども園など全体の施設・事業所数は3万6345か

所で、前年から1582か所増え（4・6％増）、定員も288万8159人で、前年から8万7580人増えている（3・1％増）。その内訳をみると、定員増のかなりの部分は認定こども園や小規模保育事業所などで、保育所の定員は横ばいとなっている。

安倍政権は、先の「待機児童解消加速化プラン」を受け（失敗したとは言わず）、新たに「子育て安心プラン」として、32万人分の保育の受け皿整備を進め、2020年度末までに待機児童をゼロにするとしている。もっとも、このうち6万人分は後述する企業主導型保育事業によるもので、市町村の事業計画の整備分と合わせても約29・7万人で32万人分に届いていない。2020年度で、女性就業率の政府目標（22〜44歳の女性の就業率77％）を達成するために追加で必要な保育施設は88万人分との推計もあり（野村総合研究所の試算）、このままでは、またも「見通しが甘かった」とか、「希望者が想定以上に増えた」との理由で、待機児童が解消されないのは目に見えている。

†新制度の本質は規制緩和、企業参入

以上のような現状をみても、新制度が、子育て支援の充実や待機児童解消を目的とした制度ではないことがわかる。では、その本当の目的は何だったのか。

新制度の目的は、市町村が保育の実施義務をもち、私立保育所には委託方式をとる利用方式

（市町村責任による入所・利用の仕組み）を解体し、介護保険のような個人給付・直接契約方式（施設・事業者との直接契約による入所・利用の仕組み）に転換することにある。認定を受けた子ども・保護者へ支給される給付費を施設・事業者が代理受領する仕組みにすることで、補助金にあった使途制限をなくし企業参入をうながすとともに（保育の市場化）、市町村の保育実施義務（保育の公的責任）をなくすことを意図した制度といえる。

同時に、新制度では、保育所以外に認定こども園や地域型保育事業も給付対象とすることで、多様な施設・事業が並存する仕組みとなった。これにより、現在の待機児童の9割近くを占める0〜2歳児の受け皿となる小規模保育事業などを増やし、規制緩和と企業参入に依存して、安上がりに、供給量を増やし待機児童の解消を図ろうというわけである。

こうした政策意図のもと、児童福祉法24条1項に定められていた、市町村の保育実施義務は、当初の児童福祉法改正案では削除されていた。しかし、前述のように、国会の法案審議過程で復活することとなり、市町村と保護者との契約により、市町村が保育の実施義務をもち保育を提供（現物給付）する保育所保育の仕組み（以下「保育所方式」という）は維持された。

とはいえ、児童福祉法24条1項には「子ども・子育て支援法の定めるところにより」との文言が新たに加えられた。子ども・子育て支援法は、認定こども園、幼稚園、保育所を「教育・保育施設」とし、支給認定を受けた子どもが、この教育・保育施設と契約を結び、そこを利用

図表6-1　保育所の利用の仕組み（私立保育所の場合）

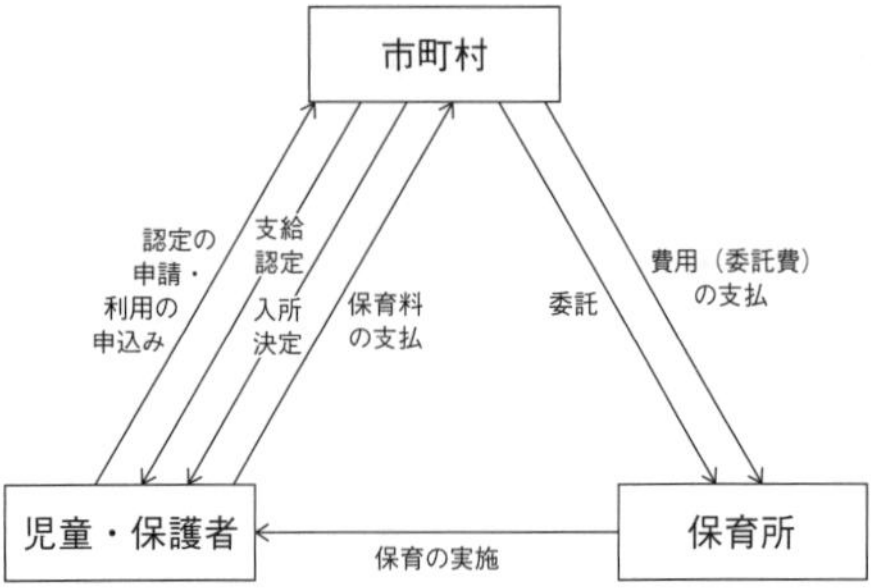

出所：筆者作成

した場合に（直接契約方式）、施設型給付費を支給する仕組みだ。給付費は、法律上は、認定を受けた子ども・保護者に支給されるのが基本となるが（個人給付方式）、通常は、保育を提供した施設が代わりに受けとる（「代理受領」という）。

保育所のみ市町村の保育実施義務が維持されたことで、保護者と市町村との契約という形をとり、保育料も市町村が徴収し、私立保育所には委託費が支払われる仕組みは残った（ただし、支給認定は受ける必要があり、委託費も施設型給付費の算定方法で計算された額が支給される。図表6-1）。新制度は、市町村が保育実施責任を負う保育所方式と、認定こども園などの個人給付・直接契約方式という異なる仕組みを併存させた複雑な制度となっている。

†新制度のもとでの保育の利用の仕組み

新制度のもとでの保育の利用の仕組みをみると、保育所の利用を含め保育の利用の手続が、従来の保育制度（以下「旧制度」という）から大きく変わっている（旧制度では「利用」よりも、保育所保育を前提に「入所」という言葉が多用されていたので、以下では、保育所など施設の場合は「利用」と「入所」の双方を同じ意味で用いる）。

まず、①保護者は、市町村に支給認定を申請し、市町村は、申請した保護者の子どもについて保育の必要性と、必要性がある場合には保育必要量（時間区分）をあわせて認定する。ついで、②保護者は、入所を希望する保育所や認定こども園などの施設名を書いて市町村に申込み、市町村が利用調整を行い（定員が超過している場合には選考を行い）、③保育の契約を結び、保育所などへの入所となる（図表6-2）。

新制度は、旧制度では一連の手続で行われていた保育の必要性の認定と利用決定の手続を分離した。そのため、本来、保護者は、支給認定の申請（①）と利用の申込み（②）という2段階の手続を踏まなくてはならないが、新制度では、①と②の手続は同時にできる仕組みとなっている。つまり、保護者は、支給認定の際の申請書に「保育の利用」として、保育所名など希望する施設名を記載することができ、保育所のみならず認定こども園などの直接契約施設・事

図表6-2　新制度のもとでの保育の利用手続き

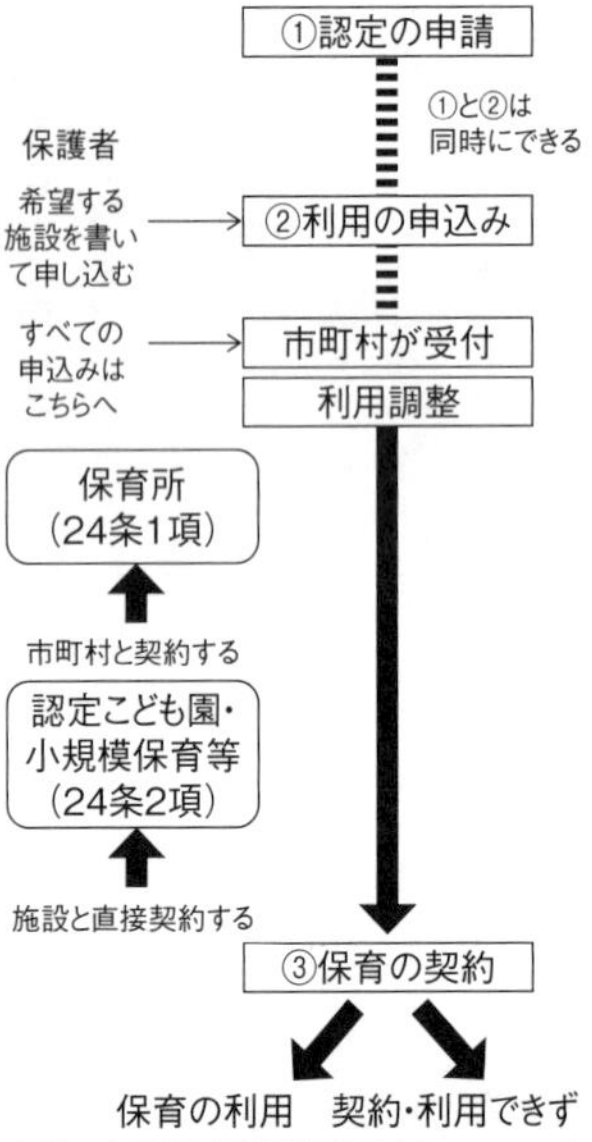

出所：全国保育団体連絡会パンフレット「よりよい保育の実現をめざして——子ども・子育て支援新制度改善の課題」（2014年11月）7頁をもとに作成

業の利用の申込みも市町村に行うこととなる。しかも、直接契約施設・事業の利用希望者が定員を超過する場合は、市町村が利用希望者の選考を行い、利用施設・事業者を決めて保護者に提示する利用調整の仕組みが採用されている（図表6-2参照）。

†支給認定をめぐる問題

以上のような新制度の保育の利用の仕組みについては、いくつかの問題が指摘できる。利用手続に沿ってみると、第一に、支給認定の問題がある。

支給認定では、まず保育の必要性の認定が行われる。子ども・子育て支援法の委任を受けた子ども・子育て支援法施行規則1条に、保護者の就労などの保育の必要性の事由が列挙されており、これらの事由（利用要件）にあてはまれば、市町村は、申請した保護者の子どもが「保育の必要」ありと認定することになる。しかし、保育の必要性が認定されたとしても、保育所などの保育施設が不足し、保育の契約にまで至らなければ、保育を利用することができない（図6-2③参照）。

また、ここで列挙されている保育の必要性の事由（利用要件）は、いずれも保護者に関する事由で、子どもの事由は入っていない。たとえば、子どもに障害があり、集団保育が適切と考えられる場合でも、保護者が就労していなければ、保育の必要性はないことになる。施行規則1条10号の「前各号に類するものとして市町村が認める事由」の中に、子どもに障害があり集団保育を必要とする事由を読み込み、親が就労していなくても、障害児に保育の必要性ありと認定している自治体が多いようだが、本来であれば、保育の必要性の事由（利用要件）に、子どもに障害がある事由などを明記すべきと考える。

支給認定により、小学校就学前の子どもは、満3歳以上の子ども（子ども・子育て支援法19条1項1号に該当するので「1号認定子ども」という。以下同じ）、満3歳以上で家庭において必要な保育を受けることが困難である子ども（2号認定子ども）、満3歳未満の子どもで家庭において必要な保育を受けることが困難である子ども（3号認定子ども）に区分される。地域型保育給付費の支給対象は、3号認定子どもに限定されており、小規模保育事業など地域型保育事業を利用していた場合は、3歳になると、保育所などへ移籍する必要がある。その際に、保育所に入れず行き場を失う場合もあり、3歳児の待機児童問題が顕在化している。地域型保育事業者には、運営基準により、3歳以降の受け入れなど連携施設の確保が義務付けられているものの、連携先となる保育所の定員に空きがないなどの理由で、受け入れに係る連携施設を確保している事業者は、小規模保育事業では6〜7割程度、家庭的保育事業では4割未満にとどまり、受け入れ人数もわずかになっている(厚生労働省「家庭的保育事業等の連携施設の設定状況について」2018年4月時点)。

支給認定では、保育の必要性と同時に、保育時間の認定も行われ、2号・3号認定子どもは保育標準時間(11時間)・短時間(8時間)の二区分のいずれか、1号認定子どもは教育標準時間(4時間)の一区分に認定される。認定時間を超えた保育の利用があった場合には延長保育となり、保護者負担が発生する。後述の幼児教育・保育の無償化においても延長保育の場合の保育料は無償化の対象ではないので、できるだけ長い保育標準時間の認定を求める保護者が増大している。保育時間の認定に関しては、事務手続きだけが煩雑になっており、廃止するか、少なくとも、2号・3号認定子どもの認定時間は一区分に統一すべきだろう。

†市町村の利用調整をめぐる問題

第二に、市町村の利用調整の問題がある。

保育所の場合には、市町村が保育の実施義務を負い、市町村と保護者との契約という保育所方式がとられているため、市町村に利用の申込みを行い、定員超過の場合には、市町村が選考を行うことに問題はない。しかし、直接契約施設・事業を利用する場合には、保育の利用契約は、あくまでも直接契約施設・事業者と保護者と間に結ばれるものであり、定員超過の場合の選考は、契約当事者である施設・事業者が行うべきもので、契約当事者でない市町村が行い事実上の利用決定を行うことは、法的には説明できない。

法的問題は置くとしても、なぜ、こうした利用調整の仕組みが採用されたのか。内閣府等の通知では「利用定員を上回る場合、特定教育・保育施設等（保育所や認定こども園などをさす・筆者注）は、保育の必要度の高い順に受け入れることが求められている。そのため、市町村がすべての特定教育・保育施設等に係る利用調整を行う」と説明されている（「児童福祉法に基づく保育所等の利用調整の取扱いについて」2015年2月3日）。つまり、保育所などの施設が不足しているため、利用定員を上回る申し込みがあった場合、直接、施設に申込みをすると、早いもの順になり、「保育の必要度の高い順に受け入れること」ができなくなるため、市町村が一括して申込みを受け付け、優先度の高い子ども（たとえば、母子世帯の子どもなど）の選考まで行う仕組みとされたわけである。だとすると、直接契約方式ではなく、認定こども園や小規模保育事業についても、保育所と同様、市町村が保育実施義務を負う仕組みにした方が、法的整合性がとれる。少なくとも、希望者全員が入所できるだけの保育施設を整備してから、直接契約方式を導入すべきであったはずである。

結局、保育施設の不足が続く現状では、市町村が利用調整を行っても、保育の必要性ありと認定されたのに、希望の保育施設に入れない子どもが多数でてくることは避けられない。従来は、保育所に入れない子どもに対して、市町村は必要な代替的措置をとる義務があったが、2012年の改正により、それを規定していた児童福祉法24条1項ただし書きが削除されたので、市町村は代替的措置をとる義務もない。新制度になっても、選択できるだけの保育施設がなく、多くの保護者が希望する保育所の不足が顕著であり、保育が必要と認定されながら、必要な保育が確保されないまま放置されている子ども（すなわち「待機児童」）が多数でてくる事態は変わっていない。

†子ども・子育て支援事業計画による保育施設の整備とその限界

いずれにせよ、必要な分だけ保育施設が整備されていないことには、子どもの保育を保障することはできない。保育施設の整備に関しては、子ども・子育て支援法で、各市町村に子ども・子育て支援事業計画の策定が、各都道府県に子ども・子育て支援事業支援計画の策定が義務づけられている。これにより区域を設定したうえで、保育所など教育・保育施設の計画的な提供体制の確保が進むかにみえるが、市町村や都道府県には計画を策定する義務があるだけで、計画どおりに整備が進まなかったとしても何ら責任を問われない（市町村が保育実施義務を負うのは保育所定員内の児童だけで、市町村に保育所の整備義務はないとした裁判例として、東京高裁2017年1月25日判決参照）。

子ども・子育て支援事業計画を策定する地方版子ども・子育て会議に、積極的に、保護者代表や保育関係者など当事者が参加し、事業計画に現場の意見を反映させていくべきだともいわれる。しかし、新制度の内容が複雑で、十分な理解ができていない会議構成員が多く（国の子ども・子育て会議ですら新制度の内容をよく理解していない委員も散見される）、少なくない市町村では、コンサルタント会社に依頼して、事業計画案を策定し、地方版子ども・子育て会議は、その事務局案を単に追認する機関と化している。

しかも、新制度でも、介護保険の介護保険事業計画と同様に、提供区域において、都道府県支援計画の目標供給量を超えた場合には、都道府県知事の権限において新規の認可や更新を行わない需給調整の仕組みが導入されている。給付費の増大を抑制するため、あらかじめ、公費がかかる施設（とくに保育所）の増設を抑制する仕組みといえる。

3　保育士の労働条件悪化と保育士資格要件の緩和

†制度必然といえる保育士の労働条件の悪化、保育士不足

一方、1990年代以降の公立保育所の民営化の推進や指定管理者制度の導入で、保育士の労働条件は悪化の一途を続けてきた。公立保育所で働く保育士は公務員だが、民営化された場合には、給与の高いベテラン保育士が採用されないなど、保育士の給与が安く抑えられる傾向にあり、公立保育所の民営化は、公務員リストラや非正規雇用化により委託費（公費）を削減しようとする意図で行われてきた側面が大きい。公立保育所でも、人件費削減のため、いまでは非正規雇用の保育士が半分以上となり、保育士の労働条件の悪化は顕著である。これらは、公費削減を進める国によって政策的に生み出されてきたといえる。

OECD（経済開発協力機構）教育委員会の「幼児教育・保育政策に関する調査プロジェクト」の報告書〝Starting Strong II: Early Childhood Education and Care〟（2006年）によれば、欧米諸国での実証研究の結果から、利用者補助方式（保護者・子どもに対する個人給付を基本とする新制度の仕組み）よりも施設補助方式（市町村が保育実施義務をもつ保育所方式の仕

組み）の方が、質の面で統計的に有意に優れていると立証されている。実際、個人給付・直接契約方式をとる新制度の導入で、保育士の労働条件の悪化とそれに伴う保育の質の低下、何よりも保育士不足が加速している。

新制度のもとでは、認定こども園など直接契約施設・事業者は、独立採算制のもと、公定価格として決められている給付費と保護者の保育料だけで運営していかなくてはならない。しかし、保育事業（福祉事業全般にいえることだが）の大半は人件費のため、コスト削減をはかろうとすれば、すなわち人件費の削減を意味し、保育士の賃金を下げ、正規職員を賃金の低い非正規職員に置き換えるなどの方策をとらざるを得なくなる。現在の保育士不足の深刻化、その背景にある保育士の労働条件の悪化と保育の質の低下は、新制度導入の必然的結果といってよい。

†公定価格にみる幼稚園と保育所の格差

２０１８年の職種別賃金をみると、保育士の給与は、全産業平均（月33万円）より約11万円も低く、この20年間でほとんど上昇していない。最大の原因は、新制度のもとで保育士の給与や処遇などを決める公定価格が低すぎるためである。

公定価格は、子ども一人当たりに必要な費用を国が定めたもので、給与にあたる人件費、保育に必要な物品購入などの事業費、管理費を積み上げて算出している。しかし、国の公定価格の算定基準では、保育士の義務となっている保育計画の作成や記録のまとめ、園だよりの作成、打ち合わせ会議などの時間は、カウントされていない。子どもの保育時間が1日8時間を原則としている保育所において、労働基準法にそって、保育士の労働時間を8時間とすれば、子どもへの対応ですべて終わってしまう。それ以外の記録などの労働は、残業代が払われないサービス残業とならざるをえない。国の基準が実態にあっていないのである。

幼稚園と比較した場合に、保育所の公定価格の低さは歴然だ。幼稚園は保育時間が4時間程度で、土曜日が休みで夏休みもあるが、保育所は8時間もしくは11時間保育で土曜日は開所、夏休みはないにもかかわらず、保育所の公定価格が幼稚園より低いという逆転現象が生じている。職員配置でみると、基本分のクラス15人の4・5歳児では、幼稚園は各1人ずつ担任の予算がつくが、保育所では各クラスに0・5人分しかつかない。保育所の保育士配置基準は基本分で幼稚園の基準の60%と少なく、さらに、加配（保育者を増やす配置）職員を含めると、保育所は幼稚園の43%に過ぎない。また、幼稚園が、保育所並みの8時間保育を実施した場合には、預かり保育補助金（平日4時間分、土曜日8時間分）を受けられ、さらに保育者を配置できる。結果として、保育所の公定価格の基準額は幼稚園より3割程度安くなっているとされる（以上の試算につき、村山祐一「幼児教育・保育『無償化』の問題と改善課題」『経済』2019年12月号、118-119頁参照）。

低い人員配置基準と保育士不足の深刻化

図表6-3　保育所最低基準改善状況（職員配置）

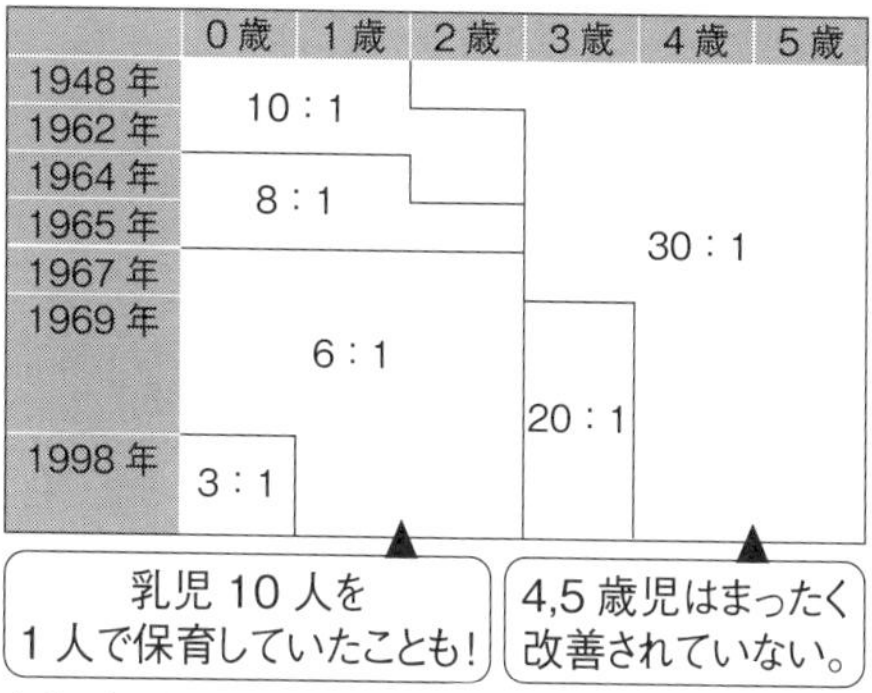

出所：全国保育団体連絡会パンフレット「みんなの力で保育の明日をきりひらこう――子ども・子育て支援新制度を改善し、すべての子どもに必要な保育を！」（2015年7月）。一部修正

加えて、保育所についての国の人員配置基準が低すぎる。国の基準では、0歳児3人に対して保育士1人の配置（3対1）、1・2歳児6対1、3歳児20対1（新制度では、加算がついて15対1）、4・5歳児は30対1とされているが（図表6-3）、週6日11時間開所の保育所では、この基準では十分な保育ができず、認可保育所の場合、平均で国基準の1・9倍の保育士を配置している（全国保育協議会調査）。そして、国基準を超えた保育士の配置の財源は自治体の持ち出しとなるため、自治体間で格差が出ている。

保育現場では、こうした低い基準や人員不足による過重な業務負担で、保育士の長時間・過密労働が常態化し、それがさらに離職につながり人員不足を招いている。保

育士登録者数は153万人にのぼるが（2018年4月1日現在。厚生労働省集計）、保育所・児童福祉施設等で働いている保育士数は43万9056人（うち保育所等42万3003人）で（2017年10月1日現在）、登録者の3割弱にすぎない。保育士養成学校卒業者の約半数も保育所に就職しておらず、保育士不足というより、劣悪な労働条件のため、多くの保育士資格者が保育現場に就職していないのが現状といえる。

2017年には、7年以上の経験がある私立保育所の保育士を対象に、月4万円程度の処遇改善を行う加算制度（キャリアアップ処遇改善加算Ⅱ）が創設されたが、経験の条件を満たす保育士の人数にかかわらず、全体の3分の1までしか加算の対象にならないうえ、対象となる保育士には2週間の研修を義務付けられるなど、現場への負担が重すぎる。研修期間に代替の保育士が確保できないため、加算を断念する保育所もでている。加算方式による処遇改善ではなく、公定価格の大幅引き上げによる保育士給与の底上げが求められる。

†小規模保育事業における保育士資格の規制緩和

新制度では、とくに3号認定の子どもについて保育士資格要件の緩和が進められている。

これまでの公的保育制度が、市町村が保育実施義務を有し、保育所における保育士資格者による保育を原則としていたのに対して、新制度では、保育所以外の認定こども園や家庭的保育事業等も給付対象とし、保育所とは異なる設備・運営基準が別個に設定された。多様化が図られたといえば聞こえはいいが、地域型保育給付費の対象となる小規模保育、家庭的保育、居宅訪問型保育、事業所内保育（以下「地域型保育事業」と総称）の設備・運営基準は、保育士資格者の配置について保育所の基準より大幅な緩和がなされている。

具体的には、家庭的保育事業の保育者には保育士資格は必要とされず（市町村長が行う研修を修了し、保育士と同等以上の知識・経験を有すると市町村長が認めた者）、小規模保育事業Bでは、保育士資格者は半分以上でよいこととされている。市町村の条例により、小規模保育事業Bの保育者を全員保育士とするなどの改善は可能とはいえ、実施している市町村は少ない。

こうした基準の多様化により、新制度では、多様な保育水準（多くが保育所保育より低い保育水準）の施設・事業が、保育所と同列に扱われ並立する仕組みとなっている。しかし、このことは、保育所を利用する子どもと小規模保育事業などを利用する子どもの保育や発達保障に、許容できない格差を生み出すことを意味する。そもそも、同じ「保育を必要とする」と認定されながら、利用する（できる）施設や事業者によって基準が異なり、子どもの保育水準に格差が生じる新制度の仕組みは（典型的には、保育士資格者による保育と無資格者による保育）、平等原則（憲法14条）違反の疑いがある。

保育士の資格要件の緩和は、人件費を抑制しつつ、保育者を確保する目的で行われているが

（あるいは、保育士資格がなくても保育は可能という集団保育における保育士の専門性を無視した考えに基づくものといえるが）、無資格者でもできる仕事と認識されれば、保育士の労働条件がさらに引き下げられる可能性がある。

何よりも、専門性の低下は、保育現場での事故に結びつき、子どもの命を危機にさらす。実際、認可保育所と比べて認可外施設では、とくに、0〜1歳児について命に係わる重大事故が集中的に発生している。内閣府が毎年公表している「教育・保育施設等事故報告集計」によると、2004年から2019年の16年間に保育施設等で死亡した子どもは205人にのぼる。うち約8割が0〜1歳児で、死亡事故の約8割が睡眠中に発生している。死亡事故発生率を認可保育所（保育者全員が保育士資格者）と認可外施設（保育士資格者がおおむね3分の1以上）で比較すると、認可外施設の死亡事故の発生率が認可保育所の25倍以上となっている。0〜2歳児（3号認定子ども）の保育こそ専門職による手厚い保育が必要であるにもかかわらず、規制緩和を進め、無資格者による保育を増やし常態化させている政策は、子どもの命をないがしろにしている。

†企業主導型保育事業の導入による規制緩和

2016年には、子ども・子育て支援法が改正され、仕事・子育て両立支援事業が創設された。これは事業所内保育事業を行う認可外施設等の設置者に対して助成等を行う事業で、その中核をなすのが企業主導型保育事業である。同事業の企業主導型保育施設は、先の「子育て安心プラン」でも、地域枠を認可保育事業所に準じる受け皿として位置づけられている。

同事業は認可外施設であるため、施設の設置や利用について市町村の関与がなく、利用は保護者と施設との直接契約となる。事業の実施者の従業員の子どもが利用する場合には、支給認定を受ける必要はないが、保護者のいずれもが就業しているなどの要件を満たす必要がある。施設の利用定員の50％以内で、従業員以外の子どもを受け入れる地域枠を任意で設定することができるが、地域枠の利用の子どもは、原則として支給認定を受ける必要がある。

企業主導型保育事業の実施者は、事業所内保育事業の設備および人員基準を遵守しなければならず、職員の配置基準は小規模保育事業と同じである。設備および人員基準の遵守が助成の条件となっており、都道府県知事による指導監督を受け（児童福祉法59条）、公益財団法人児童育成協会を通じて、整備費および運営費の助成金が支給され、整備費については認可保育所と同水準、運営費については小規模保育事業と同水準になっている。財源は、子ども・子育て支援法に定められた事業主拠出金で賄われる。

問題となるのは、企業主導型保育事業の場合、定員が20人以上の施設の場合でも、保育士資格者は配置基準上の2分の1でよいとなっていることである。新制度の事業所内保育では、定員20人以上は認可保育所の基準が適用され、配置基準上は、保育者すべてが保育士資格者でなければならなかったが、この基準が大幅に緩和されたわけだ。こうした基準の緩和に加え、企業主導型保育事業の審査は認可保育所に比べ各段に緩く（書類審査のみで実施）、しかも認可保育所並みの整備補助金が出るということで、急速に広がり、２０１９年3月末時点で企業主導型保育事業助成決定数は３８１７件、定員8万人を超している（児童育成協会調べ）。

しかし、認可外施設である企業主導型保育事業を認可保育所に準じた待機児童の保育の受け皿として位置づけることには、質の面で大きな問題がある。内閣府の企業主導型保育事業の運営状況に関する検証結果（２０１6〜17年度）によれば、利用者数は定員の6割にとどまり、国の助成が決定した施設の約1割の２５２施設が保育事業を取りやめ、このうち２１４施設は開所にも至らなかったという。また、２０１7年の公益法人の立入調査の結果では、必要な保育士が確保できていないなどの指導を受けた施設が対象施設の7割にのぼり、杜撰な経営実態も相次いで明らかとなっている。安易な助成決定と乱立の弊害として定員割れが顕在化し、大規模な補助金の不正受給も発覚、全国で撤退や閉鎖が続出し社会問題化している。

†安倍政権の少子化対策の特徴と限界

安倍政権は、財界の要望に沿って、「女性活躍社会」と称し、女性を安い労働力として活用し、そのために必要となる子どもの保育（というより託児）体制を、新制度の導入と企業主導型保育事業などの規制緩和によって、これまた安上がりに整備しようとしている。

人口減少と人手不足が続く中、女性の労働力を、これまで以上に大規模に（低賃金労働者として）活用・動員したい。そのためには、女性が働けるための子育て支援の仕組みが必要で、保育施設を増やさなければならない。しかし、保育施設の整備にあまりお金をかけたくないから、規制を緩和し、保育士資格のない無資格の保育者（保育士に比べさらに給与の低い）に担わせよう、というのが安倍政権の基本的な政策スタンスだ。

しかし、現状は、安倍政権のいう「女性が輝く社会」の実現とは裏腹に、多くの女性は非正規雇用、低賃金の不安定雇用に従事している（せざるをえない）。これでは待機児童の解消はおろか、女性の過重労働が加速し、ますます少子化が進むだろう。

4　幼児教育・保育の無償化とその問題点

†幼児教育・保育の無償化のあらまし

序章でみたように、安倍政権は、消費税増税とともに幼児教育・保育の無償化を唐突に打ち出した。2019年5月には、改正子ども・子育て支援法が、低所得世帯を対象に高等教育の無償化を図る大学等就学支援法とともに成立、同年10月から幼児教育・保育の無償化が実施された（高等教育の無償化は2020年4月より）。この間、保育現場や実施主体である自治体の状況は無視され、官邸主導で準備が進められ、保育現場に大きな混乱が生じた。

無償化の対象となるのは保育料（利用料ともいわれるが、以下「保育料」で統一）に限られ、具体的には、①新制度に入っている幼稚園、保育所、認定こども園に通う3〜5歳のすべての子どもの保育料の無償化（幼稚園については、月2万5700円を上限に補助）、0〜2歳の保育の必要性がある住民税非課税世帯の子どもの保育料の無償化、②幼稚園の預かり保育に通う保育の必要性がある子どもについて、月1万1300円まで保育料を無償化、③認可外施設などに通う3〜5歳児の保育の必要性がある子どもの保育料を月額3万7000円まで無償化、同じく0〜2歳の保育の必要性がある住民税非課税世帯の子どもの保育料を月額4万2000円まで無償化する仕組みだ。

このうち、③の施設等は、新制度に入っていない幼稚園、特別支援学校、東京都の認証保育所や企業主導型保育事業などの認可外施設、預かり保育事業、病児保育事業、子育て援助活動支援事業（ファミリー・サポート・センター事業）などが含まれ、内閣府令で定める基準を満たしているかどうかについて、市町村長が確認した施設等（「特定子ども・子育て支援施設等」といわれる）だ。内閣府令で定める基準は、認可外施設は現在の指導監督基準（保育士資格者は、認可保育所の基準の3分の1程度であることなど）と同様の内容を、預かり保育事業は一時預かり事業の基準と同様の内容を、病児保育事業と子育て援助活動支援事業は、現行の地域子育て支援事業（13事業）において求めている基準と同様の内容となる。ただし、5年間は、この基準を満たさない施設の利用も補助の対象となる経過措置がある（図表6-4）。

教育・保育給付の対象となっている①の子どもについては、政令改正で、給付額を公定価格と同額にし、保育料を徴収していない。②③の子どもについては、子ども・子育て支援法の改正により、子ども・子育て支援給付に子育てのための施設等利用給付が新設され、施設等の利用があった場合に、上記金額を上限に施設等利用費が保護者に支給される仕組みである（施設等の代理受領が可能で、その場合は補助相当の保育料は徴収されない）。

無償化の財源は、２０１９年度中の無償化に関わる経費は全額国費で対応し、新制度に入っていない私立幼稚園、認可外施設に関わる無償化の費用についても、他の私立施設と同様に、国2分の1、都道府県4分の1、市町村4分の1となる。ただし、公立施設については市町村が10分の10の全額負担となる。無償化に関わる事務費も2年間は国が拠出する。

図表 6-4　幼児教育・保育の無償化の範囲

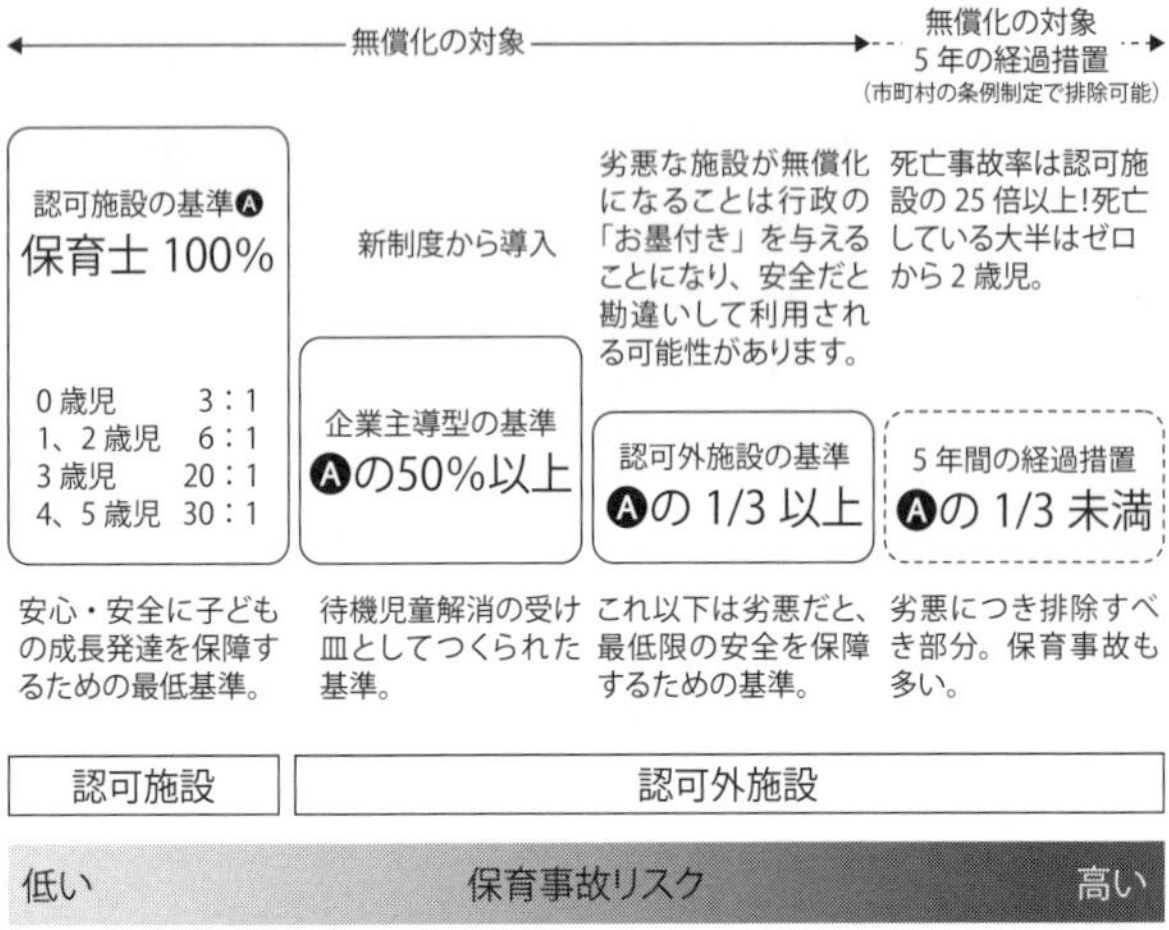

無償化の対象
無償化の対象
5 年の経過措置
（市町村の条例制定で排除可能）
認可施設の基準Ⓐ
保育士 100%
0 歳児 3：1
1、2 歳児 6：1
3 歳児 20：1
4、5 歳児 30：1
新制度から導入
企業主導型の基準
Ⓐの50%以上
劣悪な施設が無償化になることは行政の「お墨付き」を与えることになり、安全だと勘違いして利用される可能性があります。
認可外施設の基準
Ⓐの 1/3 以上
死亡事故率は認可施設の 25 倍以上！死亡している大半はゼロから 2 歳児。
5 年間の経過措置
Ⓐの 1/3 未満
安心・安全に子どもの成長発達を保障するための最低基準。
待機児童解消の受け皿としてつくられた基準。
これ以下は劣悪だと、最低限の安全を保障するための基準。
劣悪につき排除すべき部分。保育事故も多い。
認可施設
認可外施設
低い
保育事故リスク
高い

出所：大阪保育研究所・大阪保育運動連絡会パンフレット「幼児教育・保育無償化―ここが問題」（2019 年 8 月）。一部修正

†幼児教育・保育の無償化の問題点

以上のような幼児教育・保育の無償化には、いくつか問題がある。

第一に、これまでも何度も指摘してきたが、逆進性が強く社会保障を破壊する消費税の増税と無償化がセットになっていることだ。従来から、低所得世帯や多子世帯、ひとり親世帯については保育料の軽減が図られてきており、国の基準に上乗せして、地方自治体がさらに軽減している例も多かった。今回の無償化は、これまで負担能力があるとして一定の負担をしてきた高所得世帯ほど恩恵を受けており、低所得世帯にとっては無償化の恩恵は少ないう

え、消費税増税による家計の負担が増えている。また、保育料負担は低年齢児の保護者に重いが、0～2歳児の無償化を住民税非課税世帯に限定することは、とくに住民税課税のボーダー層の世帯の負担軽減にならず、増税の負担だけが加わることを意味する。

第二に、公立保育所などの無償化経費は全額自治体負担になり、自治体の負担増を名目として、公立幼稚園・保育所の統廃合や民営化が加速するおそれがある。地方交付税の交付団体には、無償化で市町村が負担する経費は地方交付税の基準財政需要額に算入される（経費分が地方交付税に上乗せされる）ものの、地方交付税は一般財源のため、無償化経費として用いられるかは確実とはいえないし、自治体間の格差が生じている。また、国レベルでも、幼児教育・保育の無償化により、待機児童の解消や保育士の処遇改善に十分な財源が回されなくなり、これらの施策の推進にブレーキがかかる可能性がある。

第三に、保育所を利用する場合でも、保育料以外にも給食の主食費や行事費、保護者会費などの「隠れ保育料」ともいうべき負担が発生しており、これらは無償とはならない。幼稚園では通園送迎費、教材費や制服・制帽費なども対象外である。しかも、こうした「隠れ保育料」ともいうべき費用負担は、保育施設ごとの格差が大きく、負担の格差は幼児教育・保育の無償化以降、むしろ拡大している。

第四に、幼児教育・保育の無償化により、保育需要が喚起され、認可保育所などが不足する現状で、その受け皿として認可外施設が増え、保育の質が十分確保されないままの保育が拡大、常態化するおそれがある。2号認定の子どもが幼稚園の預かり保育を受けた場合も、無償化の対象となり、この場合の保育についても、保育者は保育士資格は要しない。前述のように、国の保育士配置基準は世界的にみても極めて低いうえに、内閣府の定める基準は、こうした低い配置基準すら満たさない指導監督基準のレベルである（それすらも5年間の経過措置で満たしていなくてもよい）。このままでは、質が確保されていない認可外施設が乱立し、無資格者による保育が常態化し、保育事故が増大する可能性が高い。

第五に、無償化の対象とならない幼稚園類似施設や朝鮮学校幼児部が存在する。朝鮮学校幼児部は学校に該当しないという理由で対象外とされているが、民族差別にあたるという批判がある。幼稚園類似施設は、認可外保育施設の届け出をすれば、共働き世帯で保育の必要性がある子どもについては補助の対象となるが、専業主婦の世帯は対象とならず園児の間で格差が生じること、これまで通り特色のある教育ができなくなるおそれなどから、届け出をしない施設もある。幼稚園類似施設は、障害のある子どもを受け入れたり、認可施設がない山間部などでは地域の幼児教育を担ってきた実績があるにもかかわらず、園児が集まらず閉園を決めたところも出ている。

†保育所における副食費の実費徴収とその問題点

　さらに、幼児教育・保育の無償化にともない、保育所の3歳以上児（2号認定の子ども）から、新たに給食費（副食費）が実費徴収されるようになった。

　これまで保育所では、3歳以上児の給食については、ご飯などの主食は現物を持参するか代金を徴収する仕組みで、副食（おかず・おやつなど）は、保育所で提供し、その費用は保育のほかの費用とともに、公定価格の中に盛り込まれていた。ところが、保育料の無償化にあわせ、2019年10月から、新たに副食の食材費を公定価格から除き、各保育所で保護者から実費徴収する仕組みに変更された。保護者から徴収される副食費は月一人あたり4500円で（この額が公定価格から差し引かれる）、年間で5万4000円にものぼる。ただし、保育所に通う0〜2歳児については、無償化の対象が住民税非課税世帯に限定されていることから徴収はせず、3歳以上児についても、従来から保育料が無償となっている生活保護世帯やひとり親世帯、年収360万円相当の世帯の子どもおよび全所得階層の第三子以降の子どもについては、副食費は免除とされた。

　しかし、幼稚園と異なり、保育時間の長い保育所では、給食は必須だ。「食育」という言葉もあり、厚生労働省令である保育所保育指針でも、給食は「保育の内容の一環」と位置づけられている。保育所には調理室の設置や給食の提供が義務付けられ、私立保育所であれば、市町村からの委託費に食材費相当分は含まれているのに、各施設の責任で食材費を徴収するというのもおかしな話だ。また、従来は、保育料は保護者の所得に応じた応能負担であったのに、副食費として定額の負担を徴収すれば、世帯によっては、副食費がこれまでの保育料を上回り、保育料の無償化後にかえって負担が増大するという逆転現象が生じる。実際に、多子世帯で第二子以降の保育料を無償にしてきた自治体では、一部の保護者に新たに副食費の負担が発生し、こうした逆転現象が生まれている。保育所の側でも、実費徴収にかかわる事務的な負担や滞納があった場合の対応など、ただですら人手不足の保育現場にさらなる負担が強いられているのが現状である。

こうした中、事務作業の煩雑化、保護者の負担軽減などの理由から、自治体が副食費を独自に無償ないし軽減する動きも拡大している。従来から保育料の独自軽減を行ってきた自治体では無償化で浮いた財源を用いて副食費の独自補助を行っているところもある。東京23区では、保育所の主食費も徴収してこなかった経緯もあり、18区が独自補助で副食費の徴収をしていない。独自補助の有無で副食費の徴収に自治体間の格差が広がっている。

†幼児教育・保育の無償化のねらい

以上のような問題を抱えた幼児教育・保育の無償化の本当のねらいはどこにあるのか。

第一に、女性の就業率の引き上げというねらいがある。今回の無償化は、幼児教育（幼稚園に通う子ども）のみならず、保育（保育所等に通う子ども）も含んでいる。そのため、子どもが3歳以上であれば、4時間保育の幼稚園でも、最大11時間保育の保育所も保育料は無料となる。その結果、同じ無料なら保育所に入所させ、就労しようとする女性が増大することは容易に想定される。すでに、2018年1月からは、夫の年収が900万円以下であれば、妻の所得が150万円まで、38万円の配偶者特別控除が受けられるようになった。夫の年収によって控除の額は異なるが、「103万円の壁」が150万円に引き上げられたことになり、妻が多くのパート収入を得やすくなったことも、無償化とセットで女性の就業率を引き上げる方策とみることができる。しかし、現状では、女性の就業は、一部の専門職を除き、パート就労・非正規雇用が多く、不安定・低賃金労働に動員されている。

第二に、市町村責任の縮小というねらいがある。新制度の教育・保育給付と無償化のための補助である利用給付とを同列化することで、保護者が選択した保育の利用にあたって、その費用の一部を補助すれば、それで公的責任を果たしたことにすることで、市町村の責任を縮小し、将来的には、市町村の保育実施義務をなくしていこうとする政策志向がうかがわれる。これは、後述の保育制度の介護保険化（個人給付化と直接契約方式）を志向する改革と同じ方向といってよい。

第三に、今回の幼児教育・保育の無償化は、義務教育のように、保育を現物給付で提供する仕組みでの無償化ではなく、保護者に対して保育料の補助を行うものであり、保護者にバウチャー（利用券）を支給し、保育をサービス（商品）として購入するバウチャー（利用券）方式と親和性を持っている。バウチャー方式は、公的責任による保育制度を解体した究極の保育制度の市場化といえ、それに近づけるための布石というねらいがある。

第四に、幼児教育・保育の無償化とともに保育所の副食費の実費徴収が導入され、応能負担の保育料で賄われていた保育所の副食費を、保護者の収入に関わりのない定額負担での実費徴収としたが、このことは保護者負担の応能負担から応益負担への移行を進める政策意図ともとれる。

第五に、財政面では、無償化の範囲が認可外施設にまで拡大したにもかかわらず、予算額は約7800億円とあまり増えていない。内閣府の答弁の数字等から推察すると、2号認定の子どもの副食費を無償化するために必要な公費は642億円程度だったと考えられ、一方で、認可外施設等の保育料を無償化するための費用は約618億円とされているが、この額に年収360万円未満層に対する副食費免除の額をくわえると、642億円に近い額となる。つまり、認可外施設等の無償化に必要な財源をねん出するために、保育所の3～5歳児の副食費を無償化の対象から外したともいえるわけだ（北明美「子ども・子育て支援新制度と児童手当―保育無償化における児童手当からの給食費徴収に関わって」『月刊保育情報』２０２０年2月号、7頁）。

5　子ども・子育て支援新制度の現状と保育制度改革のゆくえ

†子ども・子育て支援新制度の現状

以上、新制度と幼児教育・保育の無償化の問題点を指摘してきたが、それを踏まえて、新制度実施後の保育の変化と現状を整理しておこう。

新制度導入後、施設等の状況に大きな変化がみられた。新制度前は、保育所と認定こども園は増え続け、幼稚園は減り続けていた。ところが、新制度導入の２０１５年以降は、認定こども園は増え続け、幼稚園は減り続ける傾向は変わらないものの、保育所は減少に転じ、それに代わって、小規模保育事業や家庭的保育事業など地域型保育事業が増大した。全施設数に対する割合でみると、新制度実施前の２０１４年4月現在では保育所64・2％、幼稚園32・1％、認定こども園3・7％であったが、新制度実施後の２０１８年4月現在では、保育所51・6％、幼稚園21・4％、認定こども園13・9％、地域型保育事業13・1％となっている（厚生労働省

「保育所等関連状況とりまとめ」による)。保育所と幼稚園で約25％減らし、認定こども園と地域型保育事業で約25％増やしている。

つまり、新制度になって、保育所中心であった保育供給体制が変容し、保育所以外の認定こども園や地域型保育事業の比重が高まっていることがわかる。利用児童数からいえば、保育所利用の児童は依然として多数とはいえ、その比重が、0〜2歳児については徐々に低下しつつある。なお、幼稚園については、新制度に移行するか、従来のまま新制度外にとどまるかを各施設で選択でき、私立幼稚園には私学助成金が従来どおり支給されるため、2017年度で移行した幼稚園は36・4％にとどまっている。

問題になるのは、児童福祉法24条1項と2項とでは、市町村の義務の内容が異なることだ。同じく保育が必要と認定された子どものうち、保育所を利用する子どもには、市町村が直接的な保育実施義務を負うのに対して(児童福祉法24条1項)、認定こども園などの直接契約施設・事業者を利用する(せざるをえなかった)子どもには、市町村は「必要な保育を確保するための措置」(同条2項)という間接的な保育確保義務を負うにとどまる。このことは子どもの保育に格差を持ち込むことを意味する。後述のように、早急の是正が必要である。

運営主体でみると、新制度では、市町村運営の公立施設の減少が加速し、企業(株式会社)の運営が増大している。2010年の公立保育所の割合は45・6％(認定こども園を含む)であったが、新制度後の2018年（以下の数値も同じ）では34・5％（認定こども園を含まない）まで減少している。公立の割合は、認定こども園では16・3％、地域型保育事業では4・9％にすぎず、後者については企業（株式会社）の割合が30・7％と高くなっている。企業主導型保育事業は、一部に学校法人が含まれるが、ほぼすべてが企業運営となっている。

†保育制度改革のゆくえ

前述のように、新制度の最大の目的は、市町村の保育実施義務をなくし、介護保険と同じような個人給付・直接契約方式を導入することにあった。しかし、この目的は、利用者数が最も多い保育所保育について、市町村の保育実施義務が維持され（児童福祉法24条1項）、保育所方式が残ったため、十分達成されなかった。保育分野でも個人給付・直接契約方式を貫徹する改革をめざす政策当局としては、保育所方式の根拠となる児童福祉法24条1項の規定はのどにささったトゲのようなものであり、当然、これを取り除くか（その場合には、法改正が必要となるが）、少なくとも形骸化しようとするだろう。

これに対して、企業参入による地域型保育事業など保育供給の量的増大（それは質の確保を犠牲にしてだが）と規制緩和による基準の多様化という新制度の目的については、ある程度達成された。もっとも、規制緩和は保育士資格要件の緩和が中心で、小規模保育事業や企業主導型保育事業ともに保育者の配置基準、面積基準などは基本的に保育所に準じている。しかし、幼児教育・保育の無償化で、面積等の基準についても保育所より低い基準の認可外施設が公費投入の対象となったことから、いずれ低い方にあわせる形で、小規模保育事業などについても、面積基準等が緩和されるかもしれない。

一方、保育所と異なり、認定こども園や地域型保育事業は、直接契約の施設・事業であり、それらを利用する子どもについて、市町村は「必要な保育を確保するための措置」を講ずる義務はあるが、直接的な保育実施義務は負わない（児童福祉法24条2項）。現在までのところ、新制度でも、保育所を希望する保護者が大半で、地域型保育事業は、保育所に入れなかった場合の、いわば「次善の策」として選択されている。しかし、今後、直接契約施設・事業が増え、それらを利用する子どもが増大し（0〜2歳児は地域型保育事業、3歳以上児は認定こども園の利用）、保育所の利用が減少する形で、待機児童の解消が進めば、児童福祉法24条1項は形骸化する。ただし、小規模保育事業などは数が増えても、定員数が少ないため、それらの利用児童数が保育所利用児童数を凌駕する形で（つまり児童福祉法24条1項が形骸化される形で）、待機児童の解消が進むとは考えにくい。

なお、保育所方式のもとでは、前述したように、私立保育所には市町村から委託費が支給される。保育所方式が残ったことにより、施設型給付費の公定価格の決定に際しても、従来の補助金と同じく人件費など対象品目を積み上げる「積み上げ方式」が採用された。これに対して、個人給付・直接契約方式をとる介護保険や障害者総合支援法では、介護報酬などは人件費・事業費・管理費等を包括的に評価する「包括方式」がとられている。

包括方式の場合、人件費・事業費などの区分けがなく、使途制限がない。使途制限がないことで、事業者の運営主体が株式会社であれば、介護報酬などを株主の配当に回すことができる。その意味で、保育分野でもさらなる企業参入をうながすため、公定価格が包括方式に移行させられる可能性がある。実際に、財務省の財政制度等審議会の財政制度分科会は、公定価格の適正化と算定方法を包括方式に移行させることを執拗に提案している。

また、土曜日保育の公定価格の減算が拡大された。これまでも、土曜日保育をまったく実施していない保育所は、その公定価格の6~8%が減額されていた。「その他地域」の子ども約120人の保育所で試算すると、公定価格の月の合計は約1000万円、減算額は月約63万円、年間約750万円となり、職員2人分の人件費に匹敵する。今回、これが土曜日に開所した日数に応じて段階的に減算額を増す仕組みに拡大された。

†保育制度の介護保険化?

公定価格の包括方式化の志向にみられるように、新制度の導入は、保育制度の社会保険化

（介護保険化）への布石という側面も有している。前述のように、新制度のもとでは市町村に保育実施義務が維持されたものの、認定こども園や地域型保育事業の利用の仕組みは、個人給付・直接契約方式（施設・事業者と子ども・保護者との契約）に転換されている。これは介護保険と同様の利用方式であり、公定価格の包括方式化（介護報酬化）とあいまって、将来的な保育制度の介護保険化を意図したものともいえる。

すでに、2000年代には、保育を含め子育て支援全般を社会保険方式で行う「育児保険」構想が自民党内で検討されていた。近年では「こども保険」の形で提案がなされている。そして、新制度の導入により、児童福祉の領域も介護保険に倣って措置から契約に切り替えたが、社会保険方式を採用しなかったため、保育サービスの飛躍的な増加が見込めず、利用者の事実上の権利意識の高まりも期待できず、サービス利用の権利保障を強化することができなかったとの指摘もある（新田秀樹「待機児童解消に向けての法的課題」『社会保障研究』2巻2＝3号、2018年、309頁）。

社会保険方式を採用することで、利用者の権利意識が高まるというのは、実証不可能な非科学的主張であり、社会保険料という財源確保により供給量の増大がはかれるという考え方も、介護保険で実際に居宅サービスの増大がみられたことから一見もっともらしくきこえるが、介護保険では、介護保険料そのものはランニングコスト（運営費）の財源となるわけで、供給量の増大は、個人給付・直接契約方式の導入（とりわけ給付費の使途制限の撤廃）に伴い企業参入が増加したことが大きい。そして、それが介護労働者の労働条件の急速な悪化をもたらし、介護の領域では、保育よりもさらに深刻な人手不足を招いている（第五章4参照）。いずれにせよ、保育制度の介護保険化がもし実現すれば、もはや公的保育制度は解体されたといってよい。

6　子育て支援・保育の課題

†新型コロナの感染拡大と保育所・学童保育への支援策

前述のように、医療崩壊・介護崩壊を引き起こした新型コロナの感染拡大は、保育の現場にも深刻な影響を与えている。

小中学校などの一斉休校の一方で、保育所や学童保育は開所を要請された。しかし、とくに、学童保育は、待機者が全国で1万人を超えており、保育士以上に職員の雇用条件は悪く人手不足のところに、夏休みと同様の開所を求められ、対応は困難を極めた。結局、受け入れ態勢が整わず、子どもをみるため仕事を休まざるを得ない保護者が続出した。中には、医療従事者が子どものため休みを取り、医療機関の体制がとれなくなる事態も生じた。

密な環境をつくらないためということで、学校が休校になったのに、学校よりも子ども同士や保育者との接触が多く、密集度の高い保育所や学童保育を開所すること自体が矛盾している（安倍首相は、子どもの命と健康を守るための一斉休校と言っていたが、子どもの中には、保育所等に通う子どもは入っていないのか！）。緊急事態宣言が出されたときも、保育所は「休止要請の対象外」となったが、保護者に登園自粛を要請したり、原則休園を打ち出す自治体もあり、自治体間の対応が分かれ、現場は大きく混乱した。

しかも、国は、感染症対策も現場に丸投げで、必要な財政措置をとっていない。全国の保育所では、マスクやアルコール消毒液が不足し、感染症対策も極めて不十分である。前述の第2次補正では、保育所などには物品購入と感染症対策支援（研修費等）として50万円が補助されるだけで、介護・障害者施設の職員へ支給される慰労金は、保育所など児童福祉施設等の職員は対象外だ。

新型コロナの感染拡大にともない外出自粛が呼びかけられ、「家にいよう！」のキャンペーンが叫ばれたが、そもそも、家のない人はどうなるのか。東京都は、ネットカフェなどにも休業要請したが、これにより、ネットカフェに寝泊まりしている約4000人もの人が居場所を失う事態となった（もし、新型コロナの感染拡大がなかったら、4000人もの事実上のホームレス状態の人を放置したまま、東京オリンピック・パラリンピックが開催されたのだろうか）。ホテルの借り上げなど慌てて支援がなされているが、不十分なままだ。

また、家で暴力や虐待を受けている子どもたちにとっては、家が安全な場所とはいいがたい。学校の休校で給食がなくなり、自宅では、生活困窮のため十分な食事がとれなくなった子どもたちも多い。従来から、夏休みなど長期休暇になると、食事が十分とれず痩せてしまう子どもたちは散見された。そうした子どもたちの食の保障をしてきた子ども食堂も、感染拡大を防ぐため、閉所が相次いだ。外出自粛や経済困窮の広がりによって、配偶者やパートナーからの暴力（DV）や児童虐待も増大している。

2020年5月25日に、緊急事態宣言が全国で解除され、ようやく学校が再開され、子ども食堂なども再開しはじめた。混乱が一段落したいま、保育所と学童保育については、感染症対策として、①マスク・消毒液等の確保、②人員増員を行った場合の財政支援、③土曜日保育などができなくなった場合も公定価格や補助金を減額しない措置、④感染症対策のための職員配置、基準の引き上げ、保育士などへの危険手当の支給といった財政措置が早急に必要である。また、DVや児童虐待の増大への対応として、支援制度の弾力的運用、児童相談所や支援機関の職員の増員のための財政措置を急ぐ必要がある。

†子ども・子育て支援新制度の見直し案

新制度については、施行後5年を目途とした見直し規定があり、2020年が見直し時期にあたる。しかし、2019年12月に、国の子ども・子育て会議で了承された「子ども・子育て支援新制度施行後5年の見直しに係る対応方針」(以下「対応方針」という)では、保育標準時間・短時間の区分など制度全般に関する見直しについては「その在り方について、引き続き検討すべき」と記されるにとどまり、事実上、第3期の子ども・子育て支援事業計画の策定時期の2025年まで先送りされた。以下、新制度の見直し案を私案の形で提示する。

第一に、新制度のもとで、保育士資格の基準を統一し、すべての保育者に保育士資格を義務付ける必要がある。当面は、5年間の猶予期間を設け、保育士資格のない保育者について、大学の通信講座などを使って保育士資格が取れるよう支援措置を設けるべきだろう。そのうえで、保育所の保育者配置にかかる公定価格を幼稚園並みにするため、3割引き上げるべきである。

第二に、新制度のもとで錯綜している施設・事業を統一化し、認定こども園は幼保連携型認定こども園へ、小規模保育事業は保育者すべてが保育士資格者であるA型に一本化すべきである。保育所の基準をスタンダードに、基準の統一化をはかっていくべきである。

第三に、職員配置基準など最低基準の引き上げとそのための財政措置が不可欠である。具体的には、国の保育士の配置基準を、0歳児2対1（現行3対1。以下同じ）、1歳児5対1（6対1）、3歳児10対1（20対1）、4歳・5歳児20対1（30対1）に引き上げ、面積基準も、2歳以上の子どもの保育室面積を1人当たり1・98㎡から机やいすの配置や保育士の存在を考慮して、3・3㎡程度に引き上げる必要がある。

第四に、認可外施設の認可化を進めるべきである。前述のように、教育・保育の無償化の対象となる施設には、5年間の経過措置とはいえ、指導監督基準すら満たしていない認可外施設も含まれる。指導監督基準は、児童の安全の確保等の観点から劣悪な施設を排除するために設けられたもので、本来、指導監督基準を下回る施設は存在してはならない。5年の期間は経過措置ではなく、すべての認可外施設が5年以内に認可化を図るための予算措置を講じる猶予期間とすべきである（同様の指摘に、中山徹『だれのための保育制度改革――無償化・待機児童解消の真実』自治体研究社、2019年、117頁）。重大事故の発生率が高い認可外施設の認可化、そのため予算措置を講じることは、子どもの命に関わる最優先の施策といえる。

第五に、待機児童解消のために、計画的に予算措置を講じて保育所を増設していく必要がある。ただし、整備に時間がかかることを考えれば、当面は、基準を保育所保育と同様とすることを前提に、認定こども園や地域型保育事業の整備も進めていくべきであろう。

第六に、保護者の経済的負担を軽減するため、保育料の無償化の対象範囲を0～2歳児すべてに拡大し、同時に、給食も保育の一環として無償化を実現すべきと考える。各地で、子ども食堂が増加していることが示唆しているように、子どもの食の貧困を含めた貧困は深刻化しており、早急に給食の無償化を実現すべきであろう。

†子どもの保育を受ける権利の確立を!

これまでみてきたように、新制度は、きわめて複雑で、随所に法的整合性を欠く制度である。法的不整合や違法の疑いがある条例・規則が散見され、早急な是正が必要である。

当面は、児童福祉法24条1項を基礎として、保育所における市町村の保育実施義務を明確にし、保育所以外の認定こども園などの直接契約施設・事業についても、優先度の高い子どもが保育を確実に利用できるよう、入所選考も含めて市町村に利用調整の責任を果たさせる必要がある。そのうえで、法的整合性をとるため、児童福祉法24条2項を改正して、「保育しなければならない」の文言とし、直接契約施設・事業である認定こども園や地域型保育事業を利用する子どもについても、市町村が保育の実施義務をもつ形とすべきだ。

将来的には、個人給付・直接契約方式を基本とする子ども・子育て支援法は廃止し、児童福祉法に一元化し、市町村が保育の実施義務をもつ保育所方式に統一すべきであろう。同時に、児童福祉法に、子どもの保育を受ける権利を明記する必要がある。

ドイツでは、２０１３年から、１歳以上の小学校就学前の子どもの保育を受ける権利（保育請求権）が、社会法典の児童青少年援助法（ＫＪＨＧ）に規定されている。そして、こうした保育請求権を保障することで、保育施設の拡充を図るという手法が用いられている。同法は、連邦法（社会法典8編）であり、ドイツにおける保育に関する基本法として、各州政府はその拘束を受けるが、同法で保育請求権を保障することで、かりに、保育施設を整備することを怠り、子どもが保育施設に入れないような事態が生じた場合には、権利侵害として、各州政府が損害賠償責任を問われうる。実際、日本の最高裁にあたるドイツ連邦通常裁判所は、子どもの預け先がみつからず仕事に復帰できなかった夫婦に対し、州政府は、その所得喪失分を補塡しなければならないとした判決（２０１６年10月20日）を下している。各州政府は、保育を希望する子どもに対して保育施設を提供できなければ損害賠償を請求されるおそれがあるため、保育施設を整備せざるをえなくなるわけだ。

日本でも、児童福祉法に、子どもの保育を受ける権利（保育請求権）が明記されれば、各自治体は、保育施設の整備をせざるを得なくなるだろうが、新制度のもとでも、前述のように、待機児童の放置がまかり通っていること、司法に訴える事例がドイツほど多くないことを考えると、市町村の保育施設整備義務および国・都道府県の整備にかかる財政支援義務についても児童福祉法に明記したほうがよい。

†課題は消費税に依存しない子育て支援・保育の財源

財政面では、新制度を中心とする子育て支援・保育の財源を消費税に求めている仕組みを見直す必要がある。

前述のように、保育士の待遇改善や職員配置基準の改善は緊急の課題だが、先の「対応方針」では「必要な財源の確保」や「安定的な財源の確保」と併せて検討されることが前提とされている。「安定的な財源」とは、社会保障・税一体改革のもとでは、消費税を意味しており、その結果、消費税のさらなる増税がない限り（もしくは他の給付を削るかしなければ）、十分な予算が確保できず、基準の改善は進まず、待遇改善等は先送り、つまり、保育士不足はこのまま放置されるということだ。

まずは、子育て支援・保育の財源と消費税とのリンクを断ち切り、充実に必要な予算は一般財源に求めたうえで、その予算を認可保育所の整備による待機児童の解消と保育士の処遇改善に優先的に振り分けるべきである。消費税に依存しない子育て支援・保育充実のための財源確保については、税制改革の方向も含め、終章で考察することとしたい。

終章

消費税と社会保障はどこに向かうのか

最終章の本章では、これまでの考察を踏まえ、消費税に依存しない社会保障の充実・再構築に向けて、憲法に基づく税制改革と社会保障改革の方向性を提示する。そのうえで、こうした改革の実現に向けての課題を展望する。

1 税制・社会保障改革の必要性

†税・社会保障による所得再分配の機能不全

日本での貧困率の推移をみると、1990年代後半ごろから上昇が目立っており、労働分野の規制緩和により非正規労働者が増大しはじめた時期と重なる。また、消費税が増税され、大企業・富裕層への大幅減税が行われた時期とも一致している。消費税の増税が貧困率を上昇させたともいえ、消費税が貧困と格差を拡大する税制であることの証左でもある。

税・社会保障のもつ主要な機能のひとつに、所得再分配がある。累進課税によって所得の高い人により多くの負担を求め、これを財源に、たとえば、生活保護のように、生活困窮者に対して必要な生活費を支給することで、高所得者から生活困窮者（低所得者）に対して所得が再分配される（垂直的再分配ともいわれる）。医療保険でも、所得に応じた保険料負担を求め、必要に応じて医療を提供することで、やはり所得の再分配が行われている。また、賦課方式の年金制度では、現役世代から高齢世代へという形で、世代間で所得再分配が行われている（水平的再分配ともいわれる）。

ところが、日本では、この間、所得税や法人税の累進性が緩和され減税が行われ、社会保障の中心をなす社会保険制度も、保険料の引き上げや自己負担（医療費の自己負担、介護保険の利用者負担など）の増大などにより、社会保障による所得再分配が機能不全に陥っている。日本の所得税の再配分効果は、1980年代からほぼ一貫して低下し続け、OECD（経済協力開発機構）加盟国中で最低水準となっている。

税・社会保障による貧困削減効果も、OECD加盟国中で最低水準であり、しかも、同加盟国において、日本は、政府による再分配（就労等による所得から税・保険料負担を引いて、社会保障給付を足した数値）の前後を比較すると、再分配後で、子どもの貧困率が高くなる唯一の国となっている。税・社会保障による所得再分配が機能していないどころか、逆に貧困を増大させるという驚くべき事態を招いている。このことは、本来であれば、税や保険料が免除されるはずの所得水準の人にも課税がなされ保険料が賦課されていること、それらの人に対する社会保障の給付（年金・手当）がきわめて少ないことを意味する。税・社会保障の再分配機能を強化するための税制・社会保障改革が必要となるゆえんだ。

†新自由主義的政策

社会保障改革については、小泉政権以来続いてきた新自由主義的政策からの転換が必要だ。「新自由主義（neoliberalism）」とは、D・ハーヴェイの定義によれば「私的所有権、自由市場、自由貿易を特徴とする制度的枠組みの範囲内で個々人の企業活動の自由とその能力が無制約に発揮されることによって人類の富と福利が最も増大する、とする政治経済的実践の理論」とされる（デビッド・ハーヴェイ／渡辺治監訳『新自由主義――その歴史的展開と現在』作品社、2007年、10頁）。要するに、市場活動を行う企業への規制を大幅に緩和するとともに、社会保障費を抑制し、「小さな政府」を志向する政策および政策思想ということだ。経済危機に直面したEU諸国では、社会保障費を中心に歳出削減と付加価値税の増税を同時に行う緊縮財政策が進められてきたが、これも新自由主義的政策の一つといえよう。しかし、緊縮財政策は、貧困の拡大や失業の増大など深刻な問題をもたらし、付加価値税の引き下げと富裕層への課税強化など政策を求める反緊縮勢力が台頭している。イギリスのＥＵ離脱も、緊縮路線をとるＥＵ政府への反発が一因ともいえる。

安倍政権も、基本的には、新自由主義的な緊縮財政策を継承しているのだが、必ずしもそれ一辺倒というわけではない。選挙の際に好景気（少なくとも不況でない状態）をつくりあげるため、アベノミクスをはじめとする景気対策を打ち出したし、消費税増税も何度か先送りしてきた。ただし、２０１９年10月の消費税増税の断行そして、新型コロナへの対応失敗で、内閣支持率が急落、政権運営に陰りが見えはじめたことは序章でみたとおりである。

一方で、社会保障改革については、安倍政権は、保険主義の強化、医療費の抑制や福祉の市場化など、典型的な新自由主義路線を突き進んでいる。財政支出といえば、公共事業の拡大しか頭になく、社会保障の削減を露骨に進めているからだ。介護・保育分野の危機的人手不足への対応、さらには新型コロナの感染拡大でもたらされた医療崩壊・介護崩壊への安倍政権の無策ぶりが明らかになりつつある今こそ、社会保障の拡充をめざす改革の方向を示す必要がある。

2　税制改革の方向性

†憲法に基づいた税制改革とは

まず、税制改革からみていく。税制の基本原則は、負担能力（税法では「担税力」といわれる）に応じた負担、すなわち「応能負担原則」にある。この原則は、憲法25条の生存権理念から導き出される要請であることは税法学の通説といってよい（金子宏『租税法（第23版）』弘文堂、2018年、17頁）。同時に、国民が「健康で文化的な最低限度の生活を営む権利」（憲法25条1項）を公権力が侵害してはならない、最低生活費に食い込むような課税や保険料の賦課は行ってはならないという「最低生活費非課税原則」もそこから導き出される基本原則である。

所得税は、所得が高いほど税率が高くなり（最高税率が下げられてきたという問題はあるが）、一定所得未満の人には課税されないことから、基本的に応能負担原則と最低生活費非課税原則で貫かれている。これに対して、これまでみてきたように、消費税は、所得の少ない人ほど負担が重い逆進性の強い不公平税制である。「応能負担原則」という憲法の基本原則に反する消費税が基幹税となり、所得税や法人税の税収を追い抜き国の税収の第1位となっている現状は、どう考えても異常というほかない。こうした異常ともいうべき不公平税制を是正するため、所得税・法人税の累進性を強化し、それを基幹税と位置づけ、大企業や富裕層への課税を強化すべきである。

†所得税の改革――累進性強化と総合課税化で基幹税として復活

第一に、所得税については、累進性を強化し基幹税として再構築する必要がある。第一章でみたように、日本の所得税率は1986年まで15段階、最高税率70％であったが、現在は、7段階、最高税率45％（住民税の10％とあわせて55％）と累進性が大きく緩和されてきた。最高税率の水準を1986年水準にまで戻せば、相当の税収増になるはずである。

同時に、分離課税となっている所得をすべて合算し、総合課税とすることで、累進課税の対象外の所得を累進課税の対象とする必要がある。総合課税化には、所得の捕捉のための諸般の措置が必要で、時間がかかるだろうが、その間の応急措置として、少なくとも、バブル崩壊後に経済対策として進められ、いまだに続いている株式の譲渡益（売却益）や配当金など金融所得に対する低い税率（約20％）を大幅に引き上げるべきだろう。

この間の税制改革により、金融所得は優遇される一方で、給与所得控除を受けられる年収の上限が断続的に引き下げられ、給与所得控除の額も控除額の上限も引き下げられるなど、給与所得は増税となっている。公的年金等控除も、従来の140万円から130万円へと引き下げられたが、こうした引き下げは中止すべきである。さらに、所得稼得者本人の最低生活費にあたる基礎控除が48万円ときわめて低額だ（2020年度から、38万円から引き上げられたが、給与所得控除が一律10万円引き下げられたので実質的な引き上げになっていない）。「最低生活費非課税原則」からも、基礎控除の額は大幅に引き上げられる必要がある。

法人税の改革――法人税率の引き下げ中止と課税ベースの拡大

第二に、法人税については、第二章でみたような大きな税収減をもたらしている減税を早急に中止し、引き下げられてきた税率をもとに戻し、さらに引き上げも検討すべきだろう。同時に、租税特別措置など大企業の優遇税制を見直し、課税ベースを拡大する必要がある。

中心になるのは租税特別措置の廃止、縮小による法人税の課税ベースの拡大である。また、受入配当金等の益金不算入制度については、完全子会社でない企業の株式を保有することは、投資活動という性格がある以上、その配当利益には課税すべきである。具体的には、①関連会社の持株比率を現行の「3分の1超」から50％以上に引き上げる、②持株比率を現行のままとするのであれば、益金不算入の割合を、現行の全額から50％に引き下げる、③持株比率5％以下の株式について、全額を課税対象とする、④持株比率が5％超3分の1未満で「その他の株式等」と区分されている株式の配当を全額課税対象とする、といった提案がなされている（富岡・前掲『消費税が国を滅ぼす』152頁参照）。

さらに、現在の法人税率（23・2％。2018年）は、所得が増えても同じ一律の税率である比例税率になっている。これを所得税並みの累進税率（所得が増えると税率も増える方式）、具体的には5％、15％、25％、35％、45％の超過累進税率を導入すれば、法人税収は現在より9兆円も増加し、累進税率化により、資本金5000万円以下の中小企業は現行よりも低い税率で課税されるから減税になるとの試算もある（菅隆徳「法人税の累進税率化という選択肢」『世界』2019年8月号、120頁）。

不公平な税制をただす会の試算では、以上のような法人税・所得税の不公平税制の是正により、2017年度の増収は、国税で27兆3343億円、地方税で10兆6967億円、合計38兆310億円にのぼるとされる（不公平な税制をただす会編『消費税を上げずに社会保障財源38兆円を生む税制』大月書店、2018年、101-105頁参照）。

†タックスヘイブンへの対応

一方で、経済のグローバル化の中で、富裕層や多国籍企業は「タックスヘイブン」と呼ばれる、税負担や金融規制がない（もしくはほとんどない）国・地域に資金を移し、巧みに税負担を回避している。アメリカの投資家バフェットが、自分の給与と秘書の給与の税負担率が同じであることを問題とし、自分たち富裕層からも税金を取るべきだと訴えたことは記憶に新しい。日本には、寄付の文化や社会的還元という発想がないのか、日本の財界は、法人税の減税ばかりを主張してきたことは、これまでみてきたとおりである。企業の社会的責任との考え方があまりに希薄である。もっとも、この点は、日本企業に限らず、多くの多国籍企業は、節税・課税逃れを模索しているが。

先進諸国では、国境を越えて移動しにくい労働所得や消費への課税強化、とくに付加価値税への税収依存度が高まる傾向にある。タックスヘイブンが存在する限り、いくら国内で法人税の累進性を強めても、大企業に対する課税を強化したとしても、その効果は損なわれるし、税収の空洞化を防ぐため、さらなる消費税などの増税が行われる可能性が高まる。

多国籍企業による国境をまたいだ節税は、2010年以降、アメリカのグーグルやアップル、スターバックスなどで明らかになり、財政状況の厳しい各国で批判が高まってきた。法人税引き下げ競争をやめ、タックスヘイブン対策や多国籍企業に対する課税を強化するために、国際的な協力が進みはじめ、2015年9月には、OECD46か国が、実態の乏しい子会社の所得も本国の本社と合算して課税するなど、多国籍企業の節税に対抗する国際ルールの大枠に合意した（ただし、新ルールに強制力はなく、各国での税制改革が課題となる）。同年10月には、OEC

Dが「税源浸食と利益移転（ＢＥＰＳ）」といわれるプロジェクトの最終報告書を発表した。多国籍企業に対して国別の利益や納税額の報告を求める「国別報告書」の提出の義務付けは一定の成果といえる（ただし、努力義務にとどまる）。

そうした中、２０１６年4月には、タックスヘイブンとされる中米パナマにある大手法律事務所「モサック・フォンセカ」の内部文書１０００万件が流出、これを南ドイツ新聞が匿名の人物から入手し、国際調査報道ジャーナリスト連合を介して、世界各国のメディアが共同して分析し公表した。いわゆる「パナマ文書」である。この「パナマ文書」により、世界各国の政治家や富裕層が、タックスヘイブンを利用して蓄財や金融取引をしている実態が明らかになり、アイスランドやパキスタンの現職首相が辞職を余儀なくされる事態に発展した。また、日本関連だけで40億円にのぼる申告漏れがあると分析されている（氷山の一角だろうが）。２０１７年11月には、イギリスの海外領バミューダー諸島を拠点とする法律事務所「アップルビー」から同様の内部文書、いわゆる「パラダイス文書」が流出、同文書には、ソフトバンクグループや住友商事、丸紅など日本の一流企業も名を連ねている。

タックスヘイブンにより、本来、支払われるべき税金が支払われず、消費税の増税という形で、一般庶民がそのツケを払わされるのでは納得がいかないだろう。タックスヘイブンを利用している多国籍企業の課税逃れを規制する必要がある。具体的には、タックスヘイブン進出企業の状況報告制度やタックスヘイブンの計画開示申告制度が有効と考えられる（前述のOECDプロジェクトの義務的開示制度も類似）。

†相続税の改革と富裕税の構想

第三に、相続税や富裕税の創設など資産に対する課税の強化が必要である。まず、相続税については、課税ベースを拡大し、同時に累進課税を強化することで、所得再分配機能を高めるべきである。相続税の最高税率は現行では55％であるが、基礎控除額が高いため、対象者が限られている。基礎控除額については、被相続人との親族関係に応じた金額として、担税力のある相続人等については、基礎控除を縮小し、課税ベースを拡大すべきであろう。同時に、最高税率を70％まで引き上げるべきである。

贈与税については、住宅所得資金、教育資金、結婚・子育て資金の贈与にかかる非課税の特例が多く存在する。高額な非課税制度は、贈与を受けられる者と受けられない者との格差を助長し、「格差の世代間連鎖」をうながすことになるため、縮小すべきである。また、贈与税の最高税率（現行55％）についても引き上げる必要がある。

近年、日本では、所得格差以上に、資産格差が拡大している。純金融資産1億円以上を保有する富裕層は、2017年で、127万人にのぼっている（野村総合研究所調査）。これら富裕層の保有資産に対して、緩やかな累進税率で課税する富裕税の創設も検討されてよい。日本でも広く読まれた『21世紀の資本』の著者トマ・ピケティは、同書の中で、住宅、不動産、金融資産などすべての資産から負債を差し引いた純資産に累進税をかける「世界的資本税」を提唱している。壮大なユートピアともいえるが、ピケティ自身が述べているように、世界的資本税の提唱は、それを契機にして、各国が徴税のベースになる富のありかについてデータを整えることに目的があるという（竹信三恵子『ピケティ入門――『21世紀の資本』の読み方』金曜日、2014年、44頁参照）。

†消費税の改革――当面は税率引き下げ、将来的な廃止

最後に、消費税については、当面、10%から5%への消費税率の引き下げが急務だ。現在、消費税だけで20兆円と国の税収の3分の1を占める基幹税化していることを考えるならば、すぐに廃止することは現実的ではないが、社会保障財源として最もふさわしくないばかりか、社会保障を、いや日本社会を破壊する消費税は、将来的には廃止すべきと考える。

この点について参考になるのが、最近、消費税を廃止したマレーシアである。マレーシアは、2015年に、日本の消費税にあたる「物品・サービス税（GST）」を導入したが、個人消費の停滞などが深刻化、GSTの廃止を掲げたマハティール元首相の率いる野党連合が201

8年5月の総選挙で勝利し、翌年6月に、公約通りGSTを廃止した。代替財源には、GST導入以前の「SST（小売売上税・サービス税）」を復活させるなどして充てた。その結果、消費が上向きはじめ、懸念された財政赤字の拡大もいまのところみられていないという。

日本でも、消費税廃止後の代替財源として、消費税を直接税・法人事業税に組み変える提案がなされている。直接税化することで、輸出還付金制度もなければ、価格への転嫁問題は派生せず、単に事業者が計算し納付すればよいとされる（湖東・前掲「消費税の何が問題なのか」193-194頁）。私見では、消費税導入前に廃止された物品税の復活が有効と考える。物品税は、貴石、毛皮製品などの高価な製品（第1種物品）や自動車類、電気器具類など（第2種物品）について課されていた税で、第1種物品については販売業者が、第2種物品については製造業者が納税義務者とされていた。マレーシアのSSTも個別消費税であり、この物品税に類似した税だ。1989年の廃止当時で、物品税について約2兆円の税収があったことを考えると、課税ベースを拡大すれば、さらなる税収が見込めるのではないか。

3　社会保障改革の方向

†社会保険における「保険主義」の強化

日本では、この間、新自由主義的政策により、社会保障の中心をなす社会保険制度で、保険料の引き上げや自己負担（医療費の自己負担、介護保険の利用者負担など）の増大などにより、「負担なければ給付なし」という保険主義（原理）が強化されてきた。2000年に施行された介護保険制度が、利用者負担を所得に応じた応能負担から、所得に関係ない一律の応益負担に転換したうえに、低所得を理由とした保険料免除を認めず、月額1万5000円という低年金の高齢者からも年金天引きで保険料を徴収し（特別徴収）、給付費総額と保険料が連動する仕組みを構築しており、保険主義を徹底した制度であった。2008年には、後期高齢者医療制度が導入され、高齢者医療でも、保険料の年金天引き、高齢者医療費と保険料が直結する仕組みがつくられた。2018年度からの国民健康保険の都道府県単位化も、医療費と保険料が直結する仕組みをめざし、都道府県が策定する医療費適正化計画、地域医療構想など通じた医療費抑制を目的とするものであった。

こうした保険主義の強化は、保険料や応益負担分を払えない低所得者を保険給付から排除し（社会保険の排除原理）、必要な医療や介護を受けられない事態を招いている。

†社会保険料負担の現状

もともと、日本は社会保障給付費の9割以上を社会保険方式で実施している社会保険中心の国であり、社会保障財源としても社会保険料収入が大きな比重を占めている。

2017年度の社会保障財源（社会保障給付費と同様に、ILO基準に対応するもの。給付費のほか、管理費、施設整備費等も含まれる）の総額は141兆5693億円で、前年度から3・7％増加している。財源項目別にみると、「社会保険料」が70兆7979億円（対前年度2・8％増、収入総額の50％）、「公費負担」が49兆9269億円（同1・2％増、35・3％）、資産収入など「他の収入」が20兆8445億円（同14・0％増、14・7％）となっている。社会保険料の内訳は、被保険者拠出が37兆3647億円、事業主拠出が33兆4332億円で、ヨーロッパ諸国に比べると、社会保険料負担に占める被保険者負担の割合が大きいのが特徴といえる。

実際、社会保険料の負担は、先進諸国ではトップレベルとなっており、個人の所得税負担より社会保険料負担の方が大きいのは、主要国中では日本だけと指摘されている（高端正幸「誰もが抱える基礎的なニーズは税で満たせ――「社会保険主義」の罪」公平な税制を求める市民連絡会会報8号、2017年、2頁参照）。しかも、社会保険料は、給付を受けるための対価とされているため、収入のない人や低い人にも保険料を負担させる仕組みをとり、逆進性が強い。この点は、消費税と共通する。

国民年金の保険料は定額負担（2020年度で月額1万6540円）だが、保険料の納付が困難と認められる者に対して、保険料の免除（法定免除・申請免除）の仕組みを採用している。ただし、保険料免除の場合は、国庫負担分を除いて給付に反映されない（第三章1参照）。

健康保険や厚生年金保険などの被用者保険の保険料は、標準報酬に応じた定率の負担となっているが、所得税のような累進制が採用されておらず、標準報酬月額に上限が存在するため（健康保険で第50級・139万円、厚生年金保険で第31級・62万円）、高所得者の保険料負担が軽減されている（第三章1、第四章2参照）。また、地域保険である国民健康保険料、介護保険第1号被保険者の保険料、後期高齢者医療保険料には、事業主負担がないうえ、収入がない人や住民税非課税の低所得者・世帯にも賦課され、配偶者にまで連帯納付義務を課す仕組みである（第四章2、第五章3参照）。いずれも、他の被用者保険の保険料に比べ高く、低所得・低年金者に過重な保険料負担となり、低所得者の家計を圧迫し、貧困を拡大させるという本末転倒の事態が生じている。いずれにせよ、保険主義から脱却し、重い社会保険料の負担軽減などの社会保険改革が必要となる。

†社会保険料の負担軽減と減免範囲の拡大

まず、国民健康保険料・介護保険料・後期高齢者医療保険料については、収入のない人や住民税非課税世帯の保険料は免除とすべきである。社会保険料も、憲法上は法的租税概念に含まれており、保険料負担についても、応能負担原則・累進負担の原理・最低生活費非賦課の原則が適用されなければならないからである（北野弘久・黒川功補訂『税法学原論〔第8版〕』勁草書房、2020年、118頁参照）。当面は、国民健康保険料・介護保険料の2割・5割・7割軽減を8割・9割軽減にまで拡大していくべきだろう。国民健康保険料については、すでに、独自財源により、7・5割の軽減措置をとっている自治体も存在する。

また、他の国に比べて社会保険料負担に占める割合が低い事業主負担と公費負担を大幅に増大させるべきである。とくに国民健康保険については、公費の増大による保険料の引き下げが早急に求められる。国民健康保険への国庫負担をもとの医療費40％の水準に戻せば、1兆円の財源増となり、国民健康保険料を協会けんぽ並みの保険料水準に引き下げることができる（第四章6参照）。将来的には、応益負担部分の廃止、所得に応じた定率負担にするなどの抜本改革が不可欠である。

被用者保険についても、前期高齢者の医療費調整制度、後期高齢者支援金に対して公費負担を導入し、協会けんぽの国庫補助率を健康保険法本則の上限20％にまで引き上げ（健康保険法153条）、保険料を引き下げる必要がある。そのうえで、被用者保険の標準報酬の上限の引き上げ・段階区分の見直しを行い、相対的に負担が軽くなっている高所得者の負担を強化すべきである。厚生年金の標準報酬月額の上限を、現行の62万円から健康保険と同じ139万円に引き上げるだけで1・6兆円の保険料増収が見込めるという試算もある（垣内・前掲『「安倍増税」は日本を壊す』150頁参照）。ただし、年金の場合、保険料に比例して年金受給額も上がるため、高所得者については、保険料が増えた場合の年金額の増え方のカーブを段階的に緩やかにしていく仕組みの導入が必要である。

また、社会保障費の増大に対応して保険料率の引き上げを行う場合には、原則折半になっている労使の負担割合の見直しを同時に行うべきである。具体的には、中小企業には一定の補助を与えつつ、事業主負担を増やす方向で増収をはかるべきであろう。将来的には、その財源は、社会保険料の事業主負担を企業利益に応じた社会保障税として調達する方法が有効と考える。なお、年金保険については、社会保険料のほかにも、年金積立金の取り崩しによる活用が考えられることは前述した（第三章6参照）。

†社会保険料による財源調達の方が容易か

もっとも、税財源よりも、社会保険料財源のほうが、拠出（負担）と給付の対応関係が明確で、国民の理解が得やすく、租税法律主義ほど厳格な縛りがなく即応性が極めて高く、財源調達能力の点で優れているとして、社会保障財源については社会保険料を中心に確保していくこと（つまりは保険料の引き上げ）が望ましいとの見解も根強くある。

しかし、財源調達能力や財政安定性があるということは裏をかえせば、社会保険料に対する租税法律主義のような法的統制が不十分なうえに（たとえば、第2号被保険者に対する介護保険料は行政内部の手続で賦課額が毎年改定・引き上げられている）、社会保険料が低所得の被保険者にも賦課され逆進性が強いことを意味している。現行の消費税が食料品など生活必需品にも課税される一般消費税のため、景気変動に影響されず、安定した財源が確保できるという議論と同じである（第一章5参照）。

税の配分の問題は、政治の問題であり、社会保険料の方が国民の理解を得やすいというのは、いわば国民の増税への強い抵抗（租税抵抗）に直面し、拠出（負担）に対して、給付が明確な社会保険料の方が容易に徴収できるということなのだろう。実際、とくに消費税の増税については、これまでも政権が倒れるほどの抵抗や批判にさらされてきたが（序章参照）、社会保険料負担の引き上げについては消費税ほどの抵抗や批判が表立って生じていない。しかし、それは社会保険料の引き上げが国民にあまり知られないうちになされているからで、保険料引き上げそのものへの不満は大きい。そして、今や年金や介護保険に典型的にみられるように、相次ぐ給付抑制により（介護保険については「国家的詐欺」と揶揄されるほど）、社会保険への国民の信頼は揺らぎつつあり（第三章6、第五章6参照）、現在では、社会保険料負担の方が国民の理解を得やすいとは言い難くなっている。

少なくとも、まずは、前述したような社会保険料負担の抜本的な見直しと改革を行うことが先決であり、その上での社会保険料の引き上げがなされるべきであろう。

†介護保険と後期高齢者医療制度は廃止し、税方式に転換を！

なお、介護保険料についていえば、住民税の非課税者は65歳以上の第1号被保険者の約6割にのぼり、これらの高齢者の介護保険料をすべて免除とすれば、もはや保険制度として成り立たない（保険集団の半分以上の人が保険料免除となる制度を社会保険といえるかという問題！）。このことは、そもそも、リスク分散ができないという点で、高齢者が保険集団となる介護保険という制度設計に無理があることを意味している。

同様に、後期高齢者医療制度は、医療が必要となるリスクが高い高齢者のみで保険集団を構成しており、高齢者医療費の高さを際立たせ、世代間の分断を強めており、リスク分散の機能が働かず制度設計としては合理性に欠ける。実際に、高齢者の保険料だけでは、高齢者医療給付費の1割程度しか賄えず、大半を、公費と現役世代からの支援金に依存している（第四章3参照）。

高齢者の介護保障・医療保障を社会保険方式で行うことに、そもそも無理があると言い換えてもよい（保険になじまない！）。とくに、介護保険の場合は、給付抑制連続の改革で保険料を払っていても保険給付を受けられない人が増え、制度への信頼が失われていることは前述したとおりである。高齢者の介護保障・医療保障については、税方式への転換が課題といえる。年金から天引きされる介護保険料や後期高齢者医療保険料がなくなるだけでも、年金生活者の生活は各段に楽になるはずだ。

†社会福祉基礎構造改革がもたらした福祉の市場化、個人給付化

一方、社会福祉制度については、「措置から契約へ」の理念のもと、1990年代後半から、社会福祉基礎構造改革と称して、自治体の責任でサービスを提供（現物給付）する措置制度の解体が進められた。そして、介護保険法、障害者総合支援法、子ども・子育て支援法など一連の立法により、高齢者福祉、障害者福祉、児童福祉の各分野において、社会福祉給付の大半が、直接的なサービス給付（現物給付）から、認定により給付資格を認められた要介護者などへのサービス費用の助成（現金給付）へと変えられた（個人給付方式）。同時に、選択の尊重という

理念に即して、株式会社など多様なサービス供給主体の参入が促進され（福祉の市場化）、利用者が事業者と契約を締結してサービスを利用する仕組みとされた（直接契約方式）。ただし、保育制度では、子ども・子育て支援新制度の導入による個人給付・直接契約方式への転換は、認定こども園など一部にとどまり、多くの子どもが利用している保育所については市町村の保育実施義務が残り（児童福祉法24条1項）、自治体責任による保育所方式が維持されている（第六章1参照）。

とはいえ、社会福祉制度の個人給付・直接契約方式への転換（以下「個人給付化」と総称する）により、社会福祉は大きく変容し、いくつかの課題を抱えることとなった。

第一に、個人給付化により、市町村が直接サービスを提供（現物給付）する仕組みがなくなり、契約を通じたサービス利用が現実に困難な者に対する措置制度は残されたものの、同制度の形骸化と市町村（公的）責任の後退が顕著となっている。同時に、基盤整備に関する公的責任も後退し、保育所や特別養護老人ホームなどの不足により、多くの待機者・待機児童が生まれている。

第二に、社会福祉法制の個人給付化は、従来の補助金のような使途制限をなくし、企業参入をうながして、供給量の増大を図る狙いがあり、その結果、確かに、介護保険にみられるように、サービス供給量は増大した。しかし、一方で、施設・事業者が人件費抑制を迫られ、しかも職員配置基準などの改善はなされず、むしろ引き下げられたため、介護職員や保育士などの労働条件の悪化と人手不足、介護や保育などサービスの質の低下をもたらすこととなった。

第三に、個人給付化により、給付資格の認定の仕組み（介護保険の要介護認定など）が設けられ、個人の申請権が明示され、受給要件や給付内容が法令に詳細に規定されることになった結果、要件や給付内容が画一化・定型化され（社会保険化された介護保険に典型的にみられるが）、生活環境に起因するニーズの多様性を保障の外に置くこととなった。こうしたサービス保障の射程外に置かれたニーズ充足のための仕組みを整備していくことが政策課題となったが、安倍政権の社会保障改革では、それを住民参加やボランティアによって充足しようとする政策志向がみられる（「地域包括ケアシステム」の構想）。同時に、地域の事業所や住民に、自助・互助、地域包括ケアシステムの構築に沿う価値観や問題関心を共有させ、ボランティアなど安上り労働として動員していこうとする政策が展開されている（「規範的統合」といわれる）。しかし、こうした非現実的な政策は、介護保険の総合事業の破綻にみられるような深刻な状況をもたらしている（第五章4参照）。

†社会福祉制度の再構築の方向性

介護や支援を必要とする人の「健康で文化的な最低限度の生活」（憲法25条1項）は、施設など必要な福祉サービスの整備がされていないと保障されない。介護保険や子ども・子育て支援新制度など個人給付化された社会福祉制度のもとでも、給付資格の認定により、介護や保育が必要と認定されたにもかかわらず、特別養護老人ホームや保育所が不足し、多くの待機者・待機児童が生まれ、サービスを利用することができないまま放置されている実態がある（第五章4、第六章1参照）。まずは不足している保育所や特別養護老人ホームの増設など、公的責任による供給体制の整備、そして社会福祉制度の再構築が必要である。

前述のように、社会福祉法制の個人給付化が、介護職員や保育士の労働条件の悪化をもたらしたことを考えれば、企業参入に依存しない公的責任による供給体制の整備が望ましい。現行の介護保険事業計画や子ども・子育て支援事業計画のように、サービス整備の計画策定を市町村や都道府県に義務付けただけでは、基盤整備が進むとは考えにくい。計画の検証がほとんどなされておらず、自治体としては計画を作成すれば、保育所など施設が不足し待機児童が生じても、何ら責任を負わない仕組みである。介護保険については、保育所保育のように税方式に転換し、市町村がサービス提供責任を負う方式にしたうえで、市町村の基盤整備義務および国・都道府県の財政支援義務を法律に明記すべきであろう（第五章6参照）。

保育制度についても、児童福祉法に子どもの保育を受ける権利（保育請求権）、市町村の保育施設整備義務および国・都道府県の財政支援義務についても明記する必要がある（第六章6参照)。同時に、市町村に整備計画の策定と検証を義務付け、国・都道府県が整備に必要な財政支援の拡充、たとえば、公立保育所の運営費の国庫補助、特別養護老人ホームの建設補助に対する国庫補助を復活するなどの施策が求められる。保育所など福祉サービスの供給形態は、公立直営が望ましいが、市町村が委託する場合も、社会福祉法人・NPO法人など非営利法人に限定すべきで、医療機関と同様、株式会社の参入は禁止すべきである。

何よりも、公的責任によるサービスの現物給付という市町村責任方式への転換・拡充は、福祉行政における責任主体としての市町村の能力の向上、ひいては措置方式の充実と権利性の確立にもつながる。各市町村は福祉担当のケースワーカーや公務員ヘルパーを配属し、専門性の強化をはかり、国は自治体への必要な財政支援を行っていく必要がある。

費用負担に関しては、利用者負担などの存在により、高齢や障害などのため支援を必要とする人が、サービスの利用をあきらめたり、必要量を減らしたり、食費など最低生活費を削って負担にあてたりすることになれば、憲法25条1項にいう「健康で文化的な最低限度の生活」を維持できなくなる。本来は、福祉の財政責任を確保する意味でも、福祉サービスにかかる費用については、国・自治体が公費で負担すべきであり、利用者負担を課すべきではない。例外的に負担を課す場合でも、利用者の負担能力を超えた過大な負担とならないような配慮が求められる。これは憲法の規範的要求といえる。保育料については、給食費も含めて無償とすべきことは前述したとおりである（第六章4参照）。

†全国一律1500円の最賃を！

以上のような社会保障の充実と並行して、最低賃金の大幅引き上げが必要となる。低賃金労働が蔓延し、ワーキングプアが拡大している日本社会で、憲法のいう「健康で文化的な最低限度の生活」の不足分を社会保障だけで補填しようとしても限界があるからだ。

現在の最低賃金は、地域別最低賃金となっており、2019年度でみると、人口を加味した全国加重平均で時給901円、最高額は、東京都で同1013円、最低額は、青森、岩手、鹿児島、沖縄など15県で同790円となっている（地域格差は最大で223円）。

全国労働組合総連合（全労連）の「最低生計費調査」によると、25歳の単身者の場合、普通の生活ができる費用（「健康で文化的な最低限度の生活」に必要な費用と言い換えてもよい）を推計すると、全国どの地域でも大きな差はなく、税金・社会保険料などの公租公課の額を入れて、月額22〜24万円台くらいのところに収まるとされる。この月額22〜24万円は、月150時間労働で時給換算すると1500円〜1600円程度となる。2015年から広がった「最低賃金1500円」を求める運動と、ぴったり金額が照合する。

また、同調査でも明らかなように、「健康で文化的な最低限度の生活」に必要な費用は、全国どこでもあまり差はない。東京などの大都市では家賃などは高いかもしれないが、地方にいくと、公共交通機関が発達しておらず、自動車が必需品となるため、その維持費などがかかるからだ。当然ながら、生活費にあまり大きな差がない以上、労働者は（とくに若者は）、時給の安い地方から、同じ仕事で同じ時間働いて高い時給が得られる都市部に流出する。最低賃金の水準の高低が、その都道府県からの労働人口流出率と相関していることは実証されており、現在の地方経済の衰退、人口の地域流出を食い止めるうえでも、中小企業などへの財政支援を図りつつ、最低賃金を全国一律1500円に引き上げるべきである。

4　課題と展望――対案の実現のために

†税制改革の実現可能性

以上のような税制・社会保障改革の実現可能性はあるのか。結論からいえば、現在の安倍政権、いや自民党政権が続く限り、実現可能性はゼロといっていい。

とくに、法人税改革については、現在の不公平税制そのものが、大企業の既得権化しており（たとえば、「受取配当金等の益金不算入制度」は、株式投資に力を入れている大企業にとっては既得権そのものである)、大企業が中心をなす財界の強い反対と抵抗にあうのは確実だ。自民党自体が大企業から多額の政治献金を受け取っており、安倍政権、そして自民党政権に、こうした既得権益にメスをいれるような改革ができるはずもない。政治献金の見返りに、大企業は法人税減税という恩恵を受けていることを考えると、この類の政治献金は一種の「賄賂」といってもよい(2015年12月の「公正な税制を求める市民連絡会」の結成1周年集会での宇都宮健児弁護士の発言)。

大企業の役員である高所得者や富裕層の猛烈な反対が不可避な所得税の改革や富裕税の創設も同様だ。タックスヘイブンの国際的な規制についても、安倍政権は消極的である。

†日本で消費税の廃止は可能か

消費税についてはどうか。付加価値税を共通税として位置づけているEU(欧州連合)加盟国は別にしても、前述のように、アメリカ合衆国は付加価値税を導入していない。日本でも、将来的に消費税廃止は可能なはずだ。山本太郎前参議院議員が代表のれいわ新選組が「消費税の廃止」を掲げて、2019年7月の参議院選挙で躍進したことは記憶に新しい。

ただし、消費税の減税はともかく、廃止となると、そんなことが本当にできるのかと大多数の国民が疑念を抱いているのも事実だ。消費税を廃止した場合、増え続ける社会保障費をどうやって賄うのか、所得税・法人税の累進性の強化だけで、その税収を埋められるほどの財源になりうるのかなどといった疑念だ。すでに導入から30年以上を経て、生まれたときには、あるいは物心ついたときには消費税が存在し、それが当たり前になっていた人が国民の3割以上を占めるようになっている。社会保障の充実のためには消費税増税が必要だという呪縛は依然として国民の間に根強く、消費税廃止に向けてのハードルは高い。

これに対して、福祉・医療・教育・子育て支援などの政府支出を賄うため、政府が国債を発行し、それを日銀が買う形で（中央銀行が金融緩和で無から作った資金を原資に）、これらの社会保障支出を増やし充実させ、この分野での雇用を増大していけばよいとの提言もなされている（松尾匡『この経済政策が民主主義を救う――安倍政権に勝てる対案』大月書店、2016年、95-96頁参照）。独自の通貨発行権を持つ国は、債務の償還に充てる貨幣を無限に発行できるため、物価の急上昇が起きない限り、財政赤字が大きくなっても問題はないというMMT理論（Modern Monetary Theory＝現代貨幣理論）の立場からの提言である。

MMT理論は、EU政府の緊縮財政政策に対抗する反緊縮の経済理論として、欧米では一定の支持を集めている理論だが、日本では、社会保障財源を借金に依存すべきではないという財政当局の考え方に真っ向から対立するためか、新聞等のメディアでも黙殺されてきたが、近年、関連書籍も発行され注目されはじめている（ただし、MMT理論に対しては、インフレの進行を十分制御できるかなど、いくつかの疑問も指摘されている)。

こうした状況に危機感を抱いた財務省をはじめとする消費税増税派の反撃も激化しつつある。当分は、増税派と減税・廃止派との激しい攻防が続くだろうが、日本の貧困や格差を是正し、すべての国民の「健康で文化的な最低限度の生活を営む権利」を保障するためには、将来的に、消費税の廃止は不可避と考える。

†消費税減税と新型コロナ対策を野党の共通政策に!

いま、多くの国民は、生活不安・将来不安(とくに老後の不安)を抱え、子育てや医療・介護・年金など社会保障の充実を望んでいる。そして、消費税が増税されても、社会保障は充実しないこと、消費税を社会保障の主要財源とすること(社会保障の充実と消費税増税とをリンクさせること)には無理があるのではないかと気づきはじめている。問題は、不正確な財政危機論や「社会保障財源=消費税」といった宣伝がマスコミ等において流布され、十分な検証も反論もなされず、国民に選択肢が示されていないことにある。

若い学生たちと接していてわかるのだが、社会保障の正確な仕組みを知らずに、財政危機だから社会保障削減も仕方がない、年金なんてもらえないと諦めている若い人が多い。そうした学生でも、年金制度の正確な仕組みと、厚生年金・国民年金あわせて200兆円近い積立金があること、それを取り崩していけば（現実には、積立金はハイリスクな国内株式など市場運用されているのだが、それをやめ）、最低保障年金の確立も可能なことを話すと、そんな方法があるのかと驚く。自己責任論にとらわれ（生活が苦しいのは自分が悪い！）、貧困を当然視する「精神の貧困」に陥っている人々、政治・社会は変えられないと諦めている人々に、生活が苦しいのは自己責任ではなく、「国が積み重ねた政策がまちがっていたから」（山本太郎「『消費税ゼロ』で日本は甦る」『文藝春秋』2020年2月号、95頁）であり、政策を転換すれば、生活がよくなるという明確な選択肢を示せば、投票行動につなげることができる。政治や社会を変える可能性がそこに生まれる。

社会保障と消費税・税制の正確な現状を知らせつつ、消費税の5％への引き下げ、医療・介護・年金、子育て支援の充実案、最低賃金全国一律1500円といった野党の共通政策を示すべきだ。さらに、野党は、新型コロナ対策のための医療提供体制の拡充などの緊急対策を打ち出し（第四章六、第五章六、第六章六参照）、これも共通政策に組み入れていく必要がある。序章でみたように、新型コロナの感染拡大による経済危機は、2009年のリーマンショック危機を超える戦後最大の不況、いや恐慌のレベルであり、消費税は早急に5％に引き下げるべきだ。

とはいえ、最大の労働組合である日本労働組合総連合会（連合）は、社会保障財源としての消費税に賛成の立場だ。民主党（当時は民進党）から分かれた立憲民主党や国民民主党が、連合という労働組合を支持基盤としている以上、消費税の減税・廃止を正面から訴えることは難しいだろう。これは原発の廃止でも同様だ。両党には社会保障・税一体改革を推進した旧民主党議員も残っており、その意味では、消費税の廃止どころか5％の減税すらも野党の共通政策とすることは、現時点では難しいのかもしれない。

２０１９年12月には、立憲民主党の枝野幸男代表が、国民民主党と社会民主党に立憲民主党との合流協議を呼びかけ、合流が実現するかにみえたが、結局、２０２０年1月、合流協議は不調におわり、政党間の亀裂を深めただけだった。旧民主党政権の議員に対する国民のアレルギー反応はいまだに強く、既存議席を前提に数合わせをして、できるだけ多数を確保しておこうとするご都合主義と日和見は国民に見透かされているし、国民の支持は得られない。

これまでも繰り返し指摘してきたが、日本における貧困の拡大は深刻だ。橋本健二早稲田大学教授の試算では、低賃金で不安定な非正規労働者のうち貧困率が高い、「アンダークラス」と定義づけられる人は９３０万人にのぼるという（橋本健二『アンダークラス――新たな下層階級の出現』ちくま新書、2018年、序章参照)。橋本教授の分析では、こうしたアンダークラスの人々(とくに男性)は、現状に大きな不満を抱いており、政治的変革の核となりうるとされ、格差の縮小と貧困の解消を旗印として、アンダークラス層を支持基盤とすることを明確に宣言する、新しい政治勢力の必要性を訴えている(橋本・前掲『アンダークラス』237頁)。現時点で、それに近い政治勢力は山本代表率いるれいわ新選組だろう。日本共産党も、消費税率5%への引き下げでれいわ新選組と連携、党大会で綱領を改定し、野党連合政権の樹立を呼びかけている。格差と貧困の解消、そのための具体的な社会保障の拡充と消費税の廃止に向けたスケジュール工程表を作成し、時間をかけて訴えていく政党やそれを支える市民の運動こそがいま必要ではなかろうか。

今回の新型コロナ感染拡大は、安倍政権の失策と無策の帰結といえる。そのことを明確にしたうえで、前述の緊急提言で示したように、医療・介護体制整備のための数十兆円規模の公費の投入が早急に求められる(第四章6、第五章6参照)。

また、新型コロナ不況による倒産・失業の増大についても早急の対応が必要である。今後、感染者が再び増大し事業者に休業要請を行う場合には、休業する事業者へは通常の売上の8割程度を補償する財政支援を行うべきだ。増加が予想される失業者に対しては、雇用保険の受給要件を大幅に緩和し、求職者給付の基本手当の給付日数の弾力的な延長などが必要だが、雇用保険に加入していなかったり、給付の条件を満たさない人も多数いることを考えれば、より根本的な解決策として、公費による失業扶助制度の創設が検討される必要がある（詳しくは、伊藤周平『社会保障入門』ちくま新書、2018年、209―210頁参照）。現状では、生活に困窮する場合は、最終的に生活保護の受給ということになるが、生活保護の受給要件の緩和、弾力的な運用も進める必要がある。

こうした新型コロナ対策の財源は、国債発行で賄い、数年のスパンで返済していく仕組みとし、返済財源は、消費税の増税ではなく、所得税や法人税などに一定の上乗せを行う形として応能負担原則を貫くべきである。

一方、日本の公務員数は、人口1000人当たりで42・2人にとどまり、他の先進諸国に比べ圧倒的に少ない（ドイツ69・6人、アメリカ73・9人、イギリス78・3人、フランス95・8人。野村総合研究所「公務員数の国際比較に関する調査報告書」2005年）。1990年代以降の行政改革で、人員が削減され、正規の公務員が不足しているため、大規模災害や新型コロナの感染拡大、さらには給付金や生活保護の申請増大にも対応しきれていない。いまこそ国や自治体が正規の公務員の採用を増やし積極的に雇用を創出していくべきだろう。社会保障・雇用保障の充実こそが国民の命を救うのである。

今回の新型コロナの感染拡大は、日本の社会保障のみならず、雇用保障、住宅保障、教育保障（高い学費とローン化する奨学金）の脆弱さを可視化した。そして、アルバイト収入がなくなり経済的苦境にたたされている学生をはじめ、これまでになく多くの人が、声をあげはじめた（それだけ追い詰められている人が多いということだろうが）。今後、その声が大きなうねりとなり、日本の政治を変えていく契機になるかもしれない。社会保障の劣化をこのまま許して、新型コロナのような危機的状況に対応できず、消費税の増税が続き、低賃金労働がますます増大し、貧困と格差が極限にまで拡大する不安定な社会にするのか、政治を変えて、消費税を廃止し、社会保障を充実し、誰もが安心して暮らせる社会を実現できるのか、日本に住む私たちの選択にかかっている。

あとがき

本書の校正が一段落した2020年5月25日、新型コロナウイルスの感染拡大に対して出されていた緊急事態宣言が全国で解除された。解除にあたって、安倍首相は「日本ならではの方法で流行をほぼ収束させることができた」とし、「日本モデル」の成果を誇示した。海外メディアは「日本の対策は、何から何まで間違っているように思える」にもかかわらず、「すべてがいい方向に向かっているように見える」「不可解な謎」と報じた。本書でも述べたように、安倍政権は、新型コロナ対策については、場当たり的な対応に終始し、まったくの無策であった。爆発的な感染拡大に至らなかったのは、現場の医療・介護従事者の懸命の努力と、安倍政権のあまりの無為無策にあきれた国民の外出自粛、手洗い・マスク着用の徹底といった自助努力の結果である。

一方で、安倍政権が5月末までとしていた緊急事態宣言を前倒しして解除したのは、経済危機が大企業にまで及び、経済活動の早期再開を求める財界の意向に配慮したためだろう（政府の専門家会議では早期の経済活動再開に異論もあったというが、その議事録すら残されていない！）。

だが、PCR検査数が少ないため、軽症や無症状の隠れた感染者を多数把握できていない現状では、経済活動の再開とともに、感染拡大の第二波・第三波が来ることはほぼ確実である。

新型コロナのパンデミック（世界的流行）は長期化が予想されており、二〇二一年に延期された東京オリンピックの中止すらもささやかれている。第二波・第三波がきた場合、再び緊急事態宣言を出すのであろうか。それを繰り返せば、間違いなく日本経済は危機的状況に陥る。そして、危機は決して平等に訪れるのではない。今回の感染拡大でも、弱い立場にある派遣労働者や非正規労働者が真っ先に、解雇や雇止めの対象となり働く場を奪われている。安倍政権は、そうした雇用危機、生活危機に対してもまったくの無策である。

消費税と社会保障の現状をわかりやすく伝え、社会保障充実のための明確な対案、そして消費税に依存しない社会保障財源のあり方を示すことが本書の目的であった。その目的がどこまで達せられたかは、読者のご判断を待つしかないが、本書が多くの人に読まれ、消費税増税に端を発した戦後最悪の不況、国民生活の危機に立ち向かうための社会保障の再構築の道標、そして、危機に対し有効な政策を実現できる政権の樹立に向けての第一歩になってくれることを願っている。私自身もそれを目指し今後も研究を続けていきたい。

最後に、本書の成立にあたっては、さまざまな形で多くの方々の助言や援助をいただいた。個々にお名前を挙げることはできないが、学習会の場や個別の取材に対して、貴重な時間をさいて、お話を聞かせてくださった障害者や高齢者の方々、保育士や介護士の方々、さらに、ヘルパー国家賠償訴訟および年金引き下げ違憲訴訟の原告、弁護士、支援者の方々に、この場をかりて改めて感謝申し上げたい。そして、筑摩書房新書編集部の松本良次さんには、企画の段階からお世話になり、校正段階での大幅な修正にも応じていただいた。厚くお礼を申し上げたい。

2020年6月

伊藤周平

ちくま新書
1501

消費税増税《しょうひぜいぞうぜい》と社会保障改革《しゃかいほしょうかいかく》

二〇二〇年七月一〇日　第一刷発行

著　者　伊藤周平（いとう・しゅうへい）

発行者　喜入冬子

発行所　株式会社 筑摩書房
東京都台東区蔵前二-五-三　郵便番号 一一一-八七五五
電話番号〇三-五六八七-二六〇一（代表）

装幀者　間村俊一

印刷・製本　株式会社 精興社

ISBN978-4-480-07324-2 C0236

ちくま新書

1333-1
持続可能な医療 【シリーズ ケアを考える】
——超高齢化時代の科学・公共性・死生観
広井良典
高齢化の進展にともない増加する医療費を、将来世代にこれ以上ツケ回しすべきではない。人口減少日本の最重要課題に挑むため、医療をひろく公共的に問いなおす。

1333-2
医療ケアを問いなおす 【シリーズ ケアを考える】
——患者をトータルにみることの現象学
榊原哲也
そもそも病いを患うとは、病いを患う人をケアするとはどういうことなのか。患者と向き合い寄り添うために、現象学という哲学の視点から医療ケアを問いなおす。

1333-3
社会保障入門 【シリーズ ケアを考える】
伊藤周平
年金、医療、介護。複雑でわかりにくいのに、この先も不透明。そんな不安を解消すべく、ざっくりとその仕組みを教えます。さらには、労災・生活保障の解説あり。

1333-4
薬物依存症 【シリーズ ケアを考える】
松本俊彦
さまざまな先入観をもって語られてきた「薬物依存症」。第一人者が、その誤解をとき、よりよい治療・回復支援方法を紹介。医療や社会のあるべき姿をも考察する一冊。

1333-5
格差社会を生き抜く読書 【シリーズ ケアを考える】
佐藤優
池上和子
波瀾万丈な人生を歩んできた佐藤氏と、貧困の現実に詳しい臨床心理士の池上氏が、格差社会のリアルを語る。危機の時代を生き抜くための読書案内。

1333-6
長寿時代の医療・ケア 【シリーズ ケアを考える】
——エンドオブライフの論理と倫理
会田薫子
超高齢化社会におけるケアの役割とは？ 介護現場を丹念に調査し、医者、家族、患者の苦悩をすくいあげ、人生の最終段階における医療のあり方を示す。

132
ケアを問いなおす
——〈深層の時間〉と高齢化社会
広井良典
高齢化社会において、老いの時間を積極的に意味づけてゆくケアの視点とは？ 医療経済学、医療保険制度、政策論、科学哲学の観点からケアのあり方を問いなおす。

317
死生観を問いなおす
広井良典
社会の高齢化にともなって、死がますます身近な問題になってきた。宇宙や生命全体の流れの中で、個々の生や死がどんな位置にあり、どんな意味をもつのか考える。

606
持続可能な福祉社会
――「もうひとつの日本」の構想
広井良典
誰もが共通のスタートラインに立つにはどんな制度が必要か。個人の生活保障や分配の公正が実現され環境制約とも両立する、持続可能な福祉社会を具体的に構想する。

674
ストレスに負けない生活
――心・身体・脳のセルフケア
熊野宏昭
ストレスなんて怖くない！　脳科学や行動医学の知見を援用、「力まず・避けず・妄想せず」をキーワードに自分でできる日常的ストレス・マネジメントの方法を伝授する。

800
コミュニティを問いなおす
――つながり・都市・日本社会の未来
広井良典
高度成長を支えた古い共同体が崩れ、個人の社会的孤立が深刻化する日本。人々の「つながり」をいかに築き直すかが最大の課題だ。幸福な生の基盤を根っこから問う。

809
ドキュメント 高校中退
――いま、貧困がうまれる場所
青砥恭
高校を中退し、アルバイトすらできない貧困状態へと落ちていく。もはやそれは教育問題ではなく、社会を揺るがす問題である。知られざる高校中退の実態に迫る。

844
認知症は予防できる
米山公啓
適度な運動にバランスのとれた食事。脳を刺激するゲーム？　いまや認知症は生活習慣の改善で予防できる！　認知症の基本から治療の最新事情までがわかる一冊。

919
脳からストレスを消す食事
武田英二
バランスのとれた脳によい食事「ブレインフード」が脳のストレスを消す！　老化やうつに打ち克ち、脳の健康を保つための食事法を、実践レシピとともに提示する。

ちくま新書

937
階級都市
——格差が街を侵食する
橋本健二
街には格差があふれている。古くは「山の手」「下町」と身分によって分断されていたが、現在もその構図は変わっていない。宿命づけられた階級都市のリアルに迫る。

940
慢性疼痛
——「こじれた痛み」の不思議
平木英人
本当に運動不足や老化現象でしょうか。家族から大袈裟といわれたり、未知の病気じゃないかと心配していませんか。さあ一緒に「こじれた痛み」を癒しましょう！

982
「リスク」の食べ方
——食の安全・安心を考える
岩田健太郎
この食品で健康になれる！　危険だから食べるのを禁止する？　そんなに単純に食べ物の良い悪いは決められない。食品不安社会・日本で冷静に考えるための一冊。

991
増税時代
——われわれは、どう向き合うべきか
石弘光
無策な政治により拡大した財政赤字を解消し、社会保障制度を破綻させないためにはどうしたらよいのか？　国民生活の質の面から公平性を軸に税財制を考える一冊。

998
医療幻想
——「思い込み」が患者を殺す
久坂部羊
点滴は血を薄めるだけ、消毒は傷の治りを遅くする、抗がん剤ではがんは治らない……。日本医療を覆う、根拠のない幻想の実態に迫る！

1004
こんなに怖い鼻づまり！
——睡眠障害・いびきの原因は鼻にあり
黄川田徹
睡眠障害、慢性的疲労、集中力低下、運動能力低下、睡眠時無呼吸症候群……個人のQOLにとって大問題である鼻づまりの最新治療法を紹介！

1009
高齢者うつ病
——定年後に潜む落とし穴
米山公啓
60歳を過ぎたあたりから、その年齢特有のうつ病が増加する!?　老化・病気から仕事・配偶者の喪失などの原因に対処し、残りの人生をよりよく生きるための一冊。

1020
生活保護
――知られざる恐怖の現場
今野晴貴
高まる生活保護バッシング。その現場では、いったい何が起きているのか。自殺、餓死、孤立死……。追いつめられ、命までも奪われる「恐怖の現場」の真相に迫る。

1025
医療大転換
――日本のプライマリ・ケア革命
葛西龍樹
無駄な投薬や検査、患者のたらい回しなどのシステム不全を解決する鍵はプライマリ・ケアにある。家庭医という「あなた専門の医者」が日本の医療に革命を起こす。

1029
ルポ 虐待
――大阪二児置き去り死事件
杉山春
なぜ二人の幼児は餓死しなければならなかったのか？現代の奈落に落ちた母子の人生を追い、女性の貧困を問うルポルタージュ。信田さよ子氏、國分功一郎氏推薦。

1068
定年がやってくる
――妻の本音と夫の心得
青木るえか
定年を迎えるお父さん。お疲れ様でした。これからも夫婦仲良く手を取り支え合って暮らしていきましょう。暮らしていけたらいいな……。暮らしてゆけるかしら？

1072
ルポ 高齢者ケア
――都市の戦略、地方の再生
佐藤幹夫
独居高齢者や生活困窮者が増加する「都市」、人口減や市街地の限界集落化が進む「地方」。正念場を迎えた「高齢者ケア」について、先進的事例を取材して考える。

1078
日本劣化論
笠井潔
白井聡
幼稚化した保守、アメリカと天皇、反知性主義の台頭、左右の迷走、日中衝突の末路……。戦後日本は一体どこまで堕ちていくのか？ 安易な議論に与せず徹底討論。

1085
子育ての哲学
――主体的に生きる力を育む
山竹伸二
子どもに生きる力を身につけさせるにはどうすればよいか。「自由」と「主体性」を哲学的に考察し、よい子育てとは何か、子どもの真の幸せとは何かを問いなおす。

1089
つくられる病
――過剰医療社会と「正常病」
井上芳保
高血圧、メタボ、うつ――些細な不調が病気と診断されてしまうのはなぜか。社会に蔓延する「正常病」にその原因を見出し、過剰な管理を生み出す力の正体を探る。

1108
老人喰い
――高齢者を狙う詐欺の正体
鈴木大介
オレオレ詐欺、騙り調査、やられ名簿……。平均貯蓄額2000万円の高齢者を狙った、「老人喰い＝特殊詐欺犯罪」の知られざる正体に迫る！

1109
食べ物のことはからだに訊け！
――健康情報にだまされるな
岩田健太郎
○○を食べなければ病気にならない！　似たような話はたくさんあるけど、それって本当に体によいの？　巷にあふれる怪しい健康情報を医学の見地から一刀両断。

1113
日本の大課題 子どもの貧困
――社会的養護の現場から考える
池上彰 編
格差が極まるいま、家庭で育つことができない子どもが増えている。児童養護施設の現場から、子どもの貧困についての実態をレポートし、課題と展望を明快にえがく。

1114
これだけは知っておきたい 働き方の教科書
安藤至大
いま働き方の仕組みはどうなっているか？　これからどう変わり、どう備えるべきなのか？　法律と労働経済学の見地から、働くことにまつわる根本的な疑問を解く。

1118
出生前診断
西山深雪
出生前診断とはどういう検査なのか、何がわかるのか。最新技術を客観的にわかりやすく解説。診断を受けるべきかを迷う人々に、出産への考え方に応じた指針を示す。

1120
ルポ 居所不明児童
――消えた子どもたち
石川結貴
貧困、虐待、家庭崩壊などが原因で、少なくはない子どもたちの所在が不明になっている。この国で社会問題化しつつある「消えた子ども」を追う驚愕のレポート。

ちくま新書

1125
ルポ 母子家庭
小林美希
夫からの度重なるDV、進展しない離婚調停、親子のギリギリの生活……。社会の矛盾が母と子を追い込んでいく。彼女たちの厳しい現実と生きる希望に迫る。

1140
がん幹細胞の謎にせまる
――新時代の先端がん治療へ
山崎裕人
人類最大の敵であるがん。iPS細胞に代表される進歩著しい幹細胞研究。両者が出会うことでうまれた「がん幹細胞理論」とは何か。これから治療はどう変わるか。

1134
大人のADHD
――もっとも身近な発達障害
岩波明
近年「ADHD（注意欠如多動性障害）」と診断される大人が増えている。本書は、症状、診断・治療方法、他の精神疾患との関連などをわかりやすく解説する。

1138
ルポ 過労社会
――八時間労働は岩盤規制か
中澤誠
長時間労働が横行しているのに、さらなる規制緩和は必要なのか？　雇用社会の死角をリポートし、「働きすぎの日本人」の実態を問う。佐々木俊尚氏、今野晴貴氏推薦。

1155
医療政策を問いなおす
――国民皆保険の将来
島崎謙治
地域包括ケア、地域医療構想、診療報酬改定。2018年に大転機をむかえる日本の医療の背景と動向を精細に分析し、医療政策のあるべき方向性を明快に示す。

1163
家族幻想
――「ひきこもり」から問う
杉山春
現代の息苦しさを象徴する「ひきこもり」。閉ざされた内奥では何が起きているのか？〈家族の絆〉という神話に巨大な疑問符をつきつける圧倒的なノンフィクション。

1164
マタハラ問題
小酒部さやか
妊娠・出産を理由に嫌がらせを受ける「マタハラ」が、いま大きな問題となっている。マタハラとは何か。その実態はどういうものか。当事者の声から本質を抉る。

ちくま新書

1179
日本でいちばん社員のやる気が上がる会社 ――家族も喜ぶ福利厚生100
坂本光司&坂本光司研究室
全国の企業1000社にアンケートをし、社員と家族を幸せにしている100の福利厚生事例と、業績にも確実によい効果が出ているという分析結果を紹介する。

1208
長生きしても報われない社会 ――在宅医療・介護の真実
山岡淳一郎
長期介護の苦痛、看取りの場の不在、増え続ける認知症……。多死時代を迎える日本において、経済を優先して人間をないがしろにする医療と介護に未来はあるのか?

1226
「母と子」という病
高橋和巳
人間に最も大きな心理的影響を及ぼす存在は「母」であり、誰もが逃れられない。母を三つのタイプに分け、それぞれの子との愛着関係と、そこに潜む病を分析する。

1235
これが答えだ! 少子化問題
赤川学
長年にわたり巨額の税金を投入しても一向に改善しない少子化問題。一体それはなぜか。少子化対策をめぐるパラドクスを明らかにし、この問題に決着をつける!

1233
ルポ 児童相談所 ――一時保護所から考える子ども支援
慎泰俊
自ら住み込み、100人以上の関係者に取材し「一時保護所」の現状を浮かび上がらせ、課題解決策を探る。若き社会起業家による、社会的養護の未来への提言。

1241
不平等を考える ――政治理論入門
齋藤純一
格差の拡大がこの社会に致命的な分断をもたらしている。不平等の問題を克服するため、どのような制度を共有すべきか。現代を覆う困難にいどむ、政治思想の基本書。

1256
まんが 人体の不思議
茨木保
本当にマンガです! 知っているようで知らない私たちの「からだ」の仕組みをわかりやすく解説する。病院での専門用語でとまどっても、これを読めば安心できる。